KiWi 356

Über das Buch

1982 begegnen sich bei einem Tennisturnier in Fort Worth/Texas zwei grundverschiedene Frauen, Martina Navratilova, aufgewachsen im kommunistischen Prag und mehrfache Wimbledon-Siegerin und die Südstaaten-Schönheit Judy Nelson, einstige »National Maid of Cotton«, Absolventin der Texas Christian University, verheiratet und Mutter zweier Söhne. Einer der Söhne, zufällig Balljunge für Martina Navratilova beim Turnier in Fort Worth, hatte sie seiner Mutter nach dem Spiel vorgestellt.
Zwei Jahre lang schreiben sich die Frauen Postkarten, telefonieren miteinander. Dann, bei einem ausgedehnten Treffen im März 1984, wird ihnen klar, daß sie sich ineinander verliebt haben, nicht ahnend, was dies für ihr weiteres Leben bedeuten sollte: Für über sieben Jahre sind sie unzertrennlich, tauschen Ringe in einer Kirche und schließen eine Art Ehevertrag miteinander. Nach ihrem neunten Wimbledon-Sieg bricht Martina Navratilova die bereits länger kriselnde Beziehung unfaßbar für Judy Nelson ab ...
Love Match blickt zurück auf die ungewöhnliche Liebesgeschichte dieser beiden Frauen in der Welt des großen Tennis und im Kreise ihrer Familien. Es wird keine schmutzige Wäsche gewaschen, sondern von einer besonderen Beziehung erzählt, die letztlich scheitert und mit einer weltweit verfolgten gerichtlichen Auseinandersetzung endet.
Judy Nelson lebt heute mit der amerikanischen Schriftstellerin Rita Mae Brown auf einer Farm in Virginia.

Die Autorinnen
Sandra Faulkner ist promovierte Soziologin.
Sie lebt in Carmel, Kalifornien und ist Inhaberin einer Beratungsgesellschaft für die Auswahl von Geschworenen.
Judy Nelson, geb. 1945, lebt in Afton, Virginia und leitet heute ihre eigene Investmentgesellschaft.

Sandra Faulkner / Judy Nelson

LOVE MATCH

Judy Nelson und
Martina Navratilova

Mit einem Vorwort von
Rita Mae Brown

Deutsch von Titus Kreyenberg

Kiepenheuer & Witsch

Titel der Originalausgabe *Love Match*
© 1993 Sandra Faulkner and Judy Nelson
Published by Arrangement with Carol Publishing Group
© 1994 by Verlag Kiepenheuer & Witsch, Köln
Alle Rechte vorbehalten. Kein Teil des Werkes darf in irgendeiner Form
(durch Fotografie, Mikrofilm oder ein anderes Verfahren) ohne schriftliche
Genehmigung des Verlages reproduziert oder unter Verwendung elektro-
nischer Systeme verarbeitet, vervielfältigt oder verbreitet werden.
Umschlaggestaltung Manfred Schulz, Köln
Umschlagfoto Bob Thomas, Northampton
Satz Fotosatz Froitzheim, Bonn
Druck und Bindearbeiten Clausen & Bosse, Leck
ISBN 3-462-02385-3

Meiner Mutter Virginia in dankbarer Anerkennung für die bedingungslose Liebe, die sie jedem ihrer Kinder zukommen ließ.

Sandra Faulkner

Meinen Söhnen, meinen Eltern, sowie meinem Bruder und meiner Schwester, die mir beigestanden haben und mir bedingungslose Liebe schenkten. Meinen homosexuellen Freunden, die mich annahmen, und meinen heterosexuellen Freunden, die mich nicht vergessen und nicht verurteilt haben. Rita Mae Brown, deren Klugheit mich wieder zum Lachen gebracht und deren Intelligenz mich immer inspiriert hat.

Judy Nelson

Ich bin Rita Mae Brown, Annie, Debbie, Jane und Trish, Mindy, Julie und Gigi, Clare, Chris, Chantal, Michael, Sandra, Jaye, BeAnn, Jerry, Marilyn, Beth, Philippe, Charles, Jim, Jane, Mimi, Bunny und Missy, Jane und Linda, sowie M. A. und ihrer Familie ewig dankbar. Ihr wart meine Kraft, als ich keine mehr hatte. Ihr wart mein Licht, als es dunkel war. Ihr brachtet mich zum Lachen, als mir die Tränen in den Augen standen. Wegen Euch, mit Euch und durch Euch habe ich zu mir selbst gefunden. Ich habe Euch für immer in mein Herz geschlossen und liebe Euch alle.

Judy Nelson

Inhalt

Vorwort

Es ist gut möglich, daß Scheidung die einzige menschliche Katastrophe ist, bei der es am Ende um Geld und Gelächter geht: Geld für die beiden Protagonisten, und für den Rest von uns Gelächter, wenn sich die Widersacher in die Höhen post-amouröser Beschuldigungen versteigen. Die Überlebenden dieser Schlachten sind *hors de combat* – oder waren es die Huren der Schlacht? Wie auch immer, niemand ist nach einer Scheidung derselbe wie vorher.

Wenn sich die eben noch verlockenden Früchte geheimer Absprachen als Fehlschlag erweisen und von der großen Kanzel, dem Fernsehen, verlesen werden, dann ist das ein großes Spektakel. Wenn die beiden Rivalen Frauen sind, dann ist es ein Skandal, wie er besser nicht sein könnte. Die, die erhebende Worte verkünden und im Untergang schwelgen, steigen in den siebten Himmel des Blödsinns auf. Auf diese Weise gab es jedenfalls viel Gegrunze über die Nelson-Navratilova-Trennung.

Wieviel lautstarker Protest kam von denen, die meinten, lesbische Liebe hätte nichts mit Frauentennis zu tun und sei nur ein Teil von Martinas Leben. Dann gab es einiges Gegrunze am Futtertrog der Blödiane, die Angst hatten, daß die Trennung der Liebenden zwischenzeitlich zum Rückgang der Rührseligkeiten führen könnte. Wenigstens sind die Idioten in Washington geübter im Vertuschen ihrer Gier. Zu guter Letzt nahmen sich die Sportpresse und die Unterhaltungsindustrie der arbeitsreichen Aufgabe an, diese Trennung der Öffentlichkeit zu präsentieren. Die Einschaltquoten waren bei diesem Dienst an der Öffentlichkeit selbstverständlich zweitrangig.

Schamgefühl verbietet mir, die Anwälte zu erwähnen. Es wäre ja immerhin möglich, daß Kinder dieses Buch in die Hände bekommen.

Während dieses Verfahrens-im-Namen-der-Öffentlichkeit haben zwei Frauen, die ich beide sehr gern habe, versucht durchzuhalten, ihre Wutausbrüche, die sie in sich aufsteigen fühlten, zurückzuhalten und letztlich etwas Gutes in der Sache zu sehen. Ich hörte von Martina, seit sie fünfzehn Jahre alt war und kenne sie gut, seitdem sie zwanzig ist. Mit Judy bin ich seit acht Jahren bekannt. Natürlich erwarten Sie, daß ich auf Martinas Seite stehe, weil ich ihr viel näher stand. In vieler Hinsicht stimmt das, doch ich kann auch Judys Geschichte nachvollziehen. So ist es vielleicht doch nicht so verwunderlich, daß man mich bat, die Einleitung für Judy Nelsons Buch zu schreiben.

Auf den ersten Blick muß man sich schon bemühen, zwei gegensätzlichere Frauen als Martina Navratilova und Judy Nelson zu finden. Erstere, eine professionelle Athletin, aufgewachsen in einem kommunistischen Staat, lebt das Leben einer Tenniszigeunerin. Es ist eine Welt, in der Geschwindigkeit mit Errungenschaft verwechselt wird. Zum Glück war Martina in der Lage, in diesem rastlosen Dasein erfolgreich zu sein und eine Stabilität zu finden, die vielen in diesem Zirkus verwehrt wird.

Judy Nelson ist der Inbegriff des »American Girl«, eine späte Doris Day, die singend die Oberhemden ihres Gatten bügelt. Sie ist im konventionellen Sinne schön und wurde dafür reich belohnt. Judy spricht mit einer sorgfältig kultivierten Frauenstimme und hat Kleiderschränke, die denen von Imelda Marcos in nichts nachstehen. Sie heiratete und produzierte einen Erben und einen in Reserve – die Zielvorgabe einer bestimmten gesellschaftlichen Schicht. Wenn für Martina die neun Titel in »Wimbledon« ihr Traum vom Glück sind, dann sind es für Judy ihre beiden Söhne. Beide Frauen sind berechtigterweise stolz auf ihre Leistungen.

Doch Sie sehen, wie verschieden die beiden sind. Wie sie jemals zueinander gefunden haben und fast acht Jahre zusammenblieben, grenzt an ein Wunder. Was ihre Trennung angeht, so war die nicht so wunderbar, aber wo gibt es schon eine angenehme Art zu gehen? Wenn es eine gibt, dann hat Martina sie nicht gefunden. Sie gehört Mario Andrettis Schule des Abschieds an: gib Vollgas und sieh zu, daß du so schnell wie möglich aus Dodge rauskommst.

Herkömmliche Moral gebietet, daß die Leute gegen die böse Martina sticheln und sie mit ausgestrecktem Zeigefinger verwarnen. Mag sein, daß diese benzinlastige Methode nicht unbedingt die erwachsenste ist, aber ist es denn besser, eine marode Beziehung ad infinitum zu führen? Meine Beobachtungen bei dieser Methode sagen mir, daß jede Partei in endlose Monologe verfällt und die Geschichten von Unzufriedenheit in Litaneien romantischer Schikanierung immer wieder besingt. Haben sie jemals einen Mann oder eine Frau sagen hören: »Es war mein Fehler«? Wohl kaum. Die weniger Begabten in diesem Verfahren zählen die Sünden des Gegenübers auf, das jetzt als »der Feind« erkannt wird. Der besser Gebildete oder der Gerissenere wird für gewöhnlich einen Teil der Verantwortung für das Ableben der Beziehung übernehmen und die vormals Geliebte als passiv-aggressiv oder so ähnlich beschreiben. Martina verschont uns damit.

Für Martina begann eine Phase der Erneuerung, als sie Judy verließ. Es war ihr gutes Recht zu gehen. Der springende Punkt ist, ob sie – oder irgend jemand – der ehemaligen Partnerin etwas schuldet. Wenn sich beide Parteien gutgehender Karrieren erfreuen, ist es wohl eher wenig. Wie dem auch sei, wenn eine die andere unterstützt – die Ehefrau in konventioneller Terminologie –, führt das zu ungeahnten Schwierigkeiten. Martina hat nie gelernt, sich verantwortlich für eine Partnerin zu fühlen, nachdem die Blütezeit einer Beziehung vorüber war. So weit ich weiß, ist keiner Frau diese Feinfühligkeit einer anderen Frau gegenüber eingeimpft worden.

Wenn sie das nicht akzeptiert oder nicht versteht, so scheint mir das kein Vergehen zu sein. Was bleibt, ist der Umstand, daß sie sich der Unterstützung einer Frau erfreut hat, die als Ehefrau gearbeitet hat. Unser landläufiges Verständnis von Verantwortung innerhalb einer Beziehung ist soweit fortgeschritten, daß von einer wohlhabenden Frau oft verlangt wird, Unterhalt an ihren Ex-Mann zu zahlen, wenn dieser nicht so wohlhabend ist. Schuldet irgendeine Frau einer anderen Frau Geld aus dem in der gemeinsamen Zeit angesammelten Vermögen? Von Martina zu erwarten, bei diesem Thema den Präzedenzfall zu liefern, scheint eine gemeine und ungewöhnliche Strafe, aber irgend jemand mußte die erste sein – obwohl ich sagen würde, daß diese Ehre Billie Jean King zusteht.

Keiner von uns hat das Recht, Martina oder Judy zu verurteilen, aber ich glaube, wir können uns sicherlich bemühen, sie zu verstehen.

Lassen Sie uns zuerst Martinas Welt betrachten, denn diese hat Martina eher geformt als umgekehrt. Das Frauentennis hat sich in den frühen Siebzigern eine unabhängige Profitour geschaffen. Dieses Ereignis wurde als feministisches Dreikönigsfest zur Kenntnis genommen. Doch die Realität der Tour war und bleibt, daß die Spielerinnen, wenn nicht als späte Shirley Temples, dann zumindest als Retro-Frauen verpackt und vermarktet werden. Die Besessenheit der Tour mit Weiblichkeit im kosmetischen Sinn ist geradezu grotesk. Der Wettbewerb, immer noch ein männliches Vorrecht, muß mit Lippenstift, Schmuck, Bommeln an den Socken und mit Stimmen, die so hoch sind, daß nur ein Hund sie hören kann, gemildert werden. Tennis ist ein Spiel, wo man versucht, den Gegner entweder körperlich oder durch überlegene Strategie zu überwältigen. Der Versuch, dieses »männliche« Streben im Frauentennis mit falscher Weiblichkeit wettzumachen, ist ein Meisterwerk des Wunschdenkens.

Um diese Vorstellung zur logischen Konsequenz zu bringen, sollte das Frauentennis sich von »Virginia Slims« als Sponsor trennen und statt dessen Designer-Diaphragmas verkaufen.

Martina gebührt eine große Portion Lob, weil sie sich nie der Ringellocken-Schule der Friseure unterwarf und nie mit so viel grünem Lidschatten auf dem Platz erschien, daß sie eher wie eine Krabbe jenseits des Verfallsdatums aussah. Sie trug den vorgeschriebenen Rock, nahm ihren Schläger und machte als wahre Athletin ihre Gegnerin zunichte. Das Geschlecht spielte dabei keine Rolle.

So stark Martina auch auf dem Platz war, sie konnte die Behandlung abseits des Platzes nicht ignorieren. Weil sie eine Lesbe war, dachte man, sie sei die menschenfressende Riesin des Tennis – nicht, daß sie da zustimmte, aber sie hat es auch nicht verneint, außer in einem kurzen, flüchtigen Moment, als sie 1981 eine Pressekonferenz mit der ehemaligen Basketballspielerin Nancy Lieberman gab. Das Wesentliche dieser Konferenz war, daß Nancy ›unsere Heldin‹ zurück zu den Männern führte. Diese Hingabe und das Opfer an die Reinheit der Heterosexualität müssen überwältigend für diejenigen gewesen sein, die Martina kannten. Ich habe mich oft gefragt, welche Referenzen man braucht, um eine Leopardin dazu zu bewegen, ihre Flecken zu verändern. Abgesehen von Nancys aufopfernder Plackerei, fiel Martina schon bald in die Arme von Judy Nelson.

Dieser mutige Versuch, den sie mit ihrer ehemaligen Freundin unternommen hatte, zeigt nur, wie raffiniert und zerstörerisch die Einstellung auf der Tour war, um schon gar nichts über die Einstellung in der Gesellschaft im allgemeinen zu sagen, die in Wirklichkeit nämlich liberaler als die der Tour ist. Trotzdem, dieses Bedürfnis sich anzupassen, der stillen Zensur zu entfliehen – wenn auch nur für einen kleinen Moment – mußte verlockend sein. Kein Wunder, daß die Frau, in die Martina sich verliebte, die

Apotheose der hübschen amerikanischen Ehefrau und Mutter war.

Wenn Martina diese Frau nicht sein und ihre heterosexuellen Privilegien nicht haben konnte, dann konnte sie zumindest ein Verhältnis mit ihr haben.

Stellen Sie sich vor, tagaus und tagein in einer Umgebung zu leben, in der die bloße Erwähnung lesbischer Liebe jeden mit einer Wolke überladenen Trübsinns einnebelt. Das Publikum wird sich vom Damentennis zurückziehen. Wir werden unsere Sponsoren verlieren. Usw. Usw. Usw. Das aufgeregte Getue um lesbische Liebe wäre fürs Theater geeignet. Gibt es eigentlich goldene Palmen für Verlogenheit?

Der Grund, daß Martina heute eine Tennislegende ist, liegt einzig darin, daß sie ein für allemal klar gemacht hat, mit wem man es da zu tun hat. Es hat für die da oben keinen Zweck mehr, etwas anderes zu behaupten. Sie reden nicht darüber, aber sie mißbilligen es auch nicht mehr.

Sie wissen, daß Martina bald nicht mehr dabei sein wird. Was kostet es sie also, sie heute noch zu bewundern und zu verehren. Nur wenige haben bis heute – im Schneckentempo – begriffen, wieviel Geld sie mit ihr gemacht haben, und daß sie schon allein deswegen Respekt verdient. Für Martina muß es schon eine melancholische Art des Jubels sein, der da von Seiten der Tennisverbände und der Medien erschallt.

Martinas Welt ist äußerst begrenzt – so begrenzt, daß die, die im Tennis das Sagen haben, bis jetzt noch nicht gemerkt haben, daß Madonna, der größte weibliche Star der jüngeren Generation, eine echte Grenzgängerin in Fragen des Geschlechts ist. Sie haben genauso wenig Verbindung mehr mit dem heutigen Amerika wie die Regierung der Republikaner, die sich im November 1992 eine krachende Niederlage einhandelte. Eine Welt, für die die lesbische Liebe der Horror schlechthin ist, wohingegen Geschlechtsverkehr zwischen einem Coach und seinem/ihrem um vieles jüngeren Schützling toleriert wird – er wird nicht publik gemacht, aber er wird toleriert. Es ist auch eine Welt, in der die finanzielle Ausbeutung eines Kindes, das von seinen Eltern zu Wettkämpfen geprügelt wird, toleriert wird, auch wenn man wieder nichts davon öffentlich zugibt; doch diese Übeltäter werden als nicht so gefährlich für das Tennis (sprich: den Markt) eingestuft wie zwei Frauen, die ineinander verliebt sind.

Wir haben inzwischen Machiavellis Prinzip von Moral und Politik akzeptiert. Anscheinend sind wir dabei, den Abgrund zwischen Moral und Sport auch noch hinzunehmen. Kein Wunder, daß Martinas moralischer Kompaß dauernd abweicht.

Judys Welt liegt im krassen Gegensatz zu der Welt des professionellen Sports, wo die Leute genauso schnell vergessen werden, wie sie gekommen sind. Sie wurde zur Heirat erzogen und dazu, sich darin festzubeißen. Auf keinen Fall locker lassen. Drogen? Alkohol? Untreue? Wahnsinn? Dranbleiben! Bleib' bei deinem Mann. In guten wie in schlechten Zeiten. In Reichtum und in Armut ...

So gut sich das auf dem Papier auch anhört, im wirklichen Leben schnürt einem diese erbarmungslose Hingabe die Kehle zu.

Wenn im Sport die Leute nur solange geschätzt werden, wie sie die Massen (sprich: das Geld) anziehen, dann schätzt man diese texanischen Schönheiten, weil sie den Haushalt führen, anständige Frisuren tragen, niemals ihre Stimme erheben und dauernd lächeln. Die Belohnung für dieses Verhalten, einer Mischung, versteht sich, aus Mutter Beimann und einer Dienstmagd, Grace Kelly in Gesellschaft und einer Hure im Bett, die Belohnung also ist, daß sie geliebt werden, nicht einfach nur geliebt, sondern GELIEBT. Das ist die Krone ihres Daseins, die unerschütterliche Ergebenheit ihres Mannes, die bewundernden Hurra-Rufe ihrer Freunde sowie Respekt von seiten der Gesellschaft. Eben weil sie ihrem Leben die Daseinsberechtigung liefern.

Es sollte auch erwähnt werden, daß Liebe ihren Preis hat. Männer, so sie denn eine dieser Ausgeburten an Tugend heiraten, haben den Preis der Liebe zu zahlen und zahlen zudem noch Steuern. Ein Mann, der von einer solchen Dame erwählt wird – und es sind immer die Damen, die auswählen, auch wenn es nach außen hin anders aussieht –, weiß genau, daß er sie besser für immer behält. Wenn's statt dessen ein Pferd wäre, würde ich sagen: »Gar nicht mal so gut.« Garderoben kosten, gesellschaftliche Gütesiegel sind nicht billig zu haben. Einmal die Zwanziger hinter sich gelassen, merkt der Ehemann solcher Schönheiten, bewußt oder unbewußt, daß der schmückende Wert seiner Frau direkt auf den Wert seiner Männlichkeit verweist. Eine schöne Frau zu haben und sie nicht in schöne Dinge zu verpacken, ist zwar nicht so schlimm wie Kastration, aber es kommt gleich danach. Die Leute fangen an, hinter vorgehaltener Hand zu flüstern, und manchmal hört man sie auch kichern. Nach einiger Zeit macht es nichts mehr aus, ob Sie sie lieben, oder sie Sie liebt, die Ehe, das Team, man könnte sogar sagen, die Partnerschaft – natürlich mit dem Mann als Hauptpartner – hat einen Marktwert. Der Schein übersteigt die Substanz. Die Geliebte folgt schon bald, und – wer hätte das gedacht? – auch sie hat ihren Preis.

Unterschätzen Sie niemals den unglaublichen Druck, unter dem ein Mann aus der oberen Mittelschicht oder aus der Oberschicht steht, eine passende Ehefrau zu präsentieren. Hilfreich für den Status ist natürlich auch, wenn die Kinder blauäugig und blond sind.

Die Ehefrau arbeitet unterdessen am Wohlsein derer, die nicht so viel Glück hatten wie sie selbst. Auch wenn Sie denken, ich mache mich lustig über Sie – weit gefehlt. Wenn diese Frauen sich nicht um Wohltätigkeitsarbeit kümmern würden, dann würde der letzte schöne Schein der Fürsorge für andere mit einem Seufzer heißer Luft vor unseren Augen sein Leben aushauchen.

Sie arbeitet außerdem unermüdlich daran, ihr Aussehen zu bewahren. Wenn Sie mal ein paar Frauen sehen wollen, denen die Angst ins Gesicht geschrieben ist, dann halten Sie sich doch mal ein bißchen in Houston, Beverly Hills oder Palm Beach auf und beobachten Sie, wie die Mädchen die Vierzig überschreiten.

Die Kinder müssen die richtigen Schulen besuchen – auf keinen Fall öffentliche Schulen. Man sollte wirklich Episkopale sein, aber da könnten Einzelgänger auftauchen. Ich kannte mal eine Methodistin. Der angemessene Country Club ist unbedingt notwendig – und seien Sie bloß vorsichtig, wo Sie Ferien machen. Sie wollen sich doch nicht mit Leuten minderer Schichtzugehörigkeit entspannen.

Selbstverständlich geben Sie nie etwas von dem da oben zu. Die Verlogenheit ist so natürlich, daß es nicht einmal mehr Verlogenheit ist – es sind schon gute Manieren.

Judy stammt aus dieser festgefahrenen, »anständigen« Welt. Die Ironie ist, daß an der Ostküste keiner auch nur ansatzweise bedenkt, daß jemand aus Texas einen »Stammbaum« hat. Sie werden als Neureiche angesehen, oder, was eine Tante mir einmal über die Reagans sagte, »man kann viel über Neureiche sagen, aber die Reagans verkörpern sie ganz und gar.« Da sie über neunzig ist, hat sie sich, wie ich finde, ihre Vorurteile verdient, aber es ist genau dieses Vorurteil, welches die Texaner in ihrem Versuch, »Klasse« zu zeigen, so verwundbar macht. Sie werden nie kapieren, daß Ahnentafeln mehr gelten als Geld, und ich für meinen Teil liebe gerade das an ihnen. Die Luft an der Ostküste ist manchmal so dünn, daß man Sauerstoffmasken braucht. In Fort Worth kann man unbeschwert atmen.

Aber Judy stammte nicht nur aus dieser Welt, sie war ihr Star, die Maid of Cotton, die an den Hof von LBJ geschickt wurde. Ihre Hochzeit war die Fort-Worth-Version von Prinz Charles und Diana. Sie hatte alles richtig gemacht und jeder hatte sie darin bestätigt. Auf ihre Art wurde sie für ihre Ausbeutung verehrt wie Martina für ihr Tennis. Judy war schön. Beide zusammen waren die lesbische Version von Marilyn Monroe und Joe Dimaggio – nur daß diesmal Joe am Ende die Schnauze voll hatte.

Nichts hat Judy in ihrer Erziehung darauf verwiesen, ihr Leben für etwas anderes zu halten als ein schön ausgeschmücktes Bühnenbild, wo sie als Loretta Young im Sturzflug die geschwungene Treppe heruntergleitet. Wenn mal etwas daneben ging – wie ein kleiner Seitensprung – sei's drum, man liebte sich durch und ließ sich als Teil der Abmachung wahrscheinlich die Haare färben.

Man betete zu Gott um die Vergebung der Sünden, denn, wenn man wirklich richtig perfekt gewesen wäre, dann wäre Mr. Right nicht in der Gegend herumgestreut. Aus was für einem Grund auch immer, ist Gott nicht der Richtige in Sachen Untreue; wen wundert's, ist er doch ein männlicher Gott. Die halten einfach zusammen.

Es könnte sein, daß Monogamie nicht besonders lebensnah ist, oder, wie meine Freunde, die mit diesem Problem zu kämpfen haben, oft sagen: »Monogamie steht im Gegensatz zur Natur, ist aber notwendig für das Allgemeinwohl.« Es liegt an uns, uns die Antwort hinzumogeln.

Judys Antwort war, noch perfekter zu sein, noch härter zu arbeiten. Sie mußte zwei schwere Rückschläge einstecken, bevor sie das System hinterfragte. Bis dahin nahm sie die Schuld auf sich. Aber haben wir es nicht gelernt: Probleme als persönliche, nie aber als institutionelle oder systembedingte zu begreifen?

Der erste Riß in der Fassade war das streunende Auge ihres Mannes. Der zweite Schlag wurde ausgeteilt, als sie sich in Martina verliebte. In der kurzen Zeit, in der man einen anderen Menschen küßt, wurde sie ihrer Individualität auf einer anderen Ebene beraubt. Sogar als sie eine Dimension in sich entdeckte, die sie noch kompletter machte, entmenschlichte sie die Welt, in der sie lebte.

Waren die Leute gemein zu ihr? Nein, denn diese Art Leute hören auf Pat Buchanan. Was Judy am eigenen Leib erfuhr, war die unauffällige, zersetzende Angst von Menschen, die lesbische Erfahrung negativ beurteilt. Nur ein Beispiel: ein Heterosexueller tritt auf den Plan. Von Homosexuellen sagt man, sie seien promiskuitiv. Ein Heterosexueller, unverheiratet, wartet auf Mr. oder Mrs. Right. Von der Lesbe weiß man, daß sie nicht in der Lage ist, eine Verbindung einzugehen. Eine heterosexuelle Frau ist charmant. Eine Lesbe ist manipulativ. Eine heterosexuelle Frau, die in einen älteren Mann verliebt ist, hat eine spätherbstliche Beziehung. Eine in eine ältere Frau verliebte Lesbe ist auf der Suche nach einem Mutterersatz. Wenn sie älter ist, dann entschädigt sie sich für die nichtvorhandenen Kinder. Eine hübsche heterosexuelle Frau wird gefeiert. Von einer hübschen lesbischen Frau sagt man: »Schade eigentlich.« Eine unattraktive, heterosexuelle Frau wird oft als Frau mit einem guten Herzen oder als gepflegt beschrieben. Einige Versuche sind gut gemeint. Eine unattraktive Lesbe ist lesbisch, weil sie keinen Mann abkriegt. Einem heterosexuellen Pärchen wird viel Glück gewünscht, und die Gemeinde versammelt sich, um den Bund zu heiligen. Zwei Frauen, die sich fürs Leben versprechen, wird gesagt, daß ihre Bindung nicht von Dauer sein wird.

Der wahre Ignorant glaubt immer noch, daß eine Frau wegen eines Mannes zur Lesbe wird. Irgend etwas muß schiefgelaufen sein. Der Knaller ist, daß eine Frau Lesbe wegen einer Frau ist. Es hat überhaupt nichts mit einem Mann zu tun, und ich vermute, das männliche Ego ist so veranlagt, daß, selbst wenn Männer nichts mit der Sache zu tun haben, sie wenigstens glauben müssen, Frauen würden auf sie mit Ablehnung reagieren. Es ist eigentlich schon komisch, doch ich sehe kaum je Männer, die an diesem Punkt über sich selbst lachen können.

Doch alles und jedes, was mit einem Verhältnis von zwei Frauen zu tun hat, wird in schlechtem Licht gesehen und dargestellt. Eine normale Frau mit Launen wird als Frau mit einer Macke dargestellt. Eine Lesbe mit Launen ist jähzornig, weil sie lesbisch ist. Lesbische Liebe wird zur Ursache jedes Verhaltens gemacht.

Die fundamentale Unterdrückung der Lesbe ist die Verneinung ihrer Individualität. Jede weitere Mißachtung baut darauf auf.

Stellen Sie sich den enormen Druck vor, unter dem Judy, Maid of Cotton, Ehefrau und Mutter stand, als die Menschen, die sie kannten und liebten, solange sie sich ihren Idealen anpaßte, sie plötzlich in einem mehr als ungünstigen Licht sahen: Sie wurde zur beschädigten Ware.

Martina hat sich ihre Rüstung über die Jahre zugelegt, in denen sie die Haken und Ösen des lesbischen Schicksals überwinden mußte. Ihre Siegesprämien waren dabei eine nicht unerhebliche Hilfe. Doch – Geld hin oder her – sie fand sich in der Position einer Frau wieder, die ein Star gewesen ist und jetzt den Tomaten ausweichen mußte, anstatt die Rosen in Empfang zu nehmen.

Judy ging diese Beziehung vom Kopf her mit denselben Voraussetzungen ein wie damals, als sie Ed heiratete. Sie kannte keine andere Möglichkeit, eine Beziehung zu führen, und, das muß auch einmal gesagt werden, Martina brauchte eine Ehefrau. Wenn Sie sich bei dem Wort verschlucken, wie wäre es dann mit Haupt-Unterstützungs-Person? Das klingt aber gleich nach Psychogelaber. Wie dem auch sei, eine professionelle Athletin kann von einer Künstlerin, einer anderen Athletin oder von einem Finanzgenie geblendet werden.

Blendung führt aber nicht in eine dauerhafte Beziehung. Wenn man will, daß jemand mit einem reist und sich um einen kümmert, dann muß sie oder er auf ihr oder sein früheres Leben verzichten und ihre oder seine und den eigenen Koffer packen.

Was bekommt ein Mann oder eine Frau dafür? Liebe. Das Wort schon wieder. Schmuck, Häuser und Autos erfüllen auch ihren Zweck, aber wem gehören sie? Wer hat sie verdient? Wie wurden sie verdient? Wurden sie gemeinsam erwirtschaftet?

Wenn man die beiden Frauen kennt, dann kann man leicht verstehen, daß das Ende der Beziehung ihre Unterschiede und Erwartungen noch mehr in den Vordergrund treten ließ. Judy ging einen Handel ein: den Handel einer heterosexuellen Frau. Die beiden Frauen schlossen ein Abkommen über das gemeinsame Vermögen und machten davon sogar noch ein Video – für den Fall ihrer Trennung, sollte der gefürchtete Tag jemals kommen. Nun ja, er kam, und er brachte die versteckten Wertevorstellungen der beiden Menschen zum Vorschein.

Nicht einmal eine von Linda Dozeretz initiierte und gut geführte Public-Relations Kampagne für Martinas Sache konnte den Kern der Sache verschleiern: Was schuldet eine Frau einer anderen?

Das Paradoxe an der Scheidung war, wenn Sie so wollen, daß Judy dadurch soweit zu sich gefunden hatte, daß sie sich wehren konnte. Das Erlebnis, eine andere Frau geliebt zu haben, zwang sie, nicht nur sich selbst zu hinterfragen, sondern die gesamte Gesellschaft in Frage zu stellen. Als die Gesellschaft versuchte, sie ihrer Persönlichkeit zu berauben, fand sie zu sich selbst. Einiges davon ist ein direktes Resultat aus fast einem Jahrzehnt mit Martina.

Was Martina betrifft, so mußte auch sie sich mehreren Fragen stellen – nicht die unwesentlichste davon war, daß sie sich von Menschen in Positionen gemanagt, manchmal auch gezwungen sah, die ihr zwar sagten, daß sie sie liebten, aber deren tägliche Brötchen auch von Martinas Turniersiegen abhingen. Gibt es irgend jemanden, der sie als Person liebt, oder muß sie dafür immer Turniere gewinnen und Rechnungen bezahlen? Ist sie ein Mensch oder ein Geldautomat? Sechsunddreißig zu werden und Enttäuschungen zu erleben, wo sie sich doch eigentlich im hart erkämpften Komfort wohl fühlen sollte, kann keine allzu glückliche Erfahrung sein. Leider wird Martina nicht wissen, wer ihre wirklichen Freunde sind, bis sie fünfundvierzig ist. Dann gibt es keine Starauftritte mehr, die man noch aus ihr herauspressen könnte. Ich hoffe, sie kann solange warten.

Was wird nun aus Martinas und Judys Beziehung?

Lassen Sie mich zuallererst einmal sagen, daß ich keine romantische Veranlagung habe. Die Literatur ist in Romantiker und Klassiker aufgeteilt. Ich gehöre zu den Klassikern. Im täglichen Leben läuft die Trennung zwischen Kopf und Gefühl. Lassen Sie mich hier festhalten, daß ich es mag, die Dinge zu durchdenken.

Zwei Frauen haben acht intensive Jahre miteinander verbracht. Sie liebten sich, ohne großartige Hilfestellung von irgend jemand um sich herum. Sie haben Fehler gemacht. Wer macht die nicht? Als ihre Beziehung zu Ende war, ging jede Frau ihrer Erziehung entsprechend an das Problem heran: Judy war beigebracht worden, durchzuhalten und, sollte das Schlimmste eintreten, die finanzielle Zukunft abzusichern. Eine Frau, alleine, in einem bestimmten Alter, ist in einer prekären Situation.

Martinas Vater hat sie und ihre Mutter im Stich gelassen. Manchmal kam er vorbei, aber nicht allzu oft. Geschehen ist geschehen, und man versucht weiterzukommen. Keiner gesteht keinem irgend etwas zu. Zum Teufel noch mal, im Kommunismus wird die Verantwortung des einzelnen absichtlich vom Staat untergraben. Man paßt auf sich selber auf, sagt, was »die da oben« hören wollen, und versucht, seine Sache so gut wie möglich zu machen.

Es wird Jahre dauern, bis Martina und Judy herausfinden werden, was geschehen ist, warum es geschehen ist, wo sie zu ihrem eigenen Schmerz beigetragen haben und wo sie wirklich Recht hatten.

Aber keine von beiden kann diese Jahre einfach vergessen machen. Es ist gar keine Frage, daß sie sich gefühlsmäßig viel gegeben haben, und sie werden beide für den Rest ihres Lebens davon profitieren.

Werden sie einen Weg zurück, zu einer weniger brisanten Beziehung finden, einer Freundschaft, die auf neuen Voraussetzungen fußt? Doch. Ich weiß, Martina schwört Stein und Bein, daß sie nie wieder mit Judy befreundet sein wird, aber ich glaube, ich kenne Martina besser als sie sich selbst. Sie ist verletzt worden, sie hat niemals zuvor mit einer ehemaligen Liebhaberin so kämpfen müssen, und sie ist immer noch benommen davon. Sie wird darüber hinwegkommen. Sie ist impulsiv, großzügig, liebenswert und abenteuerlustig. Sie wird sich nicht verschließen und für den Rest ihres Lebens wegen Judy und des Geldes jammern. Es haben sowieso alle ihre Finger in ihrem Portemonnaie; es ist Teil ihres Lebens.

Judy reagierte auf die Beziehung und verlangte etwas für die Jahre. Letztendlich wird Martina diese Forderung als eine Chance begreifen, ihre verborgenen Ansichten über die Liebe zu untersuchen. Was wir über die Liebe sagen, und was wir damit machen, sind im allgemeinen zwei verschiedene Dinge. Wäre eine Scheidung so ein Zuschauersport, wenn dem nicht so wäre? Jede Beziehung ist voll von unausgesprochenen Hoffnungen. Für Martina kamen diese unausgesprochenen Hoffnungen aus ihrem Bekenntnis zur lesbischen Liebe. Das ist ein Geschenk.

Doch weit mehr und tiefer noch, wird es in ein paar Jahren einen Moment geben, wo sich Martina an etwas Zärtliches erinnert – ein Lied oder ein Ort werden ihr diesen Moment wiederbringen. Sie wird sich zu der Freundschaft aus besseren Tagen zurückarbeiten, sobald die Leute, die etwas zu gewinnen hatten, indem sie Judy als die große Goldgräberin hinstellten, aus ihrem Leben verschwunden sind. Martina wird irgendwann lernen, daß das Leben zu kurz ist, um acht Jahre einfach über Bord zu werfen. Nicht einmal Martina ist reich genug, sich verlorene Zeit zurückzukaufen.

Judy könnte jetzt versuchen, sich der Beziehung wieder zu nähern. Nicht, daß es einfach sein würde, weil Judy, der Kampfhund, immer über das Warum, Wann und Wo Bescheid wissen will und Martina mit ihrem Hunger nach Antworten ermüden wird.

Es gibt wirklich keine endgültigen Antworten. Liebe ist nun einmal per definitionem irrational. Sich rationalen Kriterien zu unterwerfen, macht alle verrückt und die Dinge nur noch schlimmer. Anstatt herausfinden zu wollen, »was sie falsch gemacht hat«, oder »was Martinas Interessen sind«, muß Judy akzeptieren, daß diese Dinge passieren. Sie kann Martina nicht einfach Gefühle zuweisen und ihr erklären, was sie fühlt. Sie muß auch dem zuhören, was ihre ehemalige Partnerin ihr erzählt; momentan wäre das noch keine besonders gute Idee. Aber morgen vielleicht, oder in den kommenden Tagen, oder im nächsten Jahr wird Judy Martina als diejenige akzeptieren können, die sie ist – nicht als die Frau, die sie im Stich gelassen hat.

Wenn sie nie wieder Freundinnen sein können, wird es für beide ein Verlust sein. Wer kennt dich schon besser als deine Ex? Was dich anfänglich zu diesem Menschen hingezogen hat, ist immer noch da. Niemand kann jemand acht Jahre lang an der Nase herumführen – es gibt da viel Gutes in diesen beiden Frauen und viel Gutes, daß sie sich noch antun können.

In der Zwischenzeit werden sie mit der Seifenoper des täglichen Lebens weitermachen, genau wie Sie und ich. Ich hoffe nur, daß wir alle ein gutes Skript haben!

Roger, Wilco, Over and Out

Rita Mae Brown

Vorbemerkung

Ich war dabei, als Martina Navratilova 1990 ihren rekord-
brechenden neunten Einzeltitel in Wimbledon gewann. Ich
saß hinter der königlichen Loge, direkt hinter Johnny Carson. Als Martina zu den Logen lief, um Judy Nelson zu
umarmen, sah ich meinen Freund an und sagte: »Ich weiß, es
klingt komisch, aber für mich sieht das wie ein Abschied
aus.« Ich habe nicht wieder daran gedacht, bis ich im Februar
1991 in »USA Today« las, daß Martina und Judy sich getrennt hatten. Und dann nicht wieder, bis ich Judy Nelson
zufällig im Juni in Aspen traf.

Jahrelang schaute ich mir nach Möglichkeit alle »Grand-
Slam«-Turniere an und war jedes Jahr bei den »U. S. Open«.
Ich habe fünfzehn Jahre meines Lebens in einem Tanzstudio
zugebracht und wußte Martinas Grazie und Eleganz ebenso
zu schätzen wie ihre Disziplin und Hingabe. Ich hatte keine
Ahnung, daß ich da an einer Geschichte dran war, die ich
eines Tages mit meinen Worten erzählen würde. Mir schien
es schon immer, daß, wenn man die Dinge, die einen bewegen, verfolgt, es sich irgendwann in Produktivität aus-
wirkt.

Als Judy mich bat, diese Geschichte zusammen mit ihr aufzuschreiben, hat mich nichts mehr gehalten. Ich glaubte, ich
sei eine gute Kandidatin für das Unterfangen, da ich das
Gefühl hatte, die Problematik dieses Falls nachvollziehen zu
können, etwas vom Tennis verstand und mir selbst zutraute,
den Lesern die Dinge zu erzählen, die ich bei Judy und
Martina am interessantesten fand.

Dieses Buch entwickelte sich von einem engbegrenzten
Buch über die Ereignisse des Falles *Nelson-Navratilova* zu
einem Buch über Judys vollkommen neue Liebeserfahrung,
Martinas Leben auf – und jenseits des Tennisplatzes, die

28

Erziehung von zwei jungen Männern in einer getrennten Familie, die Unterstützung durch die Familie und einen feministischen Blick auf das Familienrecht in Texas. Das waren alles Teile eines Puzzles, und als solche mußten sie mit einbezogen werden.

Obwohl ich auf Judys Seite in den Fall hineinkam, begegnete ich den Familien Hill und Nelson mit gemischten Gefühlen. Auch ich hatte die Geschichten über Habgier und Verschwörung gelesen. Die Hills und die Nelsons luden mich zu sich nach Hause ein und beantworteten mir alle Fragen. Sie weinten, als sie über Martina sprachen, und es hat nicht lange gedauert, bis ich davon überzeugt war, daß sie sie liebten.

Von Eddie und Bales war ich überrascht. Ich hatte nicht erwartet, meine Freude an ihnen zu haben. Mein Vorsatz (unterstützt durch meine vorsichtige Natur) war sogar, sie möglichst aus der Geschichte herauszuhalten. Wie dem auch sei, Geschichten haben ihr eigenes Leben, und die Jungs stellten sich schließlich als die ehrlichsten und aufrichtigsten Kapitel in dieser Geschichte heraus.

Mein Ziel war es, den Lesern beide Seiten der Geschichte zu präsentieren. Das habe ich nach bestem Wissen getan. Es wäre von mir als Soziologin unverantwortlich, wenn ich nicht die Voraussetzungen benennen würde, unter denen ich arbeite. Erstens denke ich, daß Interaktionen oft durch Strukturen bestimmt werden und daß Fakten gesellschaftlich konstruiert werden. Ich denke, daß wir Produkte unserer Klassenherkunft und unseres Klassenstands sind und daß unsere »Persönlichkeiten« aus diesen und anderen gesellschaftlichen Gegebenheiten zusammengesetzt sind. Ich erwähne das hier nur, weil ich sagen möchte, daß ich nicht daran glauben mag, eine der beiden Seiten sei boshaft oder kalkulierend gewesen, sondern daß beide Frauen Produkte ihrer sehr unterschiedlichen Umgebungen sind. Ich denke, daß der Rechtsstreit sie zwang, ihre getrennten und polarisierten Interpretationen der

»Fakten« zu rekonstruieren. Ich glaube, daß wir alle die Ereignisse, die unser Leben begleiten, in derselben Art und Weise konstruieren und interpretieren. William Faulkner hatte recht, als er bemerkte: »Fakten und Wahrheit haben sehr wenig miteinander zu tun.« Und schließlich sollten Sie wissen, daß ich der alten Weisheit gefolgt bin, die besagt, daß »wenn die Wahrheit der Legende widerspricht, halt' dich an die Legende.«

Nachdem ich mich achtzehn Monate auf Judy und Martina konzentriert habe, bleiben mir einige dauerhafte Eindrücke. Erstens glaube ich, daß, wenn ihre Beziehung gut war, sie sehr gut war. Weiter denke ich, daß die beste Vorhersage von zukünftigem Verhalten das Verhalten in der Vergangenheit ist. Ich verstehe jetzt auch den Grund, warum erfahrene Biographen wohlwissend ihre Werke erst nach dem Tod ihrer Hauptfiguren schreiben; dann liegt die Verantwortung allein bei den Lesern. Bei mir war das nicht der Fall.

Mein Lektor bestand zum Glück darauf, daß ich saftige Leckerbissen mit einbeziehe, die diese nur allzu »menschliche Geschichte« bereichern, und ich danke Allan Wilson von der »Carol Publishing Group« für seine Geduld und Hartnäckigkeit.

Ich bin Judy dankbar für die Möglichkeit, mit ihr zu arbeiten. Natürlich hätte ich ihre Geschichte ohne ihr Vertrauen und ihre Freundschaft nicht schreiben können. Ich bedanke mich für die professionelle Art, in der Martina mit mir umgegangen ist. Ich hoffe, daß, wenn die letzte Schlacht im Gericht geschlagen ist, wir über unseren Schatten springen können, um uns die Hände zu reichen. Aufgrund der Vorarbeiten für dieses Buch weiß ich mehr über ihr Privatleben als ich jemals wollte. Um es einmal festzuhalten, ich fand, ihre Großzügigkeit und Liebenswürdigkeit kamen einem Wunder gleich.

Als Anfängerin erbat und erhielt ich viele Ratschläge von meiner Agentin, meinem Lektor und meinen Freunden. Danke an Bill Bruns, der einen ganzen Stapel unorganisiertes, falsch buchstabiertes Material durchlas und es nach Kapiteln ordnete. Seine Erfahrung als Sportjournalist war für mich von unschätzbarem Wert Sein Optimismus, sein Einfühlungsvermögen und seine Fähigkeit, das Material schnell zu lesen, waren eine große Hilfe, sowohl für das Buch als auch für mein persönliches Wohlergehen.

Meine Agentin Julie Popkin stand vor der Herausforderung, das erste Manuskript einer Autorin zu verkaufen. Zu meinem Glück konnte ich im Wind einer Schlagzeilengeschichte segeln, aber eine Geschichte schreibt sich nicht von selbst zu einem Buch. Mehr als jede andere ging Judy durch das Manuskript, auf der Suche nach Widersprüchen und Rechtschreibfehlern (und drohte mehr als einmal, meine schrecklichen Fehler der Welt zu präsentieren). Danke für Deine unzähligen Stunden.

Dank an Professor Kristen Luker von der University of California, Berkeley, für ihre Kommentare und Vorschläge zu einem frühen Exposé, und dafür, daß sie mir das Doktorandenstudium an der Universität Stanford vermittelt hat. Und, wo sie schon angesprochen ist, dafür, daß sie mich daran erinnert hat, daß einige Leute ihren Abschluß verdienen, und andere das Handwerkszeug einfach ergreifen und damit in die Welt gehen.

Dank an Sargent und Frances Hill. Sie waren charmant und liebenswürdig und stellten unser Verhältnis immer vor meine Nachforschungen.

Dank an meine persönliche Assistentin Andy Wolverton dafür, daß sie mir half, die unmöglichen Abgabetermine einzuhalten.

Dieses Buch wäre nicht erschienen ohne die Hilfe meiner engen Freundinnen Anita, Patty, Teramota, Nancy und

Phylis. Und schließlich Dank an meine Freunde, die ich während der Arbeit an dem Buch kennengelernt habe: Bonnie, Chantal, Hope, M. A., Philippe und Sandy.

Sandra Faulkner
San Francisco, Californien
6. Dezember 1992

*Am 21. November 1988, in einem Kodizill zu ihrem Testa-
ment, stellten Martina und Judy sich das Ende ihrer Beziehung vor:*
Martina und Judy wünschen sich beide, auf dem Gelände
von »Castle Creek« in Aspen beerdigt zu werden. Die
schmalen goldenen Ringe, die sie an ihrer linken Hand tragen, sollten an ihren Fingern stecken.

Seid fröhlich – das Leben ist
wunderbar.
Wir lieben Euch.

Martina Navratilova
Judy Nelson

Einführung

»Mom, das ist Martina. Martina, das ist Mom«, sagte Eddie. Eddie ist mein älterer Sohn. Inzwischen ist er zweiundzwanzig, aber als er diese schicksalhafte Vorstellung übernahm, war der Junge elf Jahre alt.

Es war Frühling, Anfang März 1982, als Eddie in einem Doppel bei den »Bridgestone Weltmeisterschaften im Doppel«, die in dem Jahr in Fort Worth, Texas, stattfanden, Balljunge sein durfte. Mit seinen blonden Haaren und seinem niedlichen Lächeln war er ein Charmeur. Er hat sich in der Gegenwart von Erwachsenen immer wohl gefühlt und fand in Martina einen Champion, der Kinder liebte. Sie wurden auf Anhieb Freunde und da er wußte, wie sehr ich Tennis mochte (ich spielte fast jeden Tag), dachte Eddie, daß ich Martina gerne treffen würde. Er hatte recht. Ich bewunderte ihre Art zu spielen. Sie griff ständig am Netz an, und diese Spielweise schien mir auch zu liegen.

Ich hatte mit Tennis als Teil meiner Therapie angefangen, um meine aufgestauten Emotionen loszuwerden. (Mein Mann hatte mir erklärt, daß er mich verlassen und eine Krankenschwester heiraten werde, die er während seiner Assistenzzeit im Krankenhaus kennengelernt hatte.) Um von den Schwierigkeiten zu Hause loszukommen, spielte ich sehr häufig Tennis. Ich mochte das Spiel nicht nur, sondern lernte beim Doppel in der Vereinsmannschaft auch neue Freunde kennen, die mich unterstützten. Im Grunde genommen war es die Liebe zum Tennis, die meine Freunde und mich veranlaßten, als Freiwillige bei einem Tennisturnier mit Martina als Star zu helfen. Ich hatte die Ballmädchen und -jungen auf das Turnier vorbereitet. Die Kinder waren begeistert, ganz besonders Eddie. Er war gescheit und eifrig und ein besonders guter Sportler. Er konnte sich über einen längeren

Zeitraum konzentrieren und hatte für sein Alter einen sehr genauen Wurfarm. Deshalb wurde er als Balljunge für Martinas Spiel ausgewählt. Sie hatte den Ruf, Spaß an Kindern zu haben. Wenn sie spielte, erwartete sie von ihnen Perfektion. Der Grund für ihre hohen Anforderungen war, meiner Meinung nach, daß jede Kleinigkeit, die nicht stimmte, wie zum Beispiel eine Verzögerung oder ein Ball, der während ihres Aufschlags am anderen Ende des Platzes geworfen wurde, sie ablenkte, und Martina mußte auf dem Platz konzentriert sein. Jede Unterbrechung konnte dazu führen, daß sie das Spiel verlor. Das Turnier fand im »Will Rogers Coliseum« in meiner Heimatstadt Fort Worth, Texas, statt. Martina sollte sich mit ihrer langjährigen Doppelpartnerin Pam Shriver zusammentun. Und, was noch wichtiger war, mein Sohn Eddie würde zwei Frauen miteinander bekannt machen, die zwei Jahre später eine außergewöhnliche Liebesgeschichte beginnen würden.

Wer weiß schon, welche Rolle das Schicksal in unserem Leben spielt? Dieses Treffen ereignete sich auf dem »Bridgestone«-Turnier, das zum ersten und letzten Mal in der Stadt ausgetragen wurde, und es war das letzte Mal, daß ich Balljungen trainiert habe. Als ich Martina traf, verband mich sofort etwas mit ihr, ein Gefühl, daß dieser Mensch für immer Teil meines Lebens wird. Es war einfach nur ein Gefühl: unerklärt, aber akzeptiert.

Es war nur ein kurzes Aufeinandertreffen, kurz bevor Martina den Platz betrat, um ihr Spiel zu machen. Aber sie sagte, daß sie mich nachher im Spielersalon treffen würde.

Es war ganz einfach, sich mit ihr zu unterhalten; sie hatte ein großartiges Lächeln und eine schnelle Auffassungsgabe. Sie kannte viele Witze und konnte sie so gut wie ein Komiker erzählen. Ihr Haar war bräunlich mit einigen blonden Strähnen und ihr Körper war das Beste, was ich je gesehen habe. Es war nicht der gepflegte Körper einer »Südstaaten-

Schönheitskönigin«, sondern ein schlanker, athletischer Körper mit wohlproportionierten Muskeln, weich und fest. Es war nicht ein Gramm Fett an ihr. Für ihre Beine hätte man alles gegeben, und sie hatte die schönsten Hände, die ich je gesehen hatte. Sie fielen mir auf, als ich ihr die Hand gab. Die Haut war weich und makellos, und ihr Händedruck war fest. Ich bewunderte, wie sie mir die Hand gab und mir dabei direkt in die Augen schaute.

Ich war ungefähr acht Zentimeter größer als sie. Als ich neben ihr stand, war ich überrascht, daß ich über sie hinwegschauen konnte. Nachdem ich sie oft im Fernsehen gesehen hatte, dachte ich, sie wäre viel größer. Es stellte sich heraus, daß wir dieselbe Konfektionsgröße trugen, und in den kommenden Jahren haben wir oft unsere Kleidung getauscht.

Als wir uns trafen, hatte ich noch langes, leicht rötliches Haar und obwohl mich die Leute meistens für blond halten, sind meine Haare eigentlich rotbraun. Ich hatte in jenem Frühling Farbe bekommen, weil ich oft im Freien Tennis spielte und gerade von meinem alljährlichen Skiurlaub in Colorado zurückgekommen war. Ich erinnere mich sogar daran, was ich an jenem Tag trug: eine knallorangene Bluse und eine blaue Gabardinehose.

Wir unterhielten uns ungefähr fünfzehn Minuten über Skifahren, Tennis und über meine Kinder. Es wurde schon spät, und ich mußte meinen jüngsten Sohn Eddie abholen, Bales (der damals neun war) und Ed, meinen Mann (der die Krankenschwester nie geheiratet hat), finden und sie nach Hause bringen. Der nächste Tag begann wieder früh, ich mußte meine Familie aus den Federn scheuchen, sie versorgen und dann zurück zum Finale ins »Coliseum«.

Martina und Pam gewannen das Turnier. Nach der Preisverleihung griff sich Martina das Mikrophon und dankte mir persönlich für den großartigen Einsatz, den ich mit den Jungen und Mädchen geleistet hatte. Es war mir etwas peinlich, als einzige gelobt zu werden, aber gleichzeitig war ich auch stolz. Ich war erstaunt, daß sie das getan hatte.

Nach der Zeremonie blieb uns nur ein kurzer Moment, um uns zu verabschieden. Wir blieben formal und höflich, tauschten freundliche Worte aus. Doch ich wußte, dies würde eine spezielle Freundschaft werden – eine, die nicht vergessen werden sollte. Wir tauschten Telefonnummern aus, und dann war sie auch schon mit ihrer Trainerin Nancy Lieberman auf und davon, zum nächsten Turnier. Sie lebte ein Zigeunerleben.

Als dieses erste Treffen stattfand, war ich mit Dr. Ed Nelson, einem Spezialisten für innere Medizin, verheiratet. Wir waren damals fünfzehn Jahre verheiratet. Die ersten zehn waren erfüllt von kleinen Triumphen und Bemühungen des täglichen Miteinanders, den normalen Hochs und Tiefs einer jungen Liebe – der Liebe zweier Menschen, die gerade mit dem College fertig waren und ein neues und unabhängiges Leben begannen. Ich war diejenige, die arbeitete – so etwas wie eine Pionierin im Restaurantgeschäft, das von Männern dominiert wird. Ich hatte nicht nur ein »Bonanza«-Restaurant, ich führte es auch. Ich war Unternehmerin. Ich stellte Leute ein und entließ sie wieder, kochte und putzte, wenn die Aushilfen nicht auftauchten und war oft achtzehn Stunden auf den Beinen, um meine Niederlassung immer unter den »Top Ten« in der nationalen Verkaufsliste zu haben.

In dieser Zeit bekamen wir unser erstes Kind, Eddie. Ich nahm mein Baby mit zur Arbeit. Ich hatte ein Kinderbett und ein Ställchen in meinem Büro. Zu Hause hatte ich keine Hilfe. Es gab kein Kindermädchen. Doch meine Eltern, Sarge und Frances Hill, wohnten in der Nähe und halfen, wenn es nötig wurde. Es zeigte sich, daß ich mich mein ganzes Leben auf diese Hilfsbereitschaft verlassen konnte. Meine Familie war immer da und half mir, egal, was in meinem Leben passierte.

Mein Mann blieb bis spät in die Nacht im »Parkland«-Krankenhaus in Dallas, während ich im Restaurant arbeitete. Er mußte meist sehr lange Zeit abrufbar sein – oft bis zu zweiundsiebzig Stunden hintereinander. Er widmete sich seinen Patienten und fühlte sich seiner Arbeit verpflichtet. Wir arbeiteten beide sehr hart. Ich habe an Ed geglaubt. Ich glaubte, daß unsere ganze harte Arbeit sicherlich eines Tages belohnt werden würde, daß wir ein behagliches, anspruchsvolles und glückliches Leben miteinander verbringen könnten. Ich war schließlich mit dem Mann meiner Träume – er war hübsch und intelligent – verheiratet, ich war eine erfolgreiche Geschäftsfrau und die energische Mutter zweier wunderbarer Kinder. Mit der Zeit wurde ich zum Inbegriff der berufstätigen Frau, die gleichzeitig den Haushalt führte. Doch der Traum meiner idealen Ehe wurde nach zehn Jahren zerstört, als Ed 1977 an einem gewöhnlichen Novemberabend eine unfaßbare Erklärung abgab. Er stand vom Tisch auf, kam in unser Schlafzimmer und sagte: »Ich gehe.«

Ich fragte nur: »Wohin?« Ich war mir sicher, er hatte einen Anruf aus dem Krankenhaus erhalten. Aber zu meiner absoluten Überraschung sagte er: »Ich verlasse dich. Ich muß jetzt gehen.«

Ich war am Boden zerstört. Ich wußte nicht, daß er unglücklich gewesen war. Ich hatte nie daran gedacht, daß Ed mich verlassen könnte. Aber einen Monat, bevor er seine Prüfung als Assistenzarzt der Inneren Medizin machte, um dann zu einer Privatklinik zu wechseln, tat er genau das: Er verließ mich.

Ed reichte eine Woche später die Scheidung ein. Wir blieben zwei Jahre getrennt. Wir trafen uns, redeten und gingen sogar während der Trennung zusammen aus. Wir versuchten, einen Weg zu finden, um den Schaden irgendwie zu reparieren. Auch wenn wir es ignoriert haben, der Streß war trotzdem immer da.

Als wir uns trennten, waren unsere Söhne fünf und drei Jahre alt. Wir drei blieben im Haus der Familie und Ed mietete sich eine Wohnung. Er ging in der Zeit auch zum Psychiater. Manchmal wurde ich gebeten, bei den Sitzungen dabei zu sein. Auch wenn ich Eds Bedürfnis klarzukommen verstand, fühlte ich mich doch sehr allein. Deshalb habe ich meine ganze Zeit und Aufmerksamkeit auf meine Söhne gelenkt. Es verband uns etwas, das bis zum heutigen Tag stark und sehr besonders blieb – eine Verbindung, die uns später durch die größte Herausforderung half.

In dieser zwei Jahre dauernden Periode, in der ich versuchte, die Ehe zusammenzuhalten (weil ich Ed liebte und glaubte, eine Familie gehöre zusammen – einem Leitspruch, mit dem ich groß geworden war), fand ich heraus, daß Ed mich betrogen hatte. Er hatte nicht nur eine Freundin, als er mich in jener Nacht verließ – eine, die er heiraten wollte –, sondern er hatte schon vorher mindestens fünf Affären gehabt. Die Märchenwelt, an die ich immer geglaubt hatte, kam zu einem abrupten Ende. Ich war nie wieder dieselbe. Ed weigerte sich, über seine Affären zu sprechen. Ich habe nie herausgefunden, was ihn dazu getrieben hat, mir mehrfach untreu zu werden. Trotzdem muß uns zugute gehalten werden, daß wir versuchten, die Risse in unserer Ehe zu kitten.

Während der Trennung schwafelte Ed viel über seine Verpflichtung mir und seiner eigenen Freiheit gegenüber. Nachdem ich mir den Quatsch zwei Jahre angehört hatte, nachdem er zwei Jahre lang unfähig gewesen war, sich von mir scheiden zu lassen und die Krankenschwester zu heiraten, reichte ich meinerseits die Scheidung ein. Ich wußte, ich mußte mein Leben selbst in die Hand nehmen. Ed mußte sich entscheiden – entweder blieb er, oder er ging –, und wenn er das nicht von sich aus konnte, dann mußte ich ihn eben dazu zwingen. Ed kam zurück nach Hause. Obwohl wir hart daran gearbeitet hatten, offen miteinander umzugehen, kann ich rückblickend sagen, daß wir in Sachen Kommunikation gescheitert sind. Wir waren nicht in der Lage, unseren Ärger oder unser Unbehagen in einer konstruktiven, produktiven Art zum Ausdruck zu bringen.

Ich versuchte, »die perfekte Frau« zu werden, die zu sein, von der ich glaubte, daß Ed sie wollte. In diesem Prozeß habe ich meine eigenen Ziele und die Gleichberechtigung, die ich immer angestrebt hatte, aus den Augen verloren. Ich tat, wovon ich meinte, es sei das Beste für Ed und meine Familie, doch ich vergaß darüber, das zu tun, was für mich am besten war. Heute weiß ich, daß ich niemandem *mein* Bestes geben konnte.

Martina bot mir die Gelegenheit, diese Gleichberechtigung, nach der ich suchte, zu leben. Ich war der Meinung, daß diese neue Beziehung mir eine Chance geben würde, meine eigene Stimme zu haben. Aber ich habe den Fehler gemacht, in alte Muster zurückzufallen. Ich habe zuviel getan und habe Sachen kontrolliert, die ich nicht hätte kontrollieren sollen. Anstatt Kontrolle über mein eigenes Leben zu ergreifen, stellte ich meine Bedürfnisse hinter die ihren. Ich wurde wieder zur »Frau hinter dem Mann«. Das konnte auch für sie nicht gut sein. Es gibt einfach einen Punkt, an dem der Versorgten die Aufopferungen der Fürsorgerin zuviel werden.

Heute sehe ich die Dinge anders. Ich muß jetzt erst an mich denken, und das ist nicht egoistisch gemeint. Es ist vielmehr die einzige Möglichkeit, sein Bestes zu geben. Ich werde mit diesem Konzept mein ganzes Leben lang Probleme haben. Manchmal schaffe ich es, und manchmal vergesse ich es und falle zurück in alte Muster. Doch ich denke, daß ich mir immer sehr bewußt sein werde, daß dies eines meiner Probleme ist. Für mich ist der Weg das Ziel.

Ed und ich zogen 1979 nach zwei Jahren Trennung wieder zusammen. Als ich Martina 1982 traf, war unsere Ehe wieder zusammengeflickt, aber ich war immer noch von Eds

Liebeleien verletzt. Ich fand heraus, daß Ed sich weiterhin mit seiner Krankenschwester traf. Er beichtete mir, daß er die »andere« immer noch traf und daß er ihr wieder versprochen hatte, sie zu heiraten. Ich war so geschockt, daß ich benommen war. Er sagte mir, daß er nicht wüßte, warum er sie immer noch heimlich traf und daß er mich wirklich nicht wieder verlassen wollte. Als gute Frau, Gattin und Mutter, zu der man mich gemacht hatte, vergab ich ihm erneut und erlaubte ihm zu bleiben. Danach war die Freundin endgültig aus seinem Leben verschwunden. Sie zog nach Kalifornien und ist meines Wissens nie wieder nach Texas zurückgekehrt.

Auch wenn sie weg war, war der Schaden angerichtet. Ich versuchte weiter, unsere Ehe zu verbessern. Ich dachte, ich wäre »Superwoman« und könnte dies alles einfach wegstecken. Aber innerlich ging ich allmählich ein. Zu Hause erfüllte ich meine Pflichten, doch die Freude und das Lachen waren aus meinem Leben verschwunden. Ich glaube, daß Vertrauen einen Großteil einer Liebe ausmacht, und das war verlorengegangen; ich fühlte mich nie wieder wirklich geliebt – ich war nicht mehr dieselbe.

Aber 1984, als ich Martina zum zweiten Mal traf (nachdem ich sie zwei Jahre nicht gesehen hatte), wollte ich eine Freundschaft. Ich wollte wieder lachen. Ich wollte vertrauen. Ich wollte Zweisamkeit und Gleichberechtigung. Ich wollte mich mit meiner Idealvorstellung auf keine Kompromisse mehr einlassen. Ich wußte, daß ich Ed nicht mehr liebte. Ich hatte versucht, mit ihm zu reden und schickte ihm sogar eine Karte in sein Büro – eine von diesen Karten, auf denen steht, wie sehr man jemanden vermißt und wie einsam man ist. Ich erinnere mich nicht mehr an die genauen Worte, aber das drückte sie in etwa aus. Ich erinnere mich allerdings genau an das, was ich gesagt habe. Ich schrieb ihm, daß ich erschreckt sei, weil ich glaubte, nicht mehr in ihn verliebt zu sein und nicht gedacht hätte, daß mir das passieren könnte. Ich sagte, daß ich nicht mehr wüßte, was ich machen sollte. Das geschah nur zwei Monate, bevor ich Martina 1984 zum Mittagessen traf – ein Mittagessen, das den Anfang einer ganz besonderen Beziehung und kurz danach den Beginn eines ganz besonderen Liebesverhältnisses darstellte.

Judy Nelson

Der Anfang

Auch wenn sie sich Weihnachtskarten schrieben und ein paar Mal miteinander telephonierten, hatten Martina und Judy bis März 1984 tatsächlich noch keine Zeit miteinander verbracht. Es dauerte zwei Jahre, bis es für beide möglich wurde, sich das erste Mal zum Mittagessen zu treffen; es schien, als ob jedesmal, wenn Martina im Rahmen eines Turniers nach Dallas oder Fort Worth kam, Judy mit der Familie zum Skilaufen nach Colorado gefahren wäre.

Nachdem sie das »Virginia Slims Championship«-Turnier in New York am 4. März gegen Chris Evert in drei Sätzen gewonnen hatte, zog Martina weiter nach Texas, wo sie das nächste Turnier in Dallas spielen sollte. Noch bevor das Turnier begonnen hatte, lud Martina Judy zum Mittagessen ein. Judy erkannte die unverhoffte Möglichkeit, diese faszinierende Frau zu treffen, und nahm die Einladung an. Zu diesem Zeitpunkt hatte Judy zwar schon Gerüchte gehört, daß Martina lesbisch wäre, schenkte ihnen aber keine rechte Bedeutung. »Als ich danach gefragt wurde, ob Martina lesbisch sei, antwortete ich nur: Keine Ahnung«, räumt Judy ein.

Nach dem Training begleitete Judy Martina zum Haus ihres Trainers Mike Epstep, wo Martina duschte und sich umzog. Dann fuhren sie in getrennten Autos zum »Wyndam Hotel« in Dallas und bestellten sich Hühnersalat-Sandwiches. Im Verlauf eines zweistündigen, ungestörten und intimen Essens tauschten die beiden schnell ihre Lebensphilosophien, leidenschaftlichen Interessen und politischen Ansichten aus. Ihre Unterhaltung war lebhaft, geistreich und voller Witz. Sie sprachen über ihr Leben und ihre Lieben. Gegen Ende des Essens begann Judy bei sich Gefühle für Martina zu entdecken, die sie schockierten. »Ich kann mich doch nicht so zu einer Frau hingezogen fühlen«, dachte sie. »So hatte ich noch nie für eine Freundin empfunden, so etwas Verwirrendes, Aufregendes.«

Als sie um die Rechnung baten, wurde ihnen gesagt, daß der Herr am anderen Ende des Raumes das schon erledigt hätte. Offensichtlich war die »Energie« zwischen den beiden über mehrere Tische hinweg spürbar. Obwohl Judy eine verheiratete Frau war und zwei junge Söhne hatte, fühlte sie sich – zu ihrer eigenen Verwunderung – völlig von dieser Frau Navratilova hingerissen. Martinas Geistesblitze und zarte Verwundbarkeit waren verführerisch und charmant zugleich. Ihre Zuneigung zu Martina verstörte Judy und ließ sie gleichzeitig nicht mehr los. Als sie zum Parkplatz gingen, um in die Autos zu steigen, gab Martina Judy einen Kuß auf die Wange. Judy war sich über seine Bedeutung nicht im klaren, und sie blieb noch verwirrter zurück. Martina meinte zum Abschied, sie würde Judy anrufen und sie sollten sich doch am nächsten oder übernächsten Tag wiedertreffen.

Als Judy an jenem Nachmittag nach Hause kam, rief sie eine befreundete Psychiaterin an und sagte: »Karen, ich muß als Patientin zu dir kommen, denn entweder werde ich verrückt oder ich bin der interessanteste Fall, den du seit Jahren gehabt hast.« Bald schon würde sich die ganze Familie mit dieser Psychiaterin unterhalten.

Für den Moment stellte dieses Mittagessen den Anfang einer romantischen Liebesbeziehung zwischen Judy und Martina dar. Obwohl sie sich schon veränderte, war Judy doch immer noch verheiratet. Keine der beiden Frauen war sich darüber im klaren, was diese Veränderungen für ihr Leben bedeuten würden, und so dachten sie, es wäre das Beste, ihre Gefühle füreinander geheimzuhalten.

Vor dem Tennistraining an jenem Morgen, vor ihrem gemeinsamen Mittagessen, zog sich Martina eine Zerrung der Achillessehne zu. Die Verletzung war so ernst, daß sie über einen Monat lang nicht in der Lage war, Tennis zu spielen. Sie war gezwungen, ihre Teilnahme an mehreren Turnieren abzusagen, doch was als unglücklicher Vorfall begann, entwickelte sich für Martina und Judy zu einer Gelegenheit, sich gegenseitig kennenzulernen. Sie konnten längere Zeit unbeschwert miteinander umgehen, ohne den Druck der Öffentlichkeit auf Martinas Energie und Zeit fürchten zu müssen. Vorläufig konnten sie den Kummer verdrängen, den sie irgendwann den Menschen bereiten würden, die ihnen nahestanden; ebenso wie die schmerzhaften Erfahrungen, die die Umstellung auf die gegenseitigen Bedürfnisse und Forderungen mit sich bringen würde. Bedürfnisse, die nicht immer erfüllt werden konnten, und Forderungen, die sich aus der Familienproblematik, insbesondere Judys Kindern und dem Leben im Rampenlicht ergaben.

Als Judy und ihrem Ehemann Ed Nelson klar wurde, daß Martina eine Zeitlang nicht spielen konnte, luden sie sie zu sich ein. Sie boten ihr Bales Zimmer im oberen Stockwerk an. »Martina war ein ganz normaler Gast«, beschreibt Judy die Situation, »sie kam runter, setzte sich und aß mit uns zu Abend. Manchmal kochte sie auch Nudeln oder etwas in dieser Art, was allen schmeckte.« Weil die Familie sich darauf konzentriert hatte, eine berühmte Tennisspielerin zu Gast zu haben, achtete niemand so richtig auf das Verhältnis zwischen Martina und Judy. »Ich fühlte mich nicht unwohl, an einem Tisch mit Martina, Ed und den Jungs zu sitzen. Ich war einfach nur froh, daß sie da war. Es war so einfach, mit ihr zusammenzusein. Noch war es nicht so kompliziert. Ich wollte bei ihr sein, und wenn dies hier die einzige Möglichkeit war, dann mußten wir uns eben so arrangieren.«

Martina hatte Judys Herz erobert. Sie kannten sich erst ein paar Stunden, als Martina sich verletzte. Hätten die beiden etwas überlegter gehandelt, wären sie wohl auf einen anderen Zeitpunkt und einen anderen Ort für ihr Kennenlernen verfallen; doch jetzt war Martina Gast im Hause der Nelsons, und sie kamen sich in dieser alltäglichen Atmosphäre näher. Irgendwie glich diese häusliche Erfahrung ihre großen Unterschiede aus. Judy war in ihrer eigenen Umgebung, und Martina war weit weg von der Tenniswelt; sie waren eingeschlossen in einer Umgebung, die von allen um sie herum als heil angesehen wurde und die für beide mehr bedeutete, als die anderen ahnen konnten. In diesen frühen Tagen ihrer Beziehung hüteten sie ein Geheimnis, das früher oder später mitgeteilt werden mußte – es galt, den richtigen Zeitpunkt zu finden und genügend Mut aufzubringen.

Martinas Leben befand sich im Umbruch. Sie hatte einige Sachen in Dallas, im Haus von Nancy Liebermann, und immer noch ein paar Möbel und Anziehsachen in Virginia Beach, aber sie war unruhig, und ihre Verletzung machte ihr zu schaffen. Judy glaubte daher auch, die Idee, bei ihrer Familie zu wohnen, könnte Martina wohltun. Hier würden sie nicht nur beieinander sein können, es war auch der Weg des geringsten Widerstands. Zu diesem Zeitpunkt hatte Ed noch nicht bemerkt, daß Judy romantische Gefühle für Martina hegte und begrüßte den Tennisstar mit offenen Armen. Was die Familie betraf, war Martina einfach nur ein Gast.

Judy und Martina verbrachten die Tage damit, sich kennenzulernen. Es war der Anfang einer tiefen Liebesbeziehung, und sie waren glücklich, zusammenzusein. »Wir konnten einfach Zeit miteinander verbringen. Das war unsere richtige Kennenlernzeit. Wir versuchten beide, Fragen zu beantworten. Sie für sich und ich für mich. Zu diesem Zeitpunkt hatte sich bereits eine richtige Beziehung entwickelt, so daß wir eine Menge zu besprechen hatten. Wie würden wir uns angesichts dieser Beziehung verhalten? Wie würde sie ablaufen? Was würde mit uns geschehen?« Judy stand vor der Veränderung ihres Lebens überhaupt. »Wir lachten aber auch viel miteinander, und das hatte ich schon lange nicht mehr getan. Martina kam mit in den Verein, schaute mir beim Tennisspielen zu und gab mir manchmal Tips, wie ich mein Spiel verbessern könnte. Es machte Spaß mit ihr. Alle meine Freunde mochten sie. Es war unkompliziert, mit ihr zusammenzusein, und sie wurde von jedem herzlich aufgenommen.«

Nachdem die Jungs und Ed ins Bett gegangen waren, blieb Judy abends gewöhnlich noch ein paar Stunden auf. Wie für viele Mütter, war dies die Zeit, die sie für sich allein zum Nachdenken brauchte.

»Es war meine Gewohnheit, nachts noch aufzubleiben, nachdem alle ins Bett gegangen waren. Martina ging jeden Abend früh zu Bett, doch wenn sie mich unten herumwerken hörte, stand sie noch einmal auf, und wir saßen in diesen nächtlichen Stunden zusammen und sprachen über unsere Gefühle füreinander, ob wir ihnen folgen sollten und wie wir das alles schaffen könnten. Wir sorgten uns um die Auswirkungen unserer Beziehung auf die Kinder und meine Eltern. Wir wußten, daß wir zusammen sein mußten, doch kann man sein Leben nicht einfach so ändern? Martina hatte darüber hinaus eigene Sorgen: Ihre Freunde wiesen sie auf die Probleme hin, die dadurch auf sie zukamen, daß sie sich in eine verheiratete, heterosexuelle Frau verliebt hatte. Jeden Abend unterhielten wir uns stundenlang. Ich glaube, die praktischen Probleme waren dabei das Wichtigste, und unsere Gespräche waren keineswegs immer romantisch.«

Das ging eine Woche so, bis Dr. Nelson eines Nachmittags früher als üblich vom Krankenhaus nach Hause kam. Martina hatte einen Mittagsschlaf gehalten, Judy saß bei ihr auf der Bettkante, und sie sprachen darüber, was sie wohl angesichts der »French Open« tun würden, die immer näher rückten, da Martina dann wieder spielen mußte. Es war keineswegs eine romantische Situation, doch Ed spürte in diesem Moment die Spannung zwischen den beiden wohl sehr bewußt. Für jeden war dies der Augenblick der Wahrheit. Die Spannung im Zimmer war unerträglich. Als Judy Ed in die Augen schaute, sah sie die Angst in seinem Gesicht. »Ich glaube, da habe ich gemerkt, daß hier im Zimmer mehr vor sich ging als einfach nur ein freundschaftliches Miteinander. Schon Monate, bevor ich Martina traf, hatte ich ihm gesagt, daß ich fürchtete, nicht mehr in ihn verliebt zu sein. Jetzt wußte er, daß ich in jemand anders verliebt war. Meine Gefühle haben sich immer schon in meinem Gesicht gespiegelt. Nie konnte ich irgend etwas verstecken, ich wollte es auch gar nicht. Jetzt hatte er wirklich Angst. Ich wußte, es war an der Zeit, daß ich ihn verließ und spürte, wie sich meine Ehe auflöste. Ich wußte nicht genau, was ich zu tun hatte, aber ich wußte, daß ich nicht länger mit Ed leben konnte. Ich war mir nicht sicher, ob ich in Zukunft mit Martina zusammenleben würde. Es war zwar genau das, was ich wollte – soviel wußte ich; aber den Mut haben, etwas zu tun und es tun wollen, das ist zweierlei.«

Judy erinnert sich, wie sie sich an Ed wandte und sagte: »Ich muß mit dir reden und komme gleich zu dir ins Schlafzimmer.« Sie beruhigte Martina und stellte sich dann schweren Herzens der unausweichlichen Aussprache mit ihrem Mann.

Als Judy zu ihrem Ehemann ins Schlafzimmer kam und sich neben ihn setzte, kamen ihr die Worte nicht leicht über die Lippen. Noch hatte sie sich nicht klargemacht, was eigentlich vorging. Sie erinnert sich, ihm gesagt zu haben: »Es ist passiert, und ich verstehe es selber nicht richtig. Aber ich weiß bestimmt, daß unsere Ehe am Ende ist, und mit diesem Verhältnis zu Martina versuche ich nur, meinen Weg zu gehen. Vom Gefühl her weiß ich, daß es das ist, was ich will, ich bin mir aber nicht sicher, ob ich den Mut habe, es auch zu tun – einfach, weil so viel davon abhängt.«

Während Judy mit Ed sprach, wurde sie sich darüber klar, was sie eigentlich wollte. Sie konnte sich selber hören, wie sie ihre Beziehung zu Martina beschrieb, und obwohl dieser erste Schritt von Ed weg sehr schmerzhaft war, war sie sicher, daß ihre Gefühle für Martina richtig und ehrlich waren und daß sie gewillt war, ihre heterosexuelle Geborgenheit für einen besonderen Bund mit Martina aufzugeben. Einen Bund, von dem sie sicher war, daß er für immer halten würde.

Ed war am Boden zerstört und wütend. Sein männliches Ego war in Gefahr. Er hatte keinerlei Chance, mit einer Frau zu konkurrieren – schon gar nicht mit einer, die reich und berühmt war. Er bestand darauf, daß Martina das Haus verließ. Sie hatte das schon geahnt und beeilte sich, ihre Sachen zu packen und in ein Hotel, das »Green Oak Inn«, umzusiedeln, das immer noch in Judys Nähe lag. In den nächsten Wochen blieb Martina dort, und Judy verbrachte einen gut Teil des Tages mit ihr. Ihre gemeinsame Zeit war beschwingt und erfüllt, meist von ihrem Gelächter geprägt. Sie gingen viel spazieren, machten Picknicks und hörten Musik. Sie sprachen über die Möglichkeit, zusammenzuleben und über die Veränderungen, die das mit sich bringen würde. Auch wenn sie sich abends trennen mußten, waren sie doch tagsüber zusammen.

Die Abende waren allerdings nicht einfach. In diesen langen Nächten hatte Judy oft das dringende Gefühl, sofort eine Ausrede erfinden zu müssen, um das Haus für kurze Zeit zu verlassen und schnell bei Martina im »Green Oak Inn« vorbeischauen zu können. Sie tat dies, so oft sie einen triftigen Grund finden konnte und brachte ihr immer kleine Geschenke wie Bagels, Sandwiches oder Obst mit. In diesen unverhofften Momenten hörten sie Musik und schmiedeten Pläne. Die aufreizende Erfahrung, sich nachts nicht sehen zu können, machte ihre gemeinsam verbrachten Tage um so prickelnder. Je mehr Zeit verstrich, desto größer wurde Judys Sehnsucht nach Martina, und desto geringer wurde ihre Angst vor diesem Schritt. Es war nicht einfach, Martina alleine im Hotelzimmer zurückzulassen, aber Judy mußte jetzt erst mit Ed und den Jungs ins reine kommen.

Inzwischen erholte sich Martina allmählich von ihrer Verletzung und begann wieder mit dem Training, um am Meisterschaftsturnier der »Women's Tennis Association« vom 16.–22. April auf Amelia Island, vor der Küste Floridas, teilzunehmen. Judy folgte Mitte der Woche nach und sah sie dort zum ersten Male spielen.

»Sie flößte mir Ehrfurcht ein«, erinnert sich Judy. »Ich erkannte allerdings noch nicht, *wie* gut sie in der Woche spielte. Ich wußte nicht, daß sie Sandplätze haßte. Ich kannte weder den Unterschied zwischen Sand-, Hart- und Rasenplätzen, noch die unterschiedlichen Strategien, die man auf den jeweiligen Belägen benötigte. Das war mir alles neu. Und zu der Zeit war dies der Verein von Chris Evert, die dort noch nie verloren hatte. Als Martina sie dann schlug, war das einer der glücklichsten Augenblicke in ihrem Leben. Sie wollte, daß ich ihn mit ihr teilte. Sie war stolz auf sich und wollte, daß auch ich stolz auf sie war, was mir wiederum nicht schwer fiel.«

Martina hatte die Geschmeidigkeit einer Gazelle und das Herz einer Löwin, als sie auf den Platz kam. Sie stand mitten im Leben, und dieses Gefühl hatte wunderbare Auswirkungen auf ihr Spiel. Ihre Leistung steigerte sich noch, und während sie einerseits ihr bestes Tennis zeigte, spreizte sie sich andererseits auf dem Platz vor Stolz wie ein Pfau. Wenn Martina verliebt ist, dann spornt sie das zu Höchstleistungen an. Auf den Rängen merken alle, wie sie zur Spielerloge hochschaute, ihren Freunden zulächelte und zuzwinkerte. Es gleicht einer Show, die parallel zum Spiel abläuft. Tennis wird für Martina zu einem komplexen Mittel, der Welt ihre Gefühle zu vermitteln.

Judy konnte die Rivalität zwischen Martina und Chris Evert zu diesem Zeitpunkt noch nicht richtig einschätzen. Die Redewendung »Chrissie auf Sand« hörte sich zwar gut an, doch verstand sie nicht, daß Chris' Grundschläge sich eben sehr gut für diesen langsamen Belag eigneten, während Martinas Spiel am besten auf Rasen oder Zement zur Geltung kam. Damit Martina auf Sand erfolgreich sein konnte, mußte sie einiges an ihrer ureigenen Spielart, die ihr instinktiv näher lag und angenehmer war, umstellen. Ihr kraftvoller Aufschlag, nach dem sie auf Rasen oder harten Plätzen immer gleich ans Netz ging, um zum Volley anzusetzen, verlangsamte sich auf Sand und zwang sie, mehr von der Grundlinie aus zu spielen. Im allgemeinen dauern Ballwechsel auf Sand länger. Hier gewinnt der Spieler mit den besten Grundschlägen und nicht der mit dem besten Aufschlag oder Volley.

Nach dem Sieg war Martina sehr mit sich zufrieden, doch es dauerte noch ein oder zwei Jahre, bis Judy voll und ganz verstand, was Martina an diesem 22. April 1984 erreicht hatte. Auf dem unangenehmsten Boden, gegen die stärkste Gegnerin und nach einem Monat Verletzungspause schlug sie Chris Evert auf Sand, noch dazu in deren eigenem Verein. Das Ergebnis lautete: 6–2, 6–0.

Kurz nach ihrem Triumph auf Amelia Island fuhr Martina nach Europa, um sich auf die »French Open« vorzubereiten, die am 28. Mai begannen, während Judy für ein paar Wochen nach Hause fuhr. Für beide schien das Leben nun sehr viel komplizierter zu werden. Für Judy war es eine Sache, bei einem kleinen Turnier gesehen zu werden, wo die lokale Presse hauptsächlich daran interessiert war, über das Tennisereignis zu berichten, aber eine völlig andere bei einem

Grand Slam-Turnier, wo weltweit über den Turnierverlauf und die Spieler berichtet werden würde. Wenn Judy sich im Stadion in »Roland Garros« vor den Toren von Paris zeigen würde, dann würden Fernsehkameras auf sie gerichtet sein und Sportjournalisten aus aller Welt würden Notiz von ihr nehmen. Es wäre nicht mehr, wie es in den USA war, wo der leise Verdacht auf einen Skandal die Freunde in Fort Worth höchstens einmal zu einem Hochziehen der Augenbrauen veranlaßt hatte. Ed war damit einverstanden, daß Judy nach Paris fuhr. Es blieb ihm auch wirklich keine andere Wahl. Er mußte darauf hoffen, daß sie ihre Meinung ändern und zu Verstand kommen würde. Eddie und Bales ahnten noch nichts von der Liebesbeziehung zwischen ihrer Mutter und Martina und dachten daher einfach, es sei großartig, daß ihre Mutter zu einem Grand Slam-Wettkampf fahren würde, um Martina zu sehen.

Selbstauslöser: Judy und Martina in Paris während der »French Open« 1984, wo sie den Grand Slam gewann.

Die »French Open« werden auf rotem Sand ausgetragen und sind eine der vier »Grand Slam«-Veranstaltungen, die im Verlauf eines Tennisjahrs ausgetragen werden. Martina hatte schon die »Australian Open«, die »US Open« und im vergangenen Jahr »Wimbledon« gewonnen und hatte daher nun die Chance, etwas Außergewöhnliches zu erreichen: Wenn sie die »French Open« gewinnen könnte (was sie vorher erst einmal geschafft hatte), dann hätte sie den »Grand Slam« errungen, weil sie dann alle vier Turniere in Folge gewonnen hätte. Als ob das nicht Anreiz genug wäre, hatte der Präsident des Tennisverbands, Philip Chatreau, eine Million Dollar als Preisgeld für den »Grand Slam« ausgesetzt.

Diese Form des Leistungsdrucks spornte Martina, die ihr bestes Tennis spielte, zu virtuosen Darbietungen an. Sicherlich steigerte diese Spannung zum jetzigen Zeitpunkt die Anziehungskraft zwischen Martina und Judy noch und führte dazu, daß die beiden bald auf der ganzen Welt im Licht der Öffentlichkeit standen. Sie eroberten Paris mit ihrer besonderen Ausstrahlung... Martina und Judy wurden als »natürlich und liebenswert« beschrieben. Judy ließ Martina weicher erscheinen, was sie beim Publikum noch beliebter machte.

Zu Hause gab es allerdings immer noch einiges zu erledigen. Martina wollte, daß Judy mit ihr durch Europa reiste, doch Judy wußte, daß ihren eigenen Gefühlen am besten damit gedient wäre, wenn sie nach Hause fahren würde und dort versuchte, die familiären Angelegenheiten auszubügeln, ohne dabei zu sehr von ihrer aufblühenden Liebesbeziehung abgelenkt zu werden. Die schmerzhafte Zeit daheim verbrachte sie mit vielen Gesprächen mit Ed, in denen sie versuchte zu entscheiden, was sie jetzt tun sollte. Es kamen nur Möglichkeiten in Frage, die ihr reell erschienen: Ehrliche Entscheidungen, die ihren emotionalen Bedürfnissen entsprachen. Sie zermarterte sich den Kopf: Wie könnte sie mit Martina zusammenleben und dennoch weiter eine gute Mutter für ihre Söhne sein?

Nach ihrer Rückkehr aus Paris suchte Judy den Rat von Dr. Barry Baily, dem Pastor der Familie. Zuerst sprach sie alleine mit ihm, später kam Martina auch dazu. »Wir unterhielten uns über die Entscheidung, die ich zu treffen hatte und über ihre gesellschaftlichen Konsequenzen«, meint Judy zurückblickend. »Dr. Baily gab mir den Trost und das Mitgefühl, das ich als Christin brauchte. Als Martina und ich ihn wieder verließen, hatte ich das Gefühl, daß wir das Richtige taten und vollkommen glücklich waren. Er hat nie ein Urteil über uns gefällt und blieb über die Jahre mit uns in Kontakt.« Wie sich später herausstellte, würde Dr. Baily noch gebraucht werden, um der ganzen Familie bei der Veränderung in Judys Leben zu helfen.

Judy war sich bewußt, daß die Zeit gekommen war, ihre Söhne in ihre Pläne einzuweihen. Es war ihr unangenehm, ihnen so viel aus ihrem Leben vorzuenthalten. Sie und Ed hatten allerdings entschieden, ihnen Judys Beziehung mit Martina erst dann zu erklären, wenn sie aus Frankreich zurückgekehrt war.

Judy kam zum Zeitpunkt des Achtelfinales zu den »French Open«. Martina holte sie vom Flughafen ab, und sie fuhren zum Hotel (Martina fuhr selbst – sie haßte es, gefahren zu werden). Im Hotel hatte sie wunderbare Überraschungen für Judy vorbereitet. Martina hatte einen kompletten Satz Luxuskoffer und ein paar herzförmige Diamantohrringe für sie gekauft. Judy war überwältigt. Die französische Presse nahm von Judy in Martinas Loge Notiz, wo sie mit Martinas Eltern und zwei Freunden – Mumsey Nemiroff, einer Kunstexpertin der University of California, und ihrem Ehemann – zusammensaß. Sie trugen ihr Verhältnis nicht an die Öffentlichkeit, sondern behielten das Geheimnis für sich und fern der Welt. Abseits der Tennisplätze war Judy allerdings Tag und Nacht an Martinas Seite.

Am Abend nach ihrer Ankunft in Paris rief Judy in Hot Springs, Arkansas, an, um mit Ed, den Jungs und ihren eigenen Eltern, Sarge und Frances Hill, zu sprechen. »Ich war gerade erst angekommen«, erinnert sie sich, »und wollte hören, wie es ihnen allen ging.« Zu ihrer Bestürzung hatte die Familie Judys Verhältnis schon untereinander diskutiert. »Sie weinten alle, als ich anrief. Ed hatte ihnen von Martina und mir erzählt. Die Jungs heulten am Telephon und wollten, daß ich zurückkomme. Ich war sehr verärgert, weil Ed mir versprochen hatte, daß ich es ihnen auf meine Art mitteilen könnte. Mich zerriß es förmlich. Es brach mir das Herz. Martina saß neben mir im Hotelzimmer, und ich wußte, sie hoffte, ich würde bei ihr bleiben. Sie hatte das Viertelfinale erreicht. Aber was sollte ich machen? Meine Familie war am Boden zerstört. Die Jungs waren sehr verletzt und noch so jung. Ich mußte sie wissen lassen, daß ich weiterhin ihre Mutter war und sie nicht verlassen würde. Aber bis ich zurückkehrte, mußte die Familie sich gegenseitig beistehen. Ich wußte, wo mein Platz war. Dies war ein wichtiger Zeitpunkt in Martinas Leben – und in meinem.«

Judy beendete das Gespräch mit ihrer Mutter, indem sie sagte: »Ich habe hier nur noch ein paar Tage, und ihr seit im Moment alle zusammen. Steht euch gegenseitig bei. Ich liebe euch.« Schluchzend legte sie auf und weinte zusammen mit Martina weiter.

Obwohl es für alle Beteiligten sehr schmerzhaft war, wußte Judy, daß sie bei Martina bleiben würde und daß Martina sich total auf sie verlassen konnte. Sie hatte sich entschieden. »Martina wollte den Grand Slam. Das war ein enormes Unterfangen, und diese Aufregung würde natürlich Spuren hinterlassen ... Für uns war das wirklich eine harte Zeit, weil sie sich am liebsten auf ihr Spiel konzentrierte. Dieses

Telephonat kam daher zu einem ungünstigen Zeitpunkt. Ausgerechnet hier, auf Sand, einem Boden, den sie haßte, und dann auch noch mit einem Scheck über eine Million Dollar oben drauf.«

Martina rückte bis ins Finale vor, wo sie auf Chris Evert traf. In der Loge saß Judy mit Martinas Familie. Martina gewann im Finale gegen Chris Evert überzeugend mit 6–3, 6–1.

Martina fuhr nach England, um in Eastbourne ein Turnier auf Rasen zu spielen und sich auf »Wimbledon« vorzubereiten, während Judy zurück nach Fort Worth flog. Martinas Aufwärmturnier für »Wimbledon« verlief mit einem 6–4, 6–1 Sieg über Kathy Jordan gut und war ein weiterer Erfolg auf Rasen. Unterdessen wurde Judy von ihren Eltern und Kindern am Flughafen von Fort Worth abgeholt. Als sie zu Hause ankamen, sah Judy, daß die Jungs ein Transparent zwischen den beiden Bäumen vor dem Haus gespannt hatten. »Willkommen zu Hause, Mom«, war dort zu lesen. »Als wir vorfuhren und ich das Banner sah, war ich von meinen Söhnen sehr gerührt«, erinnert sich Judy. »Ich wußte, wie schlimm es für sie war. Es war, als ob sie sagen wollten, ›Bitte laß uns nicht allein, Mom‹.« Zurückblickend meint Judy, daß sie sich aufgrund der wunderbaren Beziehung zu Martina selbst mit diesen Seelenqualen freier und erfüllter gefühlt hat, als jemals zuvor in ihrem Leben. Sie litt aufgrund ihrer Erziehung allerdings sehr, hielt sich für selbstsüchtig, weil sie trotz des Leids anderer glücklich sein konnte. Aber sie wußte, daß sie ihr neues Leben mit Martina fortführen wollte.

Judy und Martina telephonierten jeden Tag stundenlang. Judys Eltern und Kinder wurden mit der umfassenden Veränderung, die in ihr vorgegangen war, einfach konfrontiert. Sie mußte jetzt ein paar Wochen bei ihnen bleiben. Ihr Vater und ihre Mutter beschworen sie, die Dinge langsam angehen zu lassen und sich selbst eingehend zu befragen. Judys Mutter meinte, daß sie an gebrochenem Herz sterben würde. In dieser Zeit sprachen Judys Eltern auch mit ihrem Pastor über Judys neuen Lebensstil; sie waren religiöse Menschen und suchten geistlichen Beistand. Judy versuchte den Sorgen und Ängsten der Familie mit Vorsicht und Feingefühl zu begegnen. Sie sprach in der Gruppe und einzeln mit ihnen, immer bemüht, ihnen ihre Entscheidung und ihr neugefundenes Glück verständlich zu machen. Man war sehr darüber besorgt, daß die Jungs unter sozialer Ausgrenzung und Schikane leiden müßten und sorgte sich ebenfalls um die Konsequenzen der Entscheidung, mit einer Frau zusammenzuleben, die sich in dem Fall ergeben würden, daß Martina Judy einmal verlassen sollte. Sie sprachen nie über die Möglichkeit, daß Judy Martina jemals verlassen könnte. Sie wußten um Judys Gefühl für Verpflichtung und Loyalität, weil sie alle gesehen hatten, was sie in einer tumultartigen Ehe mit Ed durchgemacht hatte. Außerdem waren sie es letztendlich gewesen, die ihr ein Gefühl für Verpflichtung und Loyalität mit auf den Weg gegeben hatten.

Judy verhätschelte die Jungs seit ihrer Rückkehr; sie sagte ihnen noch nicht, daß sie ausziehen würde, um bei Martina zu bleiben. Sie wollte ihnen die Möglichkeit geben, sich an ihre »spezielle Freundschaft« zu gewöhnen und bat sie, ihre Mutter zu akzeptieren und Martina als Ergänzung der Familie anzunehmen und nicht als jemanden, der sie zerstören will. Zur selben Zeit planten Martina und Judy ihren gemeinsamen Umzug für die Zeit nach dem Turnier in Wimbledon. Sie suchten sich ein Haus, das Mitte Juli fertig sein würde, wenn sie in die Vereinigten Staaten zurückkehrten.

Wimbledon 1984

Aus Erfahrung wußte Judy, daß es in einem Chaos aus Verwirrung und seelischen Qualen am besten war, so oft wie möglich auf gewohnte Verhaltensmuster zurückzugreifen. Judy wollte die Familientradition fortführen und dafür sorgen, daß Bales und Eddie alles gepackt hatten und dann ins Ferienlager gebracht wurden. Sie mußten einfach vergewissert werden, daß, obwohl ihre Mutter nicht mehr jeden Tag bei ihnen sein könnte, sich viele ihrer Gewohnheiten nicht ändern würden. Judy half beim Packen der Schrankkoffer und als sie die beiden absetzte, versprach sie, in drei Wochen wieder dort zu sein, um sie samt dreckiger Wäsche abzuholen.

Trotz der Versuche, ihre Söhne zu trösten, wußte Judy, daß sie an ihrem Kummer Schuld war. Ihre Zärtlichkeit mußte ihnen deutlich machen, daß sie diese Verläßlichkeit und Sicherheit bald vermissen müßten. Zugleich brauchten sie aber ihre Aufmerksamkeit und ihren Einsatz. Schon vor sechs Jahren hatten sich Ed und Judy für zwei Jahre getrennt. Die Söhne wollten eine Familie bleiben, wußten aber, daß die Ehe ihrer Eltern schon lange sehr marode war. Mehrere Monate, bevor Martina ein Teil von Judys Lebens geworden war, hatte Eddie seine Mutter gefragt: »Mom, warum bist du im Verein immer so fröhlich und hörst sofort auf zu lachen, wenn Dad nach Hause kommt?«

Diese eine Frage ihres jungen Sohnes sagte mehr über ihre kaputte Ehe aus als irgendein anderes Ereignis. Sie wußte, daß er recht hatte und wunderte sich, warum sie es selber noch nie artikuliert hatte. Judy war sich darüber im klaren, daß es an ihrem Wesen lag, immer für andere zu sorgen und daß sie keine Zeit gehabt hatte, über ihre eigenen Bedürfnisse nachzudenken.

Nachdem die Jungs gut im Feriencamp untergebracht waren, glaubte Judy guten Gewissens nach Europa zurückkehren zu können, wo sie in einem Hotel in Eastbourne Martinas Trainer Mike Epstep, seine Frau Barbara und Martina traf. Judy war dabei, als Martina das Turnier gewann, und danach fuhren die beiden in einem silbernen Porsche (den sie von der Fa. Porsche gestellt bekommen hatten) zu Martinas Haus in Wimbledon. »Wimbledon« wurde nicht nur auf Martinas Lieblingsbelag ausgetragen (sie hatte den Titel hier viermal geholt), sondern sie war auch immer wieder von den Sitten und Bräuchen dieses Turniers begeistert. Jedes Jahr wurden die besten Spieler der Welt versammelt, um vor der englischen Königsfamilie zwei magische Wochen lang atemberaubendes Tennis in einem traditionell-zivilisierten Rahmen zu zeigen. Die Spieler tragen immer noch Weiß und haben die Ehre und Verpflichtung, bei Betreten und Verlassen des Platzes vor der königlichen Loge einen Knicks zu machen. Martina war in ihrem Element, die beste Spielerin der Welt; das hier war ihr Revier, man sah ihr an, daß sie sich sicher fühlte, von den Unsicherheiten zu Beginn ihrer Karriere unbelastet.

Das Haus, das Martina in England regelmäßig mietete, lag nahe an »Court One«, nur einen Sprung vom »All England Lawn Tennis and Croquet Club« entfernt. Sobald sie die kleine Ortschaft in der Nähe von London betreten hatten, würden sie unter konstanter Beobachtung stehen. Die halbe Welt nistet sich in diesem winzigen Ort ein, was dazu führt, daß alles voll ist mit Leuten, die lahmgelegt sind, weil sie im Stau stecken. Die Fans in Wimbledon sind die aufmerksamsten der Welt; sie kennen die Feinheiten des Spiels und stellen ungeheure Ansprüche an die Spieler – auf dem Platz wie auch außerhalb. Sie kennen ihre Helden und erkennen sie sofort. Nachdem Judy bei den »French Open« gesehen worden war, erwarteten hier konsequenterweise sowohl die Fans als auch die Presse ihre Ankunft.

Nach Martinas Spielen in Eastbourne liefen die ersten Runden in »Wimbledon« gut. Was aber zu diesem Zeitpunkt vielleicht noch wichtiger war, war der Umstand, daß sie und Judy ihrer Beziehung zum ersten Mal hoffnungsvoll entgegenblickten. Die versteckten Zweifel, die sie in der Vergangenheit an der Komplexität und Dauerhaftigkeit ihrer Beziehung gehabt hatten, waren fort. In Gedanken malten sie sich aus, wie ihre Zukunft von Treue und Aufrichtigkeit geprägt wäre.

Die beiden Frauen wurden schnell zum Gesprächsthema in Wimbledon – einem Ort, der voll war mit Reportern aus allen Ecken und Enden der Welt. Judy hatte Anzahl und Hingabe von Martinas Fans unterschätzt, die natürlich mehr über die neue Frau in ihrem Leben wissen wollten. Jetzt sollte sie die Hartnäckigkeit zu spüren bekommen, mit der die Presse Navratilova verfolgte, um die Neugier der Fans in bezug auf das Privatleben ihres Stars zu befriedigen.

Judy gab ihr Debüt in Wimbledon bei Martinas Zweitrundenspiel gegen Amy Holton. Als sie ankam, setzte sie sich hinter Martinas Loge, um den Reportern zu entgehen. Martina lag um ein Spiel im ersten Satz zurück, kam dann jedoch besser ins Spiel und rückte mit einem 6–2, 7–5 Sieg eine Runde weiter.

Die Presse war unnachgiebig, und nachdem Judy in den Rängen entdeckt worden war, wurde Martina kaum noch zu ihrem Spiel befragt. Statt dessen waren die Fleet Street Reporter unersättlich, wenn es um ihr Privatleben ging. Für sie waren Judy und Martina ein gefundenes Fressen. So etwas hatte man sich nicht träumen lassen: Eine texanische Schönheitskönigin und Mutter zweier Kinder zusammen mit der besten Tennisspielerin der Welt.

Auf einmal standen sie im Mittelpunkt mehrerer anzüglicher Geschichten. Während die einen ihre Beziehung als abnormal ansahen, machten andere sie zu Volkshelden, die die Welt einfach aufforderten, ihr Verhältnis genau wie jedes andere zu beurteilen. Als Menschen, die im Interesse der Öffentlichkeit standen, wurde von ihnen verlangt, sich sowohl in der Welt des Tennis als auch in der Gemeinschaft der Feministinnen zu bewegen. Jeder Bereich stellte besondere Anforderungen an sie, und sie mußten gemeinsam Umgangsformen entwickeln, um einerseits den Erwartungen gerecht zu werden und andererseits ihre Beziehung zu festigen. In den kommenden Jahren waren Martina und Judy gezwungen, sich auf das soziale Klima der Tenniswelt, die Bedürfnisse der Presse und die Hoffnungen der Frauenbewegung einzustellen.

Die Londoner Presse war hartnäckig, aber Judy war schon vor ihr gewarnt worden. Wenn man mit der Nummer Eins im Tennis zusammen ist, muß man sich auf diese Aufmerksamkeit gefaßt machen. Je weiter die Spieler im Turnier vorrücken, desto umfangreicher ist die Berichterstattung über sie. Judy konnte diese Aufmerksamkeit solange ertragen, wie diese Sensationslust sich auf Europa beschränkte und nicht auf Texas ausgeweitet wurde. Als jedoch Frank DeFord, ein amerikanischer Reporter beim »Sports Illustrated«, einen Artikel schrieb, fühlte sich Judy als Opfer schlampiger Recherche. Er berichtete, daß Judy Martina »einen Kuß zugeworfen« hatte. Um es vorwegzunehmen: es stimmte nicht; doch es verletzte sie besonders, weil Judys Söhne und deren Freunde davon lasen. Wäre diese Form der Berichterstattung auf die Revolverblätter begrenzt geblieben, dann hätten sie es niemals gesehen und ihnen wäre die Hänselei erspart geblieben. (Jahre später haben sich Mr. DeFord und Judy länger darüber unterhalten. Er entschuldigte sich dafür, die Jungen verletzt zu haben, bestand aber darauf, nur das berichtet zu haben, was er tatsächlich gesehen hatte.)

Als es für Judy an der Zeit war, zurück nach Texas zu fliegen, um die Jungs vom Sommerlager abzuholen, war sie sich sehr wohl bewußt, wie ungern sie ohne Martina sein wollte. Zusammen auf den Turnieren waren sie in der Lage, fern der Familie Zeit miteinander zu verbringen, was den Bund zwischen ihnen noch fester machte. Jetzt erlebten sie die Höhen, die der professionelle Sport seinen Stars bietet. Der Unterschied zu Judys früherem Leben war ungeheuerlich. Diese Polarisation nahm sie sehr in Anspruch; sie konnte nicht mit den emotionalen Anforderungen von Martina und ihrer Welt Schritt halten und gleichzeitig so tun, als ob zu Hause alles beim alten bleiben würde. Das war allen Beteiligten gegenüber ungerecht. Sie fühlte, daß sie Martina gegenüber loyal sein und zugleich einen neuen Weg finden mußte, als Mutter für ihre Söhne dazusein. Diese beiden Dinge durften sich nicht gegenseitig ausschließen, nicht miteinander im Wettstreit liegen. Judy hatte kein Vorbild für das, was sie vorhatte und mußte sich von ihren Gefühlen leiten lassen. Sie mußte ihren Söhnen nahebleiben und gleichzeitig treu zu Martina stehen.

»Martina war in diesem Augenblick unserer Beziehung sehr offen für meine Bedürfnisse«, erinnert sich Judy. »Sie kümmerte sich persönlich darum, daß ich zwei Damen vorgestellt wurde, die schon viele Jahre zusammenlebten und an einem bestimmten Punkt in ihrem Leben vor ähnlichen Entscheidungen gestanden hatten. Diese Damen wurden wunderbare Freunde von mir und stellten sich in der turbulenten, öffentlichen und kontroversen Welt, in der Martina und ich lebten, als ungeheuer verläßlich heraus. Von ihnen erfuhr ich, daß ich kein Einzelfall war, wo sich eine Frau mittleren Alters (mit Kindern) dafür entschied, mit einer anderen Frau zu leben. Zuvor war ich mir sicher, daß ich die einzige auf der ganzen Welt war, die vor so einem Dilemma stand. Ich war aber nicht allein. Und diese beiden Frauen sind, was Kraft, Beistand und Liebe angeht, weiterhin eine große Stütze für mich.«

Martina und Judy hatten in Texas (in der Nähe von Ed) ein Haus gebaut, das aber noch nicht fertig war, als Judy sich nach Wimbledon aufmachte. Das Haus lag in der Roaring Spring Road in Fort Worth. Für die Zeit, in der sie nicht unterwegs war, wäre sie hier in der Nachbarschaft für die Kinder erreichbar. Das war so abgemacht.

Judy fuhr zwischenzeitlich von Heathrow nach Dallas-Fort Worth, um die Jungs aus dem Ferienlager abzuholen – aber auch, um ihnen zu erklären, daß sie und Martina nach dem Turnier in Wimbledon zusammenziehen würden.

Als Ed und Judy in ihrem Bronco zum Ferienlager kamen, sahen sie ihre Jungen und deren Freunde – von der Sonne Texas' braungebrannt, gestriegelt und gebürstet, um auf die Eltern einen guten Eindruck zu machen, standen sie in einer Reihe und hielten nach ihren Eltern Ausschau, die sie wieder mit nach Hause nehmen sollten. Judy und Ed gingen zusammen auf die Jungs zu und sagten: »Wir haben euch vermißt, ihr Rabauken!« »Geht, holt eure Sachen, unterdessen setzen wir den Wagen zurück, damit ihr sie einladen könnt«, forderte Judy sie dann auf. Sie packten alles ein und fuhren dann in eine an der Straße gelegene Pizzeria. Judy steckte eine John-Denver-Kassette in den Recorder, und sie fuhren los. Am Tisch in der Pizzeria stellte Bales dann auch direkt die Frage, deren Antwort er nicht hören wollte. »Wirst du jetzt zu Hause bleiben, Mom?« fragte er mit seiner hoffnungsvollen, kindlichen Stimme.

»Die Tränen liefen mir herunter, und ich konnte kaum sprechen«, erinnert sich Judy an die Situation. »Die Worte blieben mir im Halse stecken. Mein Herz zerbrach, und mein Kummer war größer als jemals zuvor in meinem Leben. Ich mußte die Frage beantworten. Ich würde die Familie zerstören und dem Leben meiner Kinder für immer eine neue Richtung geben.«

Es war ein schwieriges und herzzerreißendes Gespräch, in dessen Verlauf Judy ihrer Familie darlegte, daß sie am nächsten Morgen fortgehen und von nun an die meiste Zeit ohne sie reisen würde. Jetzt war nicht der Moment für Ausflüchte oder Geplänkel. Es gab einige Dinge, die sie sagen wollte, und sie mußte sie jetzt sagen, denn es würde nie den richtigen Moment dafür geben. Sie hatte nur diese Nacht Zeit, alles mit Ed und den Söhnen zu besprechen, und sie wollte den Jungs an diesem Abend soviel wie möglich zur Verfügung stehen. Endlich war sie in der Lage, die Worte auszusprechen, die sie nie wieder zurücknehmen würde: »Nein, mein Kleiner, ich werde nicht zu Hause bleiben.« Keiner sprach ein Wort, und allen stiegen die Tränen in die Augen. Ed brach das Schweigen, indem er die Jungs bat, zum Auto zurückzugehen, damit sie in privaterer Atmosphäre sprechen könnten. »Ich liebe euch beide sehr«, begann Judy im Auto erneut, »und ich weiß, wie schwer dies für uns alle sein wird, aber ich liebe euren Vater nicht mehr. Ihr wißt, wie hart wir in den letzten sieben, acht Jahren daran gearbeitet haben, unsere Ehe zusammenzuhalten. Ich schaffe es nicht mehr. Ich habe es mit allen Kräften versucht und habe es nicht geschafft.«

Eddie war zu diesem Zeitpunkt erst dreizehn. Er erinnert sich, daß er sehr wütend und tief verletzt gewesen ist. Seine Welt geriet aus den Fugen. Er ist und war immer jemand, der seine Mutter, aber auch andere, zur Rede gestellt hat. Diesem Verhalten liegen mehrere Motive zugrunde; Eddie ist mutig, was seine Gefühle anbelangt, ist in seinen Gefühlen aber häufig ausschließlich rational. Man ist sich nie ganz sicher, von welchem Motiv er sich gerade leiten läßt, es kann sich nämlich auch jeden Moment wieder ändern. Jetzt war sein

Motiv allerdings klar; er wollte nicht, daß seine Familie auseinanderfällt. Er handelte aus Liebe und Aufrichtigkeit.
»Wie kannst du uns und Dad alleine lassen? Liebst du Martina?«
»Ja, sie ist meine Freundin, und sie macht mich glücklich. Ich kann sogar wieder lachen, Eddie«, antwortete Judy.
Aber nun, da sie in ihre ängstlichen, unschuldigen Gesichter schaute, wurde sie von ihren Gefühlen überwältigt. »Ich tue uns allen weh, und ich weiß, daß es nicht fair ist«, sagte sie. »Ich weiß, daß ihr es nicht versteht. Ich verstehe auch, daß ihr wütend seid. Aber ich bin schon lange nicht mehr glücklich gewesen und mußte das einfach ändern.« Sie erklärte ihnen, daß sie Ed – und nicht sie – verlassen würde und daß sie und Ed weiter ihre Zeit mit ihnen verbringen würden. Judy erklärte ihnen weiter, daß, wenn sie mit Martina unterwegs wäre und sie zu ihr kommen wollten, sie nur Bescheid sagen müßten, und sie würde sofort die nötigen Reisevorbereitungen treffen. Aber das wollten sie nicht hören. So

Das erste Mal zusammen: Martina und Judy mit Judys Neffe und ihren Söhnen.

schonend Judy ihnen die Neuigkeiten auch beibringen wollte, so unmöglich war es letztendlich, ihnen zu erklären, daß ihre Mutter, die Person, mit der sie von Geburt an zusammengelebt hatten, weggehen würde, um mit einer anderen Person zu leben. Sie hatten keine Vorstellung davon, wie sie für sie erreichbar sein würde. Sie unterhielten sich den ganzen Abend. Es war die letzte Nacht, die Judy mit Ed Nelson verbrachte, der siebzehn Jahre ihr Ehemann gewesen war.

Ed schien sich damit abzufinden, daß Judy mit Martina zusammenziehen würde, doch er war wütend und stellte sich schützend vor seine Kinder. »Du kannst gehen«, sagte er zu Judy, »aber du wirst in Texas niemals das Sorgerecht für die Jungs bekommen.« Judy glaubte und hoffte, daß sich Eds Haltung mit der Zeit ändern würde und er ihnen die Freiheit geben würde, ungehindert von einem Haus zum anderen zu gehen. »Ed und ich haben beide sehr hart daran gearbeitet, den Kommunikationsfluß aufrechtzuhalten, um die Atmosphäre für die Jungs nicht zu vergiften. Obwohl wir oft über eine Scheidung gesprochen hatten, wollten wir auf keinen Fall um das Sorgerecht für die Jungs kämpfen. Wir wollten, daß sie, wenn sie sich danach fühlten, jederzeit bei einem von uns sein konnten. Wir wollten ihnen auf keinen Fall den Eindruck vermitteln, daß sie sich zwischen ihren Eltern entscheiden mußten.«

Während Eddie sich dafür entschied, bei seinem Vater zu bleiben, wollte Bales die meiste Zeit bei seiner Mutter sein. Ed war generell damit einverstanden, bestand jedoch anfänglich darauf, daß Judys Eltern zugegen waren. Um dieser Verabredung gerecht zu werden, richteten Judy und Martina eine Eigentumswohnung für Judy, ihre Eltern und die Jungs ein, damit sie hier während der sechsmonatigen Übergangszeit leben konnten. Dort blieben ihre Eltern mit den Jungs, wenn Judy bei Martina übernachtete. Es war viel verlangt, doch ihre Eltern waren bereit, mehr zu tun, als man von ihnen verlangen konnte, damit ihre Tochter und ihre Enkelkinder zwar getrennt, doch nah beieinander untergebracht waren, und das Familienimage aufrechterhalten werden konnte.

Es ist bemerkenswert, wie einfallsreich man sein kann, wenn Geld keine Rolle spielt.

Am nächsten Morgen fuhr Ed Judy zum Flughafen. Nachdem sie vorher noch ein paar Sachen in Martinas Haus vorbeigebracht hatte, es gewissermaßen bezogen hatte, stieg sie ins Flugzeug und landete mitten in ihrem neuen Leben.

Martina war in die Runde der letzten Sechzehn vorgerückt und noch bevor die Woche vorüber war, standen die Reporter der Londoner Zeitungen auf den Dächern, um ein Bild von Judy und dem Champion in der Küche ihres Hauses in Wimbledon zu ergattern. Die Presse wollte alles über Martinas neue Lebensgefährtin wissen.

Natürlich waren nicht alle innerhalb der Tenniswelt glücklich über diese Entwicklung. Die »Women's Tennis Association« war schon immer der Ansicht, daß diese Art von Aufmerksamkeit schlecht für das Spiel war, daß es Stereotypen über Frauen im Sport bestätigte, so, als gäbe es da einen unverhältnismäßigen Zusammenhang. Es war ein offenes Geheimnis, daß Martina durch die Aufrichtigkeit, mit der sie über ihre sexuellen Präferenzen sprach, schon einiges an finanzieller Unterstützung eingebüßt hatte, und das ist genau die Art negativer Publicity, die dann auch gegen andere Frauen im Sport verwandt wird. Es war nichts Ungewöhnliches, daß, wenn es in Martinas Spielen kritisch wurde, irgendein Mann von den Rängen aus rief: »Martina ist 'ne Lesbe!« Die Offenheit, mit der Martina ihr Leben lebt, wurde immer gegen sie verwandt, aber der Mut, mit dem sie für das eintritt, was ihr wichtig ist, wird überall auf der Welt anerkannt.

Dicht auf Judys Fersen folgte eine junge Frau, namens Be-
Ann Sisemore, eine Rechtsanwaltsgehilfin, die für Jerry
Loftin, einen Rechtsanwalt und persönlichen Freund von
Judy, arbeitete. BeAnn hatte Judy vor sechs Jahren flüchtig
kennengelernt, als Judy die Scheidung über Jerry Loftins
Kanzlei eingereicht hatte. Aber jetzt war sie im Namen von
Judys Eltern und Jerry unterwegs. Die hatten BeAnn losgeschickt, um Judy umzustimmen; sie hofften, daß BeAnn in
der Lage sei, Judy davon zu überzeugen, daß die Entscheidung, mit Martina zusammenzuleben, unüberlegt war. Sie
wußten, daß BeAnn humorvoll, charmant und attraktiv war,
daß sie und Judy ähnliche Wertmaßstäbe hatten und beide
hübsche junge Mütter waren, in Texas geboren und aufgewachsen. BeAnn konnte die Frau sein, die Judy respektierte.
Aber noch wichtiger war, daß BeAnn eine bedingungslose,
standhafte, waschechte heterosexuelle Feministin war.
In London angekommen, schaute BeAnn sie nur einmal an
und sagte: »Judy, du hast noch nie so blendend ausgesehen.«
Sie hatte noch das Bild einer unglücklichen und deprimierten
Judy, die die Scheidung einreichte, vor Augen. Jetzt strahlte
Judy; man sah ihr auf den ersten Blick an, daß sie verliebt
war. Man brauchte keinen Spezialisten, um zu sehen, daß
Judy nie im Leben nach Hause zurückkehren würde. Ein
normaler Alltag und eine kaputte Ehe konnten dafür auch
wirklich kein Anreiz sein.
Trotzdem blieb BeAnn bei Martina und Judy im Haus in
Wimbledon. Es war ein leichtes, BeAnn in Martinas Loge zu
finden, von wo aus sie die Spiele verfolgte. Nach jedem Spiel
wollte sie unbedingt mit zu den Parties kommen. Zu Hause
blieben die drei die ganze Nacht auf und unterhielten sich
über Judys neuen Lebensstil. »Martina sorgte dafür, daß Be-
Ann sich wohl fühlte. Sie sprach offen über ihre Gefühle«,
erinnert sich Judy. »BeAnn war klar, daß ich sehr glücklich
und verliebt war und mich bei Martina geborgen fühlte.«

Die Presse verwechselte irrtümlich BeAnn mit Judy, weil sie beide texanische Blondinen waren (Frauen aus Texas tragen ganz bestimmte Frisuren – für gewöhnlich lang, gelegt und nicht im Naturton. Es ist nicht der Südstaaten- oder Mittlere-Westen-Look, sondern ein spezieller Stil aus Dallas-Fort Worth.)

Journalisten stellten unangemessene Fragen nach ihrer »Beziehung« mit Martina und nach Mann und Kindern, die sie zu Hause »verlassen« hatte. Doch BeAnn hatte einen wunderbaren Sinn für Humor, und trotz ihrer ernst gemeinten Versuche, Judy vor einem Sündenleben zu retten, verbrachte sie die schönste Zeit ihres Lebens – und bekam gleichzeitig etwas mit, daß sie in keiner Schule gelernt hätte.

Unterdessen rückte Martina in ihrer Gruppe bis ins Finale vor, und Chris Evert schickte sich in ihrer Gruppe an, dasselbe zu tun. Als feststand, daß sich die beiden im Finale gegenüberstehen würden, dachte Martina weder an ihren Sieg auf Amelia Island im vergangenen April, noch an den Triumph bei den »French Open«, sondern dachte daran zurück, wie gut Chris in New York, beim »Virginia Slims«-Finale gespielt hatte, als die beiden über drei Sätze gehen mußten. Martina hatte Chrissie 6–3, 5–7, 6–1 geschlagen, aber es war ein schweres Spiel gewesen. Chris variierte ihre Schläge, kam ans Netz, wenn sich eine Gelegenheit bot und plazierte ihre Bälle gut. Da Chris die Fähigkeit besaß, sich ungeheuer gut zu konzentrieren, mußte Martina genau wissen, was sie tat, wenn sie Wimbledon mit einem fünften Titel verlassen wollte. Zwischen Martina und Chris war eine regelrechte Verfolgungsjagd im Gange – sie hatten seit 1973 neunundfünfzig Mal gegeneinander gespielt, und Chris hatte davon dreißig Mal gewonnen. Wenn Martina in Wimbledon gewinnen würde, hätte sie Chris eingeholt, und es stände dreißig-beide.

Davon abgesehen, machte sich BeAnn Sorgen um Judys finanzielle Absicherung. Was würde passieren, wenn Martina sie verlassen würde? Mitten im Wimbledontrubel war es dennoch an der Zeit, sich ernsthaft über dieses Problem Gedanken zu machen, bevor man nach Texas zurückkehrte, um dort zusammenzuleben. Also sprachen Martina und Judy darüber, eine Art Übereinkunft zu treffen, die beide versorgte, sollte einer von beiden etwas zustoßen. In den Vereinigten Staaten geht der Nachlaß einer unverheirateten Frau für gewöhnlich zur gerichtlichen Testamentsbestätigung, und ohne Testament oder Übereinkunft würde Judy gar nichts zugestanden bekommen. Sollte Martinas Familie sich entscheiden, ihr Testament anzufechten, wären Judys Chancen, das Testament, in welchem Bundesstaat auch immer, zu verteidigen, äußerst gering. Auf der anderen Seite könnte Martina sicher sein, daß unangemessene Publicity bei Gerichtsverfahren vermieden würde.

Obwohl Judy und Martina eine solche Übereinkunft besprochen hatten, als sie in Texas waren (Martina hatte ein paar Notizen auf dem Briefpapier des »Green Oaks Inn« gemacht), war dies das erste Mal, daß die Idee für einen Vertrag – eine Art Übereinkunft – bei den drei Frauen aufkam. In Judys Erinnerung besprachen sie sich in ruhiger Atmosphäre bei einem Abendessen im Garten in Wimbledon. BeAnn stellte Judys Entscheidung, sich der Sicherheit der Familie zu entziehen, in Frage. Martina sagte daraufhin, daß Judy sich keine Sorgen machen müßte, sie würde für sie sorgen – wie das so üblich ist für Menschen, die verliebt sind. So wurde die Idee zu dem späteren Partnerschaftsabkommen geboren.

Später sollte es Meinungsverschiedenheiten darüber geben, wie BeAnn Martina vorgestellt wurde. Martina erinnert sich daran, geglaubt zu haben, daß BeAnn *mit* Jerry Loftin, anstatt *für* ihn arbeitete. Oder anders ausgedrückt: Sie dachte, daß BeAnn Rechtsanwältin war, die sowohl Martina als auch Judy beim Aufstellen eines Vertrags vertreten könnte. Als Rechtsanwaltsgehilfin konnte BeAnn diese Rolle aber nicht übernehmen. Vor Gericht dementierte sie später vehement, daß sie ihre Funktion Martina gegenüber falsch dargestellt hätte. Als sich die Beziehung tatsächlich auflöste, sollte die Frage nach ihrem beruflichen Status noch eine wichtige Rolle spielen, und das außereheliche Partnerschaftsabkommen, das BeAnn für Judy und Martina 1986 getippt hatte, große Bedeutung erlangen.

Wenn man bedenkt, in welcher Verfassung die drei waren, als sie sich in Wimbledon trafen, kann man sich vorstellen, daß die Erinnerung jeder einzelnen verschwommen ist. Wenn BeAnn sich zu Unrecht (als Rechtsanwältin) ausgegeben hätte, dann müßte Martina den Vertrag, den sie mit Judy abgeschlossen hatte, nicht einhalten. Wenn BeAnn sich als Rechtsanwältin dargestellt haben sollte, dann hätte Martina den Vertrag unter Annahme falscher Voraussetzungen unterschrieben. Wenn sie sich unrechtmäßig dargestellt hatte, dann gab das Martina das Hauptargument an die Hand, die Hälfte ihres Vermögens zu verteidigen. Als dieser Fall 1991 vor Gericht kam, hatten also alle Parteien triftige Gründe für ihre unterschiedlichen Auslegungen. Martinas Verteidigung versuchte zu beweisen, daß BeAnn die Rolle ihres Arbeitgebers bei der Aufstellung des Vertrags verschwieg, während Judys Erinnerung den Eindruck bestärkte, daß Martina aktiv und in vollem Einverständnis an der Ausformulierung und der Vollendung des Vertrags mitgearbeitet hat. Diese Frage ist noch nicht gelöst und muß in einem zukünftigen Prozeß verhandelt werden.

»Martina schaute zu mir in die Loge hoch. Es war dieser Ausdruck in ihren Augen, mit dem leicht erhobenen Kopf, den ich in den nächsten sieben Jahren nach jedem ihrer Siege immer wieder sehen würde. Manchmal konnte ich die Freudentränen auf die Entfernung funkeln sehen. Und manchmal zwinkerte sie uns spontan zu, und wir wußten, daß sie froh war zu gewinnen, aber noch glücklicher, mit mir zusammenzusein. Ich war immer stolz. Und dann gab es da noch unser spezielles Geheimzeichen: die letzten zwei Finger runter- und die anderen drei hochhalten. Das Zeichen bedeutete: Ich liebe dich. Es war unsere Art, uns ständig unsere Zugehörigkeit und Bewunderung füreinander zu beweisen. Vielleicht wird das meine liebste Erinnerung bleiben.«

Am Samstagnachmittag, dem 7. Juli, spielten Chris und Martina auf dem Centre Court um den Titel in »Wimbledon«. Martina gewann in zwei Sätzen, mit 7–6, 6–2. Martina hatte Chris zum zwölften Mal hintereinander geschlagen und ihren fünften Titel in »Wimbledon« gewonnen.

Die Zeremonie in Brisbane

Brisbane, Australien, war sonnig und warm im November 1984. Es war Sommer hier in der hübschen, australischen Stadt mit den kilometerlangen Sandstränden. Martina und Judy waren fast zwanzig Stunden unterwegs gewesen, um dorthin zu gelangen. Für Martina war es an der Zeit, noch ein »Virgina Slims«-Turnier zu spielen. Sie benutzte dieses Turnier zum Aufwärmen auf Rasen, bevor sie dann die »Australian Open«, einem »Grand Slam«-Turnier, das auch auf Rasen ausgetragen wurde, spielte. Aber dieses Jahr sollte anders sein als die vorausgegangenen – das Turnier würde nur die zweitwichtigste Sache sein. Für den 17. November 1984 planten Martina und Judy in Brisbane noch mehr Verantwortung füreinander zu übernehmen, indem sie sich vor Gott einander versprachen, »bis daß der Tod sie scheidet.« Sie waren jetzt acht Monate fast ununterbrochen zusammengewesen. »Nach vielen Gesprächen, die wir zu zweit über Lebensstil, Philosophien, Familie und Liebe geführt hatten, waren wir soweit, unsere Beziehung auf traditionelle Art und Weise zu feiern und zu befestigen«, entsinnt sich Judy. »Wir würden uns das Ja-Wort in einer Kirche geben. Es war die einzige Art, die mir vertraut war und Martina schien mit dieser Entscheidung einverstanden zu sein. Da ich nicht wußte, wie Frauen so etwas taten, fragte ich wie üblich Martina.«

Am Tag, als sie im Sheraton, ihrem Hotel, ankamen, gingen sie los, um eine geeignete Kirche zu finden, wo sie sich später, in aller Stille, ohne Pastor oder befreundete Trauzeugen, gegenseitig ihr Versprechen geben konnten. Ein paar Straßenecken weiter fanden sie eine kleine, auf einem Hügel gelegene, altmodische Kirche. Der kantige Kathedralenbau hatte hochaufstrebende Kirchtürme und wunderschöne Bleiglasfenster, die bis ans Dach hinaufreichten. Noch wichtiger war, daß es sich um eine John Wesley Missionskirche handelte. »Ich dachte, das ist kein Zufall«, erinnert sich Judy, »denn John Wesley war Begründer der methodistischen Kirche, und ich war Methodistin. Für mich war es ein Zeichen, daß die Dinge begannen, sich zum Guten zu wenden.«

Judy und Martina hatten sich in New York Ringe gekauft, die sie mit nach Brisbane brachten. Judy hatte für Martina einen wunderschönen gelben Diamanten ausgesucht, der zwischen zwei Reihen mit ovalen Diamanten eingebettet war. Für Judy hatte Martina einen matten Rubin gewählt, der in länglicher Form mit spitz zulaufenden ovalen Diamanten an jeder Seite eingefaßt worden war.

Am Freitagabend, dem Abend vor der Zeremonie, nach dem täglichen Tennis, entschieden Judy und Martina sich, ihre in Seidenpapier eingepackten Ringe, die wohlversteckt in ihren Handtaschen waren, auszupacken. Obwohl sie zusammen Einkaufen gegangen waren, wollten sie sich jetzt gegenseitig mit den Ringen überraschen, die sie letztendlich füreinander ausgesucht hatten.

Judy erschrak. Sie fand den Ring nicht mehr, den sie für Martina gekauft hatte. Er war spurlos verschwunden. »Wir haben überall nach diesem Ring gesucht«, erzählt Judy zurückschauend. »Wir haben die Sicherheitsleute im Hotel angerufen, gingen durch die Mülleimer, wir befragten die Zimmermädchen, den Zimmerservice, wir taten einfach alles. Ob er gestohlen oder irrtümlich in den Müll geworfen wurde, weil er in Seidenpapier eingewickelt war, werden wir niemals wissen. Wir konnten den Ring einfach nicht mehr finden. Martina hat ihn niemals an ihrer Hand getragen, was für mich besonders schlimm war, denn es war wirklich ein ganz besonderer Diamant, und ich wußte, sie hatte sich gleich in ihn verguckt, als sie ihn in New York zum ersten Mal sah.«

Wie immer war Martina verständig und großherzig und beruhigte Judy, daß sie keinen Ring brauchen würde und auch ohne ihn leben könne. Die Zeremonie sei das, worauf es ankäme. Aber Judy wollte unbedingt noch einen Ring finden und sei es nur, um sich selbst zu beruhigen. »Ich wollte die Ringe mit ihr tauschen, um das Ritual vollständig zu machen.« Also schlich sie sich heimlich in die Geschenkboutique im Hotel, dem einzigen Geschäft, das um diese Zeit noch geöffnet war. Sie ging zur Vitrine, auf der an mehreren Ständern Schlüsselanhänger hingen. Sie drehte den Ständer herum, und ein Schmuckstück fiel ihr ins Auge: ein knallbunter Schlüsselanhänger, an dem eine Reproduktion von Australien baumelte. Sie nahm ihn schnell vom Ständer und streifte ihn auf ihren Finger. Er war viel zu groß für sie, womit klar war, daß er Martina wie angegossen passen müßte. Sie kaufte den Schlüsselanhänger und warf den Australienanhänger in den Papierkorb. In Gedanken sah sie eine Filmszene vor sich, in der die Hauptdarsteller zu arm waren, um sich richtige Hochzeitsringe leisten zu können. »Wenn die *Unsinkable Molly Brown* sich mit einer Zigarrenbinde zufriedengeben konnte«, dachte sie verträumt, »dann können Martina und ich ruhigen Gewissens mit einem Schlüsselring leben.« Judy behielt ihr Geheimnis für sich, um Martina bei der Zeremonie damit überraschen zu können.

Das Paar stand am anderen Morgen früh auf. Sie waren nervös und zogen bequeme Kleidung an, damit sie sich wohl fühlten, denn dies war keine Braut-und-Bräutigam-Hochzeit, und es gab für sie keinen Grund, die beiden schwarzweißen Gestalten oben auf den vierstöckigen weißen Hochzeitstorten zu imitieren. Dann traten sie hinaus in die morgendliche Stille und gingen zur Kirche.

Judy erinnert sich gut an diesen Morgen: »Ich weiß, es war ein herrlicher Morgen. Wir waren beide sehr aufgeregt. Es war ein sehr emotionsgeladener Tag, voller Träume und Erwartungen. Obwohl wir seit März zusammengelebt hatten und uns genau über diesen Schritt unterhalten hatten, fragten wir uns jetzt innerlich doch, ob wir es tatsächlich zu Ende führen wollten. Würden wir uns wirklich ein Versprechen für das ganze Leben geben? Ich würde ein Versprechen geben, für den Rest meines Lebens mit einer Frau zusammenzubleiben. Das war wirklich ein großer Schritt. Es war etwas anderes als meine Hochzeit mit Ed. Ich war jetzt viel älter, und ich band mich nicht nur an Martina, sondern verpflichtete mich auch einem neuen Lebensstil. Außerdem mußte ich an meine beiden Kinder denken.«

Als wir zur Kirche kamen, waren wir erleichtert, daß die Türen offenstanden und niemand dort war. Die Kirche wirkte einladend, und unsere Angst, vor verschlossenen Türen zu stehen, war verflogen. Die Möglichkeit, das wir uns zurechtgemacht hatten und dann nirgendwo hingehen konnten, bestand nicht mehr. Wir hatten versucht, dieses Problem von vornherein auszuschließen, kamen aber auf keine rechte Idee, wie wir uns über die Öffnungszeiten informieren konnten, ohne unnötige Aufmerksamkeit auf uns zu ziehen. Sogar in Brisbane waren die Paparazzi eine Gefahr für die Privatsphäre. Also gingen wir einfach dorthin und vertrauten darauf, daß wir ohne größere Schwierigkeiten in die Kirche hineinkonnten. Alles klappte wie geplant.«

Als sie durch die massiven Türen der Ziegelsteinkirche traten, stießen beide einen Seufzer der Erleichterung aus. Dann lächelten sie leicht und bedeuteten sich gegenseitig, wie das nur engste Freunde können, daß sie bereit waren. Sie schritten den Gang hinunter, sahen zu ihrer Freude, daß niemand in der Kirche war und gingen direkt bis vorne an den Altar. Sie schauten sich an, jede für sich bereit, den Bund einzugehen. Jede hatte die Worte, die die gefühlsmäßige Hingabe zu dieser Liebesbeziehung ausdrücken sollte, sehr sorgfältig gewählt. Sie hatten jede für sich Zeit gebraucht, darüber nachzudenken, was sie ausdrücken wollten, doch bis zu diesem Augenblick wußte keine, was die andere sagen würde. Die Treueschwüre waren ziemlich traditionell – es fehlten nur die Worte des Pastors –, aber jede versprach, für den Rest ihres Lebens treu zu sein, bis daß der Tod sie scheide. »Ich erinnere mich sogar, gerührt gewesen zu sein, weil Martina sich besonders bemühte, es mir leichter zu machen, denn unser Treueschwur war so ziemlich derselbe, wie der heterosexueller Paare.«

Martina sprach als erste, und nachdem sie ihr Versprechen gegeben hatte, streifte sie den Rubinring über Judys Finger. Dann gab Judy ihr Versprechen, zog stolz den Schlüsselanhänger aus der Tasche und steckte ihn an Martinas linken Ringfinger. »Die Tränen traten uns in die Augen, und wir waren uns unverzüglich über die Symbolik im klaren.«

Judy erinnert sich, wie sie dachte, daß es etwas sehr Romantisches mit dem Blechring auf sich hatte, etwas Nichtmaterialistisches, Sentimentales mit großer persönlicher Bedeutung. »Der Ring paßte genau auf ihren Finger, und sie hat ihn sogar mehrere Monate lang getragen, obwohl das Kupfer den Finger grün färbte. Wir haben ständig darüber gelacht. Sie hat ihn erst abgenommen, als wir ihn gegen einen dünnen goldenen Ring austauschten, der klein genug war, um ihn anzubehalten, wenn sie einen Schläger halten mußte. Ich trug den gleichen unterhalb meines Ringes (und zog ihn erst einige Monate, nachdem Martina mir gesagt hatte, daß sie ihren nicht mehr trug, wieder ab – das war im Februar 1991.) 1985 ließ ich von dem Schlüsselanhänger eine goldene Kopie machen, die ich ihr in Venedig überreichte.«

Als die Worte gesprochen und die Versprechen gegeben waren, gingen Judy und Martina den Gang wieder zurück. Gerade als sie aus der Tür treten wollten, fingen wie auf ein

Signal hin die Glocken an zu läuten. Doch sie hörten die Glocken nicht mehr, und fühlten sich vielmehr von großer Ruhe erfüllt. »Es war, als ob Gott, oder irgend jemand sagen würde, ›Dies hier ist o. k. – es ist richtig.‹ Es war, als ob man gesegnet werden würde, wie eine göttliche Zustimmung, daß es alles seine Richtigkeit hatte, daß es gut war und uns froh machte.« Treue ist sich selbst Belohnung.

Am Nachmittag trainierte Martina, und Judy ging für ein Picknick am Strand einkaufen. Aus gegebenem Anlaß hatte Judy aus Texas ein braungestreiftes Handtuch mitgebracht, auf dem in schwarzer Schrift: Martina und Judy, 17. 11. ’84, stand. Später ließen sie das Handtuch rahmen und hingen es an die verschiedensten Wände der Häuser, in denen sie während ihrer Beziehung lebten. Gäste mußten eigentlich neugierig gewesen sein, aber keiner hat sich je getraut, nach der Bedeutung des Handtuches zu fragen.

Die Zeremonie in Brisbane war sehr privat, und Judy hatte ihren Freunden oder ihrer Familie erst etwas davon erzählt, nachdem ihre Beziehung 1991 in die Brüche gegangen war. Für sie war es einer der glücklichsten Tage ihres Lebens gewesen, aber es war gleichzeitig etwas Besonderes für sie, das sie inmitten ihres höchst öffentlichen Lebens mit einem der bekanntesten Stars des Sports für sich behalten wollte. Sie waren beide gerne für sich und schätzten die Stunden zu zweit, von denen es ohnehin zu wenige gab.

Als Judy ihren Söhnen später von ihrer Heirat erzählte, reagierten Eddie (der damals zweiundzwanzig war) und Bales (damals neunzehn) mit Erstaunen. »Mom, du hast Martina geheiratet? Hör auf? Mom, du hast sie wirklich *geheiratet*?« Judy hatte sieben Jahre mit Martina gelebt und die Jungs liebten sie. Für sie gehörte Martina zur Familie. Aber sie glaubten, ihr ein Etikett oder eine Rolle innerhalb der Familie zuweisen zu müssen. Für sie war sie einfach nur Martina, und sie hatten sich daran gewöhnt, die Beziehung zu akzeptieren. Die Vorstellung, daß ihre Mutter mit der Nummer Eins im Frauentennis in eine Kirche geschritten und sich das Ja-Wort gegeben hatte, hätten sie sich nie träumen lassen. In ihrer Vorstellungswelt war das etwas, daß für einen Mann und eine Frau – für ihren Vater und ihre Mutter – reserviert war. Vielleicht wäre es noch für einige gleichgeschlechtliche Paare in Ordnung gewesen, doch sie konnten es sich immer noch nicht bei ihrer Mutter vorstellen.

Nachdem er eine Stunde darüber nachgedacht hatte, gestand Bales seiner Mutter allerdings: »Weißt du, Mom, das war schon in Ordnung.« Er wußte, was die Beziehung seiner Mutter bedeutet hatte und verstand, warum es für sie und Martina wichtig gewesen war, sich einander auf diese Art zu versprechen.

Das Leben vor Martina

Wie viele andere Frauen auch, durchlief Judy als Heranwachsende auf ihrem persönlichen und politischen Lebensweg verschiedene Phasen. Sie stellte sich denselben Herausforderungen wie die Mehrzahl der Frauen der geburtenstarken Jahrgänge. Während der sexuellen Revolution suchte sie nach ihrer Identität. Sie versuchte, ihrem Mann als Ehefrau zu gefallen, eine perfekte Mutter für ihre Söhne zu sein und suchte obendrein nach echter Selbstachtung, nach Erfolg.

Judy Elaine Hill wurde am 17. September 1945 in Fort Worth, Texas geboren. Sie war das zweite von drei Kindern, die alle in einem religiösen Haus aufwuchsen. Ihr Bruder Sargent wurde 1943 und Jan, ihre Schwester, 1950 geboren.

Judys Eltern, Sargent und Frances Hill (von ihren Kindern und Enkelkindern Bigs und Ma genannt), waren wie Judy in Fort Worth geboren und aufgewachsen. Sie waren angesehene Bürger und besaßen mehrere »Bonanza Steak House«-Restaurants, sowie einige Kinos. Sie nahmen an Wohltätigkeitsveranstaltungen teil und hatten soziale Funktionen übernommen.

Sargent Hill ist ein gewandter, wohlgebildeter Mann, der seinen Abschluß in Betriebswirtschaft an der Pepperdine University in Los Angeles gemacht hatte. Sein Vater war in jungen Jahren ein methodistischer Wanderprediger gewesen, der per Pferd von Kirche zu Kirche reiste, um Gottesdienste abzuhalten. Den Rest seines Lebens war er Briefträger der amerikanischen Post. Judy und ihre Geschwister wurden im methodistischen Glauben erzogen.

Sargent ist jemand, der in Ritualen Geborgenheit findet. Zum Beispiel trifft er sich jeden Samstag mit mehreren Männern im »Carriage House« in Fort Worth zum Frühstück. Nachdem man zusammen gesessen und sich unterhalten hat, geht es weiter auf den Golfplatz. Diese Gruppe von Männern sind die letzten Repräsentanten einer aussterbenden Spezies: relativ reiche Männer, die Ansehen genießen – die Alteingesessenen texanischer Politik und Tradition. Der Kreis bleibt Außenstehenden verschlossen, Frauen und Kinder sind selbstverständlich nicht zugelassen. Im Kreis dieser Freunde hat Sarge festen Boden unter den Füßen. Er weiß, was ihn hier erwartet. Auch wenn die meisten Judys Lebensstil wohl ablehnten, würden sie Judy öffentlich niemals brüskieren. Selbst als die Situation während des Gerichtsverfahrens zwischen Judy und Martina im September 1991 unangenehm und an die Öffentlichkeit getragen wurde, hat Sarge keinen Samstagmorgen verpaßt. Das Verfahren war schon die ganze Woche auf den Titelseiten. Martina klagte die Hills und die Nelsons öffentlich an, sich gegen sie verschworen zu haben, doch hier beim Frühstück in der Gruppe wurde kein Wort darüber verloren. Es hätte Sarges Familie beschämt. Die anderen Männer konnten seinen Kampf mit den Augen wahrnehmen, nicht aber mit Worten. Das war eine Art stiller Übereinkunft zwischen Ehrenmännern in Texas. Jeder versucht eben auf seine Weise, Schutz zu finden ...

Sargent und Frances Hill sind seit über fünfzig Jahren verheiratet, und bis zum heutigen Tage hat kein Mensch Frances jemals fluchen gehört. Höchstwahrscheinlich spiegelt sich darin der Einfluß ihrer zähen Großeltern wider, die 1879 noch mit dem Planwagen nach Texas kamen. Sie gründeten eine Familie und bestellten ihren Grund und Boden. Frances Eltern zogen sieben Mädchen und fünf Jungen groß. Frances war die jüngste.

Frances Hill ist hübsch. Eine siebzigjährige Frau von mittlerer Größe, die Judy ihre hellgrünen Augen, ihre helle Haut und ihre wohlproportionierte Figur vererbt hat. Sie war selber einmal Modell in Dallas gewesen und war stolz auf das

Aussehen ihrer Tochter. Doch sie versuchte auch nach Kräften, Judys kulturelle und soziale Bildung zu fördern. Dank der mütterlichen Fürsorge und Erfahrung war Judy in der Lage, ihren bedeutendsten Schönheitstitel zu gewinnen: Sie wurde 1965 »National Maid of Cotton«. Mit neunzehn Jahren war sie die jüngste »Modebotschafterin«, die die Baumwollindustrie jemals gekürt hatte. »Es ist kein eigentlicher Schönheitswettbewerb«, wirft Judy schnell ein. »Es ist ein Wettbewerb, um die beste Frau für den Job – als nationale Sprecherin für einen der wichtigsten Industrieverbände – zu finden, und wenn sie auch noch gut aussieht, ist das natürlich ein großes Plus. Wenn es einfach nur ein Schönheitswettbewerb wäre, dann würden wir sie »Queen of Cotton« nennen. Judy nahm ihren Job ernst und genoß die Pflichten und die Verantwortung, die damit einhergingen.

Auf dem Titelbild der Bewerbungsbroschüre aus dem Jahr 1966 ist Judy mit Präsident Lyndon Johnson im Weißen Haus abgebildet. Auf das Photo angesprochen, sagt sie, sie hätte dem Präsidenten, der auch aus Texas stammte, geschrieben und ihm mitgeteilt, daß sie nach Washington kommen und ihn gerne treffen würde. Die Vorstandsmitglieder des Baumwollverbands hatten keine Ahnung, daß sie so forsch sein würde, ihm zu schreiben, und diese Strategie dann auch noch Erfolg haben würde.

»Es war sehr wichtig für die Baumwollindustrie, ihre Kontakte in Washington nicht zu verlieren und ihre Lobby zu pflegen«, erklärt Judy. »Also planten sie alle möglichen Anlässe für die »Maid of Cotton«, während sie sich in Washington, D. C., aufhielt. Jedes Jahr nahm sie zum Beispiel an einem Essen teil, das der Industrieverband gab. »Jim Wright war mein Abgeordneter im Kongreß. Er war Gastgeber des Essens und saß neben mir. An meiner anderen Seite saß Tim O'Neill, der Sprecher des Repräsentantenhauses. Wir fingen an zu reden, und irgend jemand sagte, ›Mensch, wäre es nicht toll, wenn du LBJ treffen würdest.‹ Ich gab zur Antwort, daß ich dem Präsidenten einen kurzen Brief mit meinem offiziellen Briefkopf geschrieben hätte, in dem ich ihm mitteilte, daß ich ihn gerne treffen würde, während ich in Washington sei. Eine Woche später kriegte ich einen aufgeregten Anruf von der Baumwollkammer, ich sei ins Weiße Haus eingeladen. Es würde das erste Mal sein, daß ein Präsident sich mit der ›Maid of Cotton‹ traf.«

Das Treffen verlief gut. LBJ wollte wissen, was Collegestudenten über den Vietnam-Krieg dachten, und im besonderen war er an Judys Meinung zu dem Thema interessiert. Er hatte selbst zwei Töchter in ihrem Alter, und es bereitete ihm keine Schwierigkeiten, sich mit ihr darüber zu unterhalten, was junge Menschen für weltpolitische Ansichten hatten. Sie waren fünfzehn Minuten alleine im Rosengarten (nur ein Sicherheitsagent war noch dabei), und Judy bewies sich selbst, daß sie trotz ihres Alters auch berühmte Persönlichkeiten treffen, und dabei selbstbewußt bleiben und Haltung bewahren konnte. In Judys Tagebuch findet sich am Freitag, dem 7. Mai 1965 folgender Eintrag:

HEUTE TRAF ICH DEN PRÄSIDENTEN DER VEREINIGTEN STAATEN. Es war das aufregendste, schönste, beste Erlebnis in meinem Leben. Erst traf ich den Landwirtschaftsminister, Orville Freeman. Dann wurde ich ins Weiße Haus gebracht, um Lyndon B. Johnson zu treffen. Er war ein majestätischer Mann. Sah sehr müde aus, wie ein Mann mit vielen Sorgen, ein Mann, der sich um das Leben aller Leute sorgte. Er unterhielt sich, lachte und sah sich den Rosengarten vor seinem Büro an. Er rief die Presse herein, und innerhalb von Sekunden sahen Hunderte von Reportern – CBS, NBC, ABC, UPI – zu, wie wir uns unterhielten. Danach ging ich in den Pressesaal, und die Reporter fragten mich, was ich gesagt hätte und was er geantwortet hätte. Dann ging ich auf einen Empfang – Mrs. Jim Wright war da und auch die Frau des Ministers für Gesundheit, Bildung und Soziales.

Für Judy war die Rolle der ›Maid of Cotton‹ mehr als nur ein zufälliges Ergebnis eines Schönheitswettbewerbs. Sie ging mit dem festen Vorsatz ans College zurück, eine Laufbahn als Modell einzuschlagen und beim Fernsehen zu arbeiten. Vom folgenden Jahr an, bis zu ihrem fünfunddreißigsten Geburtstag, war sie Modell für Neiman-Marcus in Fort Worth und Dallas.

Es gibt stereotype Meinungen über Frauen, die erzogen werden, um als Schönheitsköniginnen oder Models Karriere zu machen. Einige dieser Klischees sind einfach nur frauenfeindlich, während andere wahr sind, denn diese Frauen sind Produkte eines unnatürlichen Lebensstils, in dem ihre Schönheit im Mittelpunkt steht und Ärger selten zum Ausdruck gebracht wird. Wenn einem jungen Mädchen beigebracht wird, daß es sich aufgrund ihres Aussehens einer Jury aus Männern stellt und wenn von ihm erwartet wird, in süßem, lieblichen Tonfall über niedliche Dinge zu reden, dann wird seine innere Stimme zum Schweigen gebracht. Das ist im besten Fall verkindlichend und im schlimmsten entmenschlichend. Wenn immer nur Schönheit und Charme von einem erwartet werden, dann ist es schwierig, die eigene Persönlichkeit zu bewahren, ganz gleich, was die eigenen Motive sind.

Während Judy großen Wert auf ihren Verstand und Humor legte, sahen andere nur ihr Äußeres. Ihr Bild von sich selbst wurde stark von ihrer Umgebung geprägt. Deshalb war es nicht überraschend, als Judy eines Tages meinte, daß Martina mit ihr zusammen sei, weil, wie sie sagte, »sich alle Leute nach ihr umdrehen, wenn sie einen Raum betritt.«

Als ›Maid of Cotton‹ trug Judy Mode aus Baumwolle und fuhr als Sprecherin ihres Verbandes um die Welt. Um diesen Traum eines jeden Mädchens 1965 zu verkaufen, veröffentlichte der Baumwollverband Texte, die der Siegerin »das Erlebnis ihres Lebens« versprachen. Unter dieser Überschrift

beschrieben sie die Verpflichtungen, die auf die Siegerin zukamen:

Es ist wie ein Traum, der wahr wird, wenn Du die Wahl zur Maid of
Cotton gewinnst. Auf einmal machst Du Reisen in alle Welt, in
Kleidern, die jeder Prinzessin Ehre machen würden ... wirst von
berühmten Leuten auf Banketts und Bällen in elegantem Ambiente
umworben ... Mittagessen mit Filmstars ... Pressekonferenzen
geben ... mit Botschaftern plaudern, für Titelbilder Modell stehen
... für Fernsehkameras lächeln. Sieben aufregende Monate wirst
Du im Rampenlicht stehen und am Ende Deiner märchenhaften
Odyssee wirst Du in einem brandneuen Ford nach Hause fahren,
bepackt mit Koffern voller Kleider, die von den besten Mode-
schöpfern der Welt kreiert sind.

Da Judy in ihrer frühen Kindheit sehr viel Liebe und zärt-
liche Aufmerksamkeit durch ihre Familie erfahren hatte,
konnte sie sich als Mensch positiv annehmen und so den
schönen Schein des Daseins als Schönheitskönigin aus-
balancieren. Im Gegensatz zu vielen Schönheitsköniginnen
kam sie nicht aus einer Arbeiterfamilie, sondern hatte eine
bürgerliche Erziehung genossen. Sie wurde nicht schon in
frühen Jahren dazu gedrängt, den Laufsteg herunterzulaufen
und sich in die Herzen der örtlichen Juroren zu singen und
zu lächeln. Genau wie ihre Geschwister, hatte sie Tanz- und
Musikunterricht. Erst im Gymnasium fiel sie durch ihr
Aussehen auf. Sie wurde nicht zur Schönheitskönigin, weil
sie dazu erzogen wurde, sondern eher, weil es ihr zufiel, weil
sie immer schöner und attraktiver wurde. Sie wurde von
Leuten, die an sie herantraten und ihr Mut machten, aufgefordert, an diesen Schönheitskonkurrenzen teilzunehmen
oder sich einer Wahl zu stellen. Es ist wichtig, diesen Unterschied hier zu machen, denn wir lassen als Gesellschaft
schöne Frauen für uns auf den Laufsteg gehen, um dort zu
lächeln, während ihre Eltern sie eigentlich niemals gedrängt
haben, auf diese Weise Anerkennung zu erlangen; als

Gegenleistung versprechen wir ihnen große Belohnungen dafür, daß sie uns gefallen und unsere Sehnsüchte für uns ausleben.

Als Judy auf die Texas Christian University kam (sie wurde als Studienanfängerin zur Königin der »Woche des Kennenlernens« gekürt), entschied sie sich, Journalismus und Rhetorik als Hauptfächer zu wählen. Das schien eine naheliegende Entscheidung für eine Schönheitskönigin zu sein, die – mit einer tiefen, vollen Stimme, bedächtigem Tonfall und leicht schleppendem texanischen Dialekt – zu einer gewandten Rednerin geworden war. Wie dem auch sei, sie verliebte sich in ihrem letzten Jahr an der Uni in den Medizinstudenten Ed Nelson. Ihr Traum vom Fernsehjournalismus trat auf einmal mit ihrem Wunsch, Mutter und Ehefrau zu werden, in Konkurrenz.

Judy kam gerade von ihrem Jahr als »Maid of Cotton« wieder ans College, als sie von der Studentinnenvereinigung zur Betreuerin der neuen Mitglieder gemacht wurde. Dies wiederum trieb sie direkt in die Arme von Ed Nelson. »Als Betreuerin, die sich um die Neuen kümmern sollte, mußte ich zu allen Parties, die sie gaben. Meine Schäfchen planten eine Party mit den Delts, unserer Brudervereinigung, und eine meiner Kommilitoninnen aus der Vereinigung fragte mich, ob ich nicht zu der Party mit dem Präsidenten der Delts gehen könnte. Ich sagte: ›Nein, ich gehe nicht auf Blind Dates!‹ Sie versicherte mir, daß ich ihn mögen würde und verkündete: ›Er ist wirklich ein netter Kerl, Vizepräsident der Studentenschaft und dazu auch noch attraktiv.‹ Ich versprach, ihn mir auf der Party anzuschauen. Er kam mit einer der Mädchen aus meiner Verbindung, und mir wurde auf einen Schlag bewußt, was ich die ganze Zeit vermißt hatte. Später brachte er das Mädchen zurück in unser Studentinnenwohnheim. Ich stand zufällig im Flur und sah zu, wie er ihr einen Abschiedskuß gab und wurde so richtig eifersüchtig, dabei kannte ich den Typen noch gar nicht. Also ging ich wieder zu der Kommilitonin aus der Verbindung, die mich gefragt hatte, ob ich mich nicht mit Ed treffen wollte, und sagte ihr, daß ich ihn gesehen und meine Meinung geändert hätte. Ich hätte nichts dagegen, wenn sie ihm meine Telephonnummer geben würde. Er kam dann ein paar Mal vorbei und fragte mich, ob ich nicht mit zu einem Footballspiel gehen wolle. Wir verabredeten uns also ab September, verlobten uns im Dezember und heirateten ein Jahr später.«

Bevor sie Martina begegnete, hatte Judy keinen blassen Schimmer von homosexuellen Neigungen. Von der ersten bis zur vierten Klasse hatte sie einen Freund namens »Rocky«. Das erste Mal küßten sie sich an einem Nachmittag, als sie noch in der dritten Klasse waren. »Es war nur ein kleiner Kuß«, meint Judy, »doch wir haben lange darüber geredet, diskutiert und es wirklich von langer Hand geplant.« Ihr erster richtiger Freund war »ein Typ namens Kurt«. Er war in der achten und Judy in der neunten Klasse. Ihre Freundschaft dauerte, bis sie ans College ging. Sobald sie an der TCU gewesen sei, sagt Judy, »hatte ich *immer* einen Freund.«

Nachdem Judy Ed geheiratet hatte, mußte sie eine Möglichkeit finden, die beiden finanziell zu unterstützen, weil er sein Medizinstudium noch zu Ende führen mußte. Ihr Vater war im Vorstand von »Bonanza Steak House«, und auch, wenn sie mit den Kettenrestaurants selbst nichts zu tun hatten, waren die Hills natürlich mit der finanziellen Seite des Geschäfts vertraut. »In gewisser Hinsicht war ich eine Vorreiterin«, meint Judy zurückblickend.

»Meine Mutter und eine ihrer Freundinnen gaben mir das Geld, eine »Bonanza«-Niederlassung nahe der TCU zu kaufen. Ich sorgte dafür, daß der Laden lief, ich machte einfach alles. Ich zahlte ihnen ihr Geld innerhalb eines Jahres zurück, hatte selbst ein Einkommen und machte sogar noch Gewinn. Ich war aus dem Gröbsten heraus.«

Judys erster Sohn, Eddie, wurde im März 1971 geboren. Wenn sie im »Bonanza« arbeitete, legte sie ihn in ein Kinderställchen in ihrem Büro. Das Geschäft lief blendend, lag in der Nähe der Universität und im Restaurant arbeiteten nur Kommilitoninnen aus der Studentinnenverbindung. Judy und ihr Vater zanken sich noch heute darüber, wer von ihnen abends die verkauften Steaks gezählt hat. Sarge schwört, daß Judy nach Hause ging, um sich um die Familie zu kümmern, während er noch zurückblieb, um zu zählen. Judy meint hingegen, daß sie dablieb, die Studenten nach Hause schickte, damit sie lernen konnten und dann noch die verkauften Steaks zählte. Wer auch immer Recht hat, es liegt auf der Hand, daß in Judys Restaurant genügend Steaks verzehrt wurden, um ständig unter den zehn erfolgreichsten Restaurants der Kette zu sein.

Als Bales im Oktober 1973 geboren wurde, ging die Ehe der Nelsons schon langsam in die Brüche, was Judy allerdings nicht bemerkte. Drei Jahre später trennten sie sich. Judy blieb mit den Jungs allein im Haus zurück. Zu dieser Zeit veränderte sich Eds Leben, und er wollte eine Weile für sich sein. Während dieser Trennung auf Probe verbrachte Judy ihre meiste Zeit mit den Jungs und freute sich an ihnen; sie waren ihr ganzes Glück.

Als Judy und Ed sich wieder vertrugen, versuchten sie alles, damit die Ehe wieder funktionierte. Aber der Schaden war irreparabel. Judy gab ihr Bestes, um die perfekte Frau des Arztes zu sein, aber je mehr sie sich bemühte, je mehr sie in die Rolle der »perfekten Frau« schlüpfte, desto wütender und aufgebrachter wurde sie. Während sich Ed mit diesem zweiten Versuch zufriedengab, wurde Judy immer unzufriedener mit ihrer Ehe. Das Bild der »perfekten Frau« paßte einfach nicht zu der Vorstellung, die sie von sich selber hatte.

Die Menschen, die dem Ehepaar nahestanden, fanden, Judy hätte zu dieser Zeit einen starken und stabilen Eindruck gemacht. Sie hatten Respekt vor ihr und versuchten freundlich zu sein. Als Judy sich dann aber von Ed trennte, um mit Martina zu leben, waren es genau diese Leute, die sie auf das Schärfste verurteilten. Sie sahen einfach nicht ein, daß sich Eds Verhalten in diesem zweiten Anlauf kaum geändert hatte. Statt dessen sollte sich Judy seinem Verhalten anpassen und somit die Familie zusammenhalten. Während diese Freunde zwar einsahen, daß sie in ihrer Ehe nicht besonders glücklich war, konnten sie andererseits aber ihr Bedürfnis nach Glück und eigener Entwicklung außerhalb der Ehe nicht nachvollziehen. Für Ed war es irgendwie in Ordnung, sich »die Hörner abzustoßen«, aber als Judy von diesen Leuten Unterstützung für ihr lesbisches Leben brauchte, war es so, als ob sie nicht mehr existierte.

Mehrere Monate, bevor Judy Martina traf, hinterließ Judy eine dringliche Nachricht in Eds Büro. Sie steckte einen Zettel zwischen eine Grußkarte, auf dem stand, daß sie einsam war und glaubte, nicht mehr in ihn verliebt zu sein und daß ihr das Angst machte. Als sie nach einigen Tagen von ihm immer noch keine Reaktion darauf hatte, fragte sie ihn, ob er die Karte je bekommen hätte.

»Ja, ich habe sie gelesen«, antwortete er, »aber dann hatte ich mit einem Patienten zu tun und es völlig vergessen.« Er erwähnte es ihr gegenüber dann nie wieder, und Judy wußte, daß ihre Ehe wirklich am Ende war.

Das soll allerdings nicht bedeuten, daß sich Judy Martina aufgrund ihrer gescheiterten Ehe zugewandt hat. Das wäre zu einfach, zudem Sexualität viel komplexer und vielschichtiger ist. Die Frage, die sich stellt, ist: »Hätte es eine andere Frau als Martina sein können?«

Um zu einer Antwort auf diese Frage zu gelangen, müssen wir erst herausfinden, was Judys generelle Einstellung zu

Beziehungen ist. Judy unterscheidet nicht zwischen einer Beziehung und Liebe. Sie weiß um die Unterschiede, doch sie glaubt nicht, daß sexuelle Beziehungen sich grundlegend von nicht-sexuellen unterscheiden. Sie ist in der Lage, ihre Kinder, ihre Familie, ihre Pferde wie auch die Berge mit unglaublicher Intensität zu lieben.

Sie neigt dazu, ihre Verbindungen zu formalisieren, indem sie geschäftliche Beziehungen mit ihrer Familie und ihren Freunden aufbaut. Sie hatte schon in der Vergangenheit geschäftlich mit ihren Eltern und ihrem Mann zu tun und hatte ihre Freunde in ihrem Restaurant arbeiten lassen. Es war deshalb nicht völlig abwegig, daß Judy auch zu Martina eine geschäftliche Beziehung entwickelte – sie arbeitet mit Leuten in ihrer Familie, und sie fühlt sich den Leuten, mit denen sie arbeitet, sehr nahe.

Es gibt einen interessanten Aspekt in Judys Einstellung zu Verbindungen: Dadurch, daß sie alles Sexuelle bagatellisiert, eliminiert sie alle politischen oder sozialen Konsequenzen ihrer Beziehungen. Während andere ihre Beziehungen mit einem Label versehen, ist sie damit zufrieden, ihre Kommentare mit geschlechtsneutralen Begriffen wie »Begleiterin« oder »Freundin« zu entwerten. Judy glaubt, daß den Begriffen »heterosexuell«, »homosexuell« und »bisexuell« ihre Kraft genommen werden sollte, so daß das Wort »sexuell« allein Bestand hat. Wie andere schon vor ihr erkannt haben, sind die Präfixe »homo«, »bi« und »hetero« klassische Beispiele dafür, daß das Adjektiv weitaus stärker ist als das Substantiv. Sexualität ist eine Erweiterung der Freundschaft, eine Weiterführung, ein besonderes, zartes Band zwischen zwei Menschen.

Obwohl diese Einschätzung einleuchtend und bewundernswert ist, scheint es doch logisch, daß diese Definitionen und Auffassungen auch zum Schutz gegen gemeine Bemerkungen anderer dienen. Dieser Ansatz der »romantischen

Freundschaft« scheint ihre methodistische Erziehung mit ihrer politischen Realität zu versöhnen. Ohne besonders auf ihre Motive einzugehen, scheint Judy einen Rahmen gefunden zu haben, in dem sie sich wohlfühlt, der die emotionale und persönliche Seite hervorhebt, während er die sexuelle und politische in den Hintergrund treten läßt.

Judy ist der Meinung, daß die Bezeichnung »lesbisch« eine extrem negative Bedeutung hat. »Wir alle urteilen viel zu schnell und zu leichtsinnig«, erklärt sie. »Das dient nur dazu, die Realität von allem Positiven oder Konstruktiven fernzuhalten.« Sie kämpft gegen den Staat Texas für das Recht, ungeachtet ihrer sexuellen Präferenzen jeden Vertrag unterschreiben zu können.

Martina war nicht einfach nur irgendeine Frau. Sie war *Martina,* ein Markenname, eine Multimillionärin im Tennis, die Nummer Eins der Welt. Martina konnte Judy etwas bieten, was sich alle Eltern für ihre Kinder wünschen: Mittel und Möglichkeiten.

Judy mit Familie 1989 bei den »Virgina Slims-Meisterschaften« in New York: Sarge, Jan, Judy, Sargent und Frances.

Trotz aller Vorteile, die Eddie und Bales durch die Beziehung ihrer Mutter mit Martina hatten, waren sie oft für Tage von ihr getrennt, während sie für die nächsten sieben Jahre mit Martina auf Reisen war. Bis auf wenige Wochen war Judy mit Martina das ganze Jahr unterwegs, und obwohl Martina die Mittel hatte, die Kinder kommen zu lassen, wann immer sie wollten, gingen sie doch noch in die Schule und verbrachten die meiste Zeit mit ihrem Vater und ihren Großeltern.

»Sie brauchten nie zu fragen, ob sie kommen durften«, stimmt Judy zu. »Sie mußten nur anrufen und sagen, wann sie kommen wollten, und wir besorgten ihnen die Tickets. Das war meine Abmachung; sie würden mich immer besuchen können, und das würde sich nie ändern.« Es gab keinen Tag, an dem Judy nicht mit ihren Kindern sprach.

Martina konnte Judys Schuldgefühlen einen Puffer bieten, indem sie den Jungs ein angenehmes Leben ermöglichte, inklusive Erster-Klasse-Fahrkarten, ohne daß irgend jemand mit der Wimper zuckte. Das bedeutete, daß Flugzeuge gechartert wurden, um sie Weihnachten von Fort Worth nach Aspen zu fliegen oder daß sie die Ferien mit Martina und Judy verbrachten, daß sie zum Skilaufen dazukamen, was ihnen besonders viel Freude machte. Dies geschah immer in einer besonders familiären Atmosphäre. Schon im frühen Alter hatten die Jungs eine ungeheure Energie, aber man hatte ihnen gleichzeitig auch beigebracht, liebenswert und rücksichtsvoll zu sein, und diese Eigenschaften machten sich immer bemerkbar.

»Die Zeit, die wir zusammen auf Antigua verbrachten, war für uns die wertvollste«, erinnert sich Judy. »Hier konnten wir zu viert (und später auch noch mit den zwei besten Freunden von Eddie und Bales, unseren »Adoptivsöhnen«), unbeschwerte, private Stunden verbringen, ohne von der Öffentlichkeit und ihren Vorurteilen unserer Familieneinheit gegenüber gestört zu werden. Wir kochten auf unserer eigenen Veranda und schauten in den Sonnenuntergang. Wir machten Heimvideos, die jetzt schon Klassiker sind und bei denen Bales meist der Regisseur und Eddie der Star war. Natürlich hatten wir unsere Minirollen – unseren Moment auf der Leinwand ungeprobt und nicht nachbearbeitet. Wir waren furchtbar schlechte Schauspieler. Diese Videos sind kostbare Erinnerungen an die Tage, als wir eine glückliche und fast normale Familie waren. In unseren Augen waren wir *alle* immer normal. Die Ausstrahlung einer glücklichen Familie ist immer dieselbe, sei sie nun heterosexuell oder gleichgeschlechtlich. Wie könnte man sonst wahres Glück oder Aufrichtigkeit wagen?«

»Antigua wurde zur zweiten Heimat«, fährt Judy fort. Die Jungs und ich spielten mit Martina Tennis, und das Kind in ihr kam zum Vorschein – in diesen Momenten war sie so glücklich und entspannt, wie ich sie noch nie erlebt hatte. Es war genau diese kindliche Qualität in ihr, die ich so sehr mochte. Dort lernten wir sogar Tauchen; wir nahmen an einem Kurs teil und bekamen einen Schein. Unser Tauchlehrer, Bert Kerschner, seine Frau Faye und seine Kinder wurden richtige Freunde. Bert und Faye machten Martina und mich zu Patinnen ihres Sohns. Was war das für eine Freude. Wir durchbrachen wirklich die Grenzen der Vorurteile und das tat gut. Ich war stolz. Ich glaube, Martina ging es genauso.«

Im Gegensatz zu Leuten, die meinen, Homosexualität sei biologisch bedingt, mußte Judy nicht mit Frauen zusammen sein und fühlte sich einfach nur zu Martina hingezogen. Sollte Judy in dieser Beziehung unterdrückt werden, so wäre das eine Konsequenz aus ihrer eigenen Wahl gewesen und wäre nicht aus Mangel an Möglichkeiten entstanden. Vielleicht hätte es eine andere als Martina sein können. Jemand Außergewöhnliches, jemand Hinreißendes.

Änderungen treten meist nicht urplötzlich ein; es ist ein langer, sich ständig entwickelnder Prozeß, der einen weitverzweigten Ursprung hat. Judys Veränderung hat ihren Ursprung schon im Kindesalter, als sie sich bewußt wurde, daß Mädchen und Jungen die Welt unterschiedlich wahrnehmen und daß Südstaaten-Mädchen tiefverwurzelte Vorstellungen von sich in bezug auf andere haben. Sie beschreibt den Prozeß in ihren eigenen Worten so:

»Im nachhinein kann man sagen, daß das Problem meiner Sexualität – wie ich dazu kam, die Entscheidung in meinem Leben zu treffen, die ich getroffen habe – nichts damit zu tun hat, Frauen zu lieben, sondern eine Frau zu *sein*.«

»Ich weiß, daß ich, bevor ich so etwas sage, erst einige andere Fragen beantworten muß. Da muß ich ein bißchen weiter ausholen und auf die Erfahrungen und Gedanken meines Lebens zurückgreifen, die mein Verhalten, meine Ideen und Ideale beeinflußt haben – zurückgreifen auf die Entscheidungen, die mir geholfen haben, mich endlich selbst zu befreien und mich zu der Person gemacht haben, die immer versucht hat, glaubwürdig zu sein. Ich wußte, ich darf mir nichts vormachen. Es hat Jahre gedauert, bis ich diese Einsichten formulieren konnte. Ich weiß, daß ich heute, trotz meiner Südstaaten-Erziehung, trotz des Bestrebens, die ›perfekte Frau‹ zu sein, manchmal in der Lage bin, diese Glaubwürdigkeit auszuleben. Das ist so ein befreiendes Gefühl. Ich kann dann lachen. Ich kann wirklich lachen.

Als Kind wurde mir beigebracht (wahrscheinlich sogar schon, als ich erst drei oder vier Jahre alt war), daß ein hübsches kleines Mädchen älter werden würde, um später einen jungen Mann zu heiraten (einen hübschen, netten natürlich) und dann Kinder mit ihm zu haben. Danach würden wir glücklich bis an unser Lebensende leben. Wir (mein Mann und ich) würden selbstverständlich monogam leben. Wäre ich in den frühen Jahren nur an Frauen interessiert gewesen, hätte ich trotzdem Kinder haben wollen. Ich weiß, es ist mir *beigebracht* worden, aber Kinder zu kriegen war etwas überaus Wichtiges für mich, etwas, das ich wirklich wollte, trotz aller Erziehung.

In meiner Familie kam es immer darauf an, hübsch und gewandt zu sein oder es zumindest zu versuchen. Meine Eltern haben mit uns über gepflegtes Erscheinen gesprochen, darüber, daß man adrett zu sein hat, auf sein Äußeres achtgibt. Es wurde allerdings genauso viel Wert auf Bildung und Sportlichkeit gelegt. Die geistige Bildung war im Zusammenhang mit Schönheit genauso wichtig wie das Atmen – es wurde von mir erwartet, daß ich zu einem guten, hübschen und nützlichen Menschen heranwuchs, der niemals ein schlechtes Wort für seine Mitmenschen übrig haben würde.

Ich habe mich nie sonderlich hübsch gefühlt. Ich weiß, ich habe irgend etwas, eine gewisse Aura vielleicht, die die Leute dazu veranlaßt, sich nach mir umzudrehen. Es gab aber einen schrecklich peinlichen Moment in meiner frühen Kindheit (in der fünften Klasse, um genau zu sein), als meine Lehrerin, Mrs. Forrester, mich nämlich vorne, vor die versammelte Klasse stellte und meinen Mitschülern beibrachte, daß ich das einzige Mädchen in der Klasse sei, das jeder Junge zur Freundin haben möchte. Sie sagte den Jungen, daß wir genügend Mädchen in der Klasse wären, damit jeder eine Freundin haben könnte. Ich wäre am liebsten vor Scham in den Boden versunken. Warum tat sie mir das vor den Augen meiner Mitschüler an? Von diesem Moment an wurden meine Freundinnen eifersüchtig und böse auf mich. Erst als meine Lehrerin mich darauf hinwies, war ich mir dieses Problems bewußt. Von diesem Tag an wurde mir klar, daß es für mich immer anders als für die anderen sein würde, daß man mich, aus was für einem Grund auch immer, anstarrte und begehrte, daß ich mich dabei unwohl fühlte und immer gleich in die Defensive gedrängt wurde.

Je älter ich wurde, desto deutlicher war es – Männer starrten mich überall an, machten Annäherungsversuche – ich wies sie zurück. Sie durften gucken, mir aber nicht zu nahe treten. Das hatte Mutter mir beigebracht, eine Lektion, die die meisten Mütter ihren Töchtern beibrachten. Es war die Überzeugung der ›braven Mädchen‹. Ich habe es am eigenen Leib erfahren müssen. Ich war bereit, die Rolle des braven Mädchens, zu dem meine Eltern mich erzogen hatten, zu übernehmen. Mein ganzes Leben lang, zumindest bis ich aus diesem Teufelskreis ausgebrochen bin, um mit Martina zu leben, habe ich versucht, das perfekte Vorbild zu sein – sei es nun als Tochter, als Studentin, Ehefrau oder als Mutter.

Innerlich kochte ich vor Wut. Mir reichte es, immer als Objekt und nie als Person betrachtet zu werden. Ich war immer auf der Hut – immer höflich, freundlich und charmant, ohne jemals einen Mann an mich heranzulassen. Sogar, als ich schon verheiratet war, versuchten es die Freunde meines Mannes, deren Frauen meine engsten Freundinnen waren. Als ich den Mut hatte, mit meinem Mann darüber zu sprechen, sagte er nur, ich sollte es als Kompliment auffassen, es wären eben Männer. Ich konnte es nicht ertragen und kann es bis heute nicht ausstehen.

Von dem Tag an, da ich merkte, daß in Geschlechterfragen mit zweierlei Maß gemessen wurde (ich muß damals wohl zwölf gewesen sein), war ich wie vor den Kopf gestoßen. Ich meinte zu meiner Mutter, es sei einfach nicht gerecht – ich wollte nicht einsehen, warum Jungen sexuell freizügig sein durften und dann auch noch als ›cool‹ galten, während Mädchen, die die Jungen zu nah an sich heranließen, schlecht waren und als Schlampen bezeichnet wurden. Ich dachte selbstverständlich nicht daran, meine Maßstäbe zu senken, aber ich wollte, daß für Jungen und Mädchen die gleichen Regeln galten. Dem war aber nicht so. Aber wie es von einem braven Mädchen erwartet wurde, habe auch ich mich damit abgefunden. Tief in meinem Herzen wußte ich, daß das Kräfteverhältnis nicht gerecht war – wir sind doch als Menschen alle gleich, und die geltenden Regeln sollten nicht geschlechtsspezifisch, sondern für alle gleich sein.

Als ich älter wurde, wurde mir klar, daß ich, wie alle anderen Frauen auch, in erster Linie als Sexobjekt betrachtet und erst in zweiter Hinsicht nach meinen Fähigkeiten und Neigungen beurteilt wurde. Es war erschreckend. Ich hatte keine Ahnung, wie ich es ändern sollte – ich sah nicht einmal eine Möglichkeit. So habe ich gelernt, damit zu leben, es zu akzeptieren. In bezug auf meine Lebensanschauung mußte ich wegen der gesellschaftlichen Zwänge Kompromisse schließen. Nach außen schien ich glücklich und zufrieden, doch innen drin war mir jämmerlich zumute.

Mit zunehmendem Alter wurde der Monogamie mehr Bedeutung beigemessen. So ist das auch heute noch. Mir wurde als Teenager beigebracht, daß eine monogame Beziehung, die in einer Heirat mündet, zentrale Bedeutung für die Lebensdauer dieser Beziehung hat. Ich habe das nicht einmal in Frage gestellt. Es reihte sich wunderbar in alles ein, was ich bisher gelernt hatte. Ich habe es selbstverständlich von meinem Partner wie auch von mir erwartet. Ich weigerte mich, mir die Frage zu stellen, was passieren würde, wenn einer von uns von diesem Standard abweichen würde. Später mußte ich mich diesem Problem stellen, als mein Mann anfing, Seitensprünge zu machen. Ich konnte nicht damit umgehen. Ich hatte gelernt, daß eine gute, glückliche Ehe, in der man offen miteinander sprach, nur monogam sein könnte. Ich hatte gelernt, daß ich keinen Fehler machen durfte, wenn ich die ›perfekte Frau‹ abgab, die hübsch, klug und großzügig war, eine perfekte Hausfrau, Liebhaberin und Mutter – aus Gutem kann nur Gutes entstehen. Alles Lüge!

Es wundert mich inzwischen nicht mehr, daß ich an einem bestimmten Punkt in meinem Leben gegen diese untauglichen Prinzipien rebellieren mußte. Es überrascht mich auch nicht, daß ich mich, um diesen Ärger rauszulassen und um einige meiner Ängste loszuwerden, einer Frau zugewandt habe, um dort Liebe, Kameradschaft und Gleichberechtigung zu finden. Es überrascht mich auch nicht, daß ich heute vielleicht immer noch so entscheiden würde. Es überrascht mich nicht, daß ich mit Martina völlig entspannt zusammen gewesen bin und mich mit einem Mann niemals zu so einem ›Mittagessen‹ hätte treffen können. Es überrascht mich auch nicht, daß ich endlich in der Lage bin, meine Ideale und Einstellungen ohne jede Furcht, ohne Schutzwall mit anderen auf der Basis von Gleichberechtigung zu teilen, denn sie war eine Frau, jemand, die ähnliche Gefühle hatte und sich mit denselben Problemen auseinandersetzen mußte. Es fügte sich alles zusammen. Es stimmte. Die Angst vor Ablehnung und Verletzung des männlichen Egos existierte nicht. Ich war endlich ebenbürtig. Ich war Mensch, nicht Sexobjekt. Am Anfang empfand ich das so. Es war ein gutes Gefühl. Es war angenehm. Mit Abstand betrachtet, war es vielleicht naiv von mir anzunehmen, daß alles anders werden würde, nur weil ich jetzt mit einer Frau zusammen war. Aber in vieler Hinsicht war es besser, denn als Frau in unserer Gesellschaft hat man noch lange nicht die gleichen Privilegien wie ein Mann. So mußte ich letztendlich nicht länger Kompromisse schließen als ich mit einer Frau *zusammenlebte*. Ich brauche mich nicht zu verstellen. Ich bin nicht einfach nur Objekt. Ich kann arbeiten, kreativ sein, Geld verdienen, erfolgreich sein, ohne gleich ein männliches Ego zu bedrohen.

Die ganzen Jahre, bevor ich Martina traf, schaffte ich es, genau diejenige zu sein, von der unser Kulturkreis denkt, es sei die perfekte amerikanische Frau. Warum auch nicht? Meine Mutter war das perfekte Vorbild. Sie war selbst sehr schön. Sie hat wundervolle Augen und diese südliche Art von

Unschuld, die Männer schon immer angezogen hat. Gutes Aussehen, genau das richtige Kleid, Schuhe, Accessoires – waren immer wichtig für sie. Ihr Geschmack war unübertrefflich. Sie hat mir und meiner Schwester ihre Ansprüche vererbt. Mir wurde beigebracht, daß mein Aussehen genauso wichtig war wie gute Schulnoten oder wie das Amt, das ich im Studentenverband bekleidete. Ich mußte so gut sein, wie ich nur irgend konnte. Es muß fairerweise aber auch gesagt sein, daß meine Eltern mir beibrachten, daß mein Inneres genauso wichtig war wie mein Äußeres. Allerdings mußte ich erfahren, daß die Leute mich immer nur nach meinem Äußeren beurteilten und mein Inneres nie wahrnahmen.

Mein Vater, der selbst sehr gut aussah, hat mir, was meine Ausstrahlung auf Männer anging, immer Selbstbewußtsein vermittelt. Er hat sich darüber hinaus Zeit genommen, mein sportliches Talent, das ich nicht von meiner Mutter habe, zu fördern, was meinem Aussehen guttat und das ›Produkt vervollkommnete‹. Die wenigen Male, wo ich aus dem Rahmen der ›totalen Frau‹ ausbrach (was ich tat ... meist als Kind, das herausfinden wollte, wo die Grenzen dieser perfekten Vorlage lagen), Jeans trug, auf Bäume kletterte, barfuß herumlief und anstatt mit Puppen Cowboy und Indianer mit den Jungen spielte, wurde ich daran erinnert, daß dies nichts für Judy Elaine Hill war. Ein hübsches, kleines Mädchen sollte Kleider tragen, mit Puppen spielen, Gesangsunterricht nehmen, gerade dann, wenn sie Miss America sein wollte (und das wünschte sich in den Südstaaten jede Mutter für ihre Tochter; meine Mutter war da keine Ausnahme).

Ich bin natürlich in einem sehr behüteten Haus aufgewachsen. Ich wurde in einem Teil Amerikas und als Teil einer Generation groß, wo eine Frau (unserer Schicht) niemals außerhalb des Hauses arbeitete. Alle Frauen, die ich kannte (meine Mutter und ihre Freundinnen), waren Hausfrauen, was nicht bedeutet, sie hätten nicht gearbeitet – sie schufteten härter als ihre Männer. Ihre Tätigkeiten waren zeitlich unbegenzt und sehr vielschichtig. Es wurden eher achtzehn als die üblichen acht Stunden pro Tag gearbeitet. Sie waren trotzdem keine ›Profis‹ – sie waren im wahrsten Sinne des Wortes die Frauen im Schatten ihrer Männer. Das schien mir auch nicht gerecht zu sein, und so habe ich auch dieses Gefühl wie jedes, das von dem abwich, was mir beigebracht wurde, tief in mir verschlossen.

Den meisten Mädchen meiner Generation und meiner sozialen Schicht wurde von klein auf beigebracht, daß, wenn wir gute Ehefrauen und Mütter sein wollten, wir ›hinter unseren Männern stehen mußten. . . daß sie stolz auf uns sein mußten‹. Unsere Aufgabe war es, schöne, intelligente Kinder mit solider Moral und noch besseren Manieren in die Welt zu setzen. Wir sollten unseren Männer im Bett immer zur Verfügung stehen. Wir lernten, daß ein Collegeabschluß zwar erstrebenswert sei, aber nur als eine Art Rückversicherung, falls unseren Gatten etwas zustoßen sollte (womit sicherlich nicht die Scheidung gemeint war), denn im großen und ganzen lebten die Frauen länger als die Männer. Wenn du dann nicht auf seinen Tod vorbereitet gewesen wärest, hättest du vielleicht Arbeit suchen müssen, um dich durchzubringen. (Uns wurde nie gesagt, was mit dem Haus und den Kindern geschehen würde, sollte es jemals dazu kommen.)

Von außen gesehen, funktionierte diese Struktur und Lebenshaltung bestens. Ich war aufgeweckt, die meisten fanden mich attraktiv, sportlich und voller Energie. Ich wußte, wie ich die Aufmerksamkeit von einem Mann auf mich lenken konnte und wie ich ihn auf Abstand halten konnte. Ich war vor allem ein *braves* Mädchen und strebte an, eine perfekte Ehefrau zu werden. Das hört sich vielleicht gut an, aber was sich in meinem Innern abspielte, stand auf einem anderen Blatt. Hier befand sich ein Mädchen, eine Frau, die sie selbst sein wollte. Sie wollte aussprechen können, an was sie glaubte.

Sie wollte natürlich von allen als gleichberechtigt angenommen werden (oder wenigstens die Chance dazu haben). Sie wollte sich politisch engagieren, der Norm entgegentreten, wenn sie meinte, etwas sei falsch oder unangebracht. Sie wollte eine eigene Stimme. Und sie wollte nicht einschüchternd wirken, sondern akzeptiert werden – nicht, weil sie eine Frau war, sondern ein Mensch.

Nach achtunddreißig Jahren mußte meine innere Stimme gehört werden. Meine Freunde haben mir zugehört, aber sie waren gefühlsmäßig oft genauso gehemmt – deshalb hat sich nie etwas geändert, wurde nie etwas erreicht. Die Jungen, die Männer in unserem Leben würden immer die mit der entscheidenden Stimme sein, die Entscheider. Und warum? Weil unsere Gesellschaft es ihnen erlaubte. Es wurde ihnen bei der Geburt mitgegeben. Die Frauen meiner Generation mußten gegen die Regeln verstoßen, um die Gleichberechtigung zugesprochen zu bekommen, die sie so sehr für sich wollten. Für mich begann diese Veränderung mit meiner Entscheidung, bei Martina zu bleiben. Damals riskierte ich im Grunde genommen alles, was ich hatte und liebte. Mir selbst gegenüber ehrlich zu sein. ›Ich werde ich selber sein. Ich werde glaubwürdig sein.‹ Und auch, wenn die Beziehung mit Martina nicht ein Leben lang gedauert hat, war sie das Risiko doch wert. Sie hat mich für alle Zeiten verändert, endlich konnte ich ›Ich‹ sein, diejenige, von der ich immer wußte, daß es sie gab und geben konnte.

Wenn es irgend etwas gibt, wofür es sich gelohnt hat, die Risiken einzugehen und die Entscheidungen zu treffen, dann ist es die Gewißheit, daß es nichts Besseres auf der Welt gibt, als diejenige zu sein, die du bist. Es gibt kein Rezept, kein allgemeingültiges Rezept, wie man das Leben meistern kann. Sei einfach nur ehrlich mit dir selbst, paß auf dich auf, und *das* ist dann die beste Person, die du der Welt anbieten kannst. Es gibt kein ›Abziehbild‹, kein ›perfektes Bild‹. Wir

sind Individuen, und jeder von uns hat etwas beizutragen –
gib dir selbst, sei nett mit dir, lach über dich und mit dir –
dann, das verspreche ich, dann wirst du eine Freude für alle
um dich herum sein. Den Mut, den du dazu brauchst, besitzt
du schon – er steckt in dir.«

Martina: Das Leben vor Judy

Martina Subertova wurde am 18. Oktober 1956 als Kind von Jana und Mirslov Subert in Prag geboren. Sie wurde nach einer Skihütte in den Karpaten benannt, wo beide Eltern Skilehrer waren und Martina gezeugt hatten. Die Hütte hieß »Martinova«, was sich lose mit »Martins Zuhause« übersetzen ließe.

Auf Besuch bei Martinas Namensvetter – einer Skihütte, die auf Tschechisch *Martinova* heißt: Bud Collins, Judy und Martina.

Martinas Mutter kehrte kurz nach Martinas Geburt zu ihrem Mann in die Kirkonose Berge zurück. Hier lernte Martina im Alter von drei Jahren Ski laufen. Ein Jahr später, nachdem Janas und Mirslovs Ehe in die Brüche ging, kehrte Jana in die Geburtsstadt ihrer Mutter, nach Revnice, vor den Toren Prags, zurück. Hier fühlte sich Martina in den nächsten fünfzehn Jahren zu Hause.

Martinas Vater lebte noch vier Jahre in Prag, bevor er Selbstmord beging, als Martina acht Jahre alt war. Sie hatte ihn in den Jahren vor seinem Tod ab und zu in Prag besucht, aber er litt unter starken Gefühlsschwankungen und interessierte sich nur wenig für sie. Man erzählte Martina nur, daß ihr Vater während einer Magenoperation gestorben sei, und erst als sie dreiundzwanzig war, klärte man sie über die Wahrheit auf. Ihrer Autobiographie »*Martina*« zufolge, erzählten ihre Mutter und ihr Stiefvater ihr von dem Selbstmord bei einem Besuch in den Vereinigten Staaten, wo sie mit Rita Mae Brown in Virginia lebte. Ein Gespräch der Familie über Martinas Lebenswandel war immer heftiger geworden, und ihre Familie behauptete schließlich feindselig, daß sie große Ähnlichkeiten mit ihrem selbstmörderischen Vater hätte, der entweder himmelhoch jauchzend oder zu Tode betrübt gewesen sei. Sie warnten sie, daß sie letztendlich das gleiche Schicksal ereilen würde.

Martinas Mutter hatte 1961 ihren zweiten Ehemann, Mirek Navratil, geheiratet. Ihr Leben wurde mit einem Schlag angenehmer. Allen Berichten zufolge, waren Herr und Frau Navratil ein zufriedenes Paar, das seine Kinder umsorgte und ihnen ein behütetes Zuhause bot. Sie zogen alle in ein Zimmer im Hause ihrer Mutter, wo sie auf derselben Etage mit ihren Großeltern lebten. Die Familie wurde bald um eine Tochter, Jana, größer, die am 20. Juni 1963 geboren wurde. Martina entwickelte eine enge Beziehung zu ihrer Großmutter mütterlicherseits, hielt ihren Großvater dagegen aber für einen Miesepeter. Er hatte sich von ihrer Großmutter scheiden lassen, lebte aber weiterhin im selben Haus. Er wurde immer merkwürdiger und war schließlich von Schlüsseln und Schlössern besessen, schloß Familienmitglieder aus dem Haus aus, wenn diese nur für einen Augenblick im Hof waren. Sowohl Jana als auch Martina beschwerten sich bei der Großmutter über das Verhalten des Großvaters und ließen damit immer nur bei ihr den Ärger darüber ab.

Andela Subertova, die Großmutter väterlicherseits, wurde für Martina zur seelischen Stütze. Ihre aufmunternde Stimme und ihre sanfte Erscheinung halfen Martina bei ihrer schwersten Entscheidung, als sie sich nämlich 1975 in die Vereinigten Staaten absetzte. Martina blieb auch als Erwachsene Großmutters »goldiges kleines Mädchen«, ihre »Holcicka«. Martina war am Boden zerstört, als sie 1980 erfuhr, daß Andela an Krebs gestorben war. Nachdem sie die schwarzumrandete Todesanzeige bekommen hatte, rief Martina bestürzt in Prag an und fragte, warum man sie nicht von der Krankheit der Großmutter unterrichtet hatte. Zwischen dem Tod ihrer Großmutter und dem Ableben ihres Vaters gab es auffallende Parallelen. Beide Male gab man ihr nur spärliche Informationen und die auch erst, als es zu spät war.

Glücklicherweise war Mirek Navratil ein aktiver Mann, der gerne mit Martina draußen war, sie zum Pilzesuchen, zum Tennisplatz und zum Skilaufen mitnahm. Es war allerdings Martinas Mutter, Jana, die ihr mit ungefähr drei Jahren zum ersten Mal einen Tennisschläger in die Hand drückte: einen großen Holzschläger, der ihrer Großmutter gehört hatte. Deshalb lernte Martina zuerst die beidhändige Rückhand (was man sich heute kaum noch vorstellen kann, ist doch der Rückhandslice, gefolgt von einem Netzangriff, Martinas Markenzeichen). Jana war selber eine hervorragende Spielerin gewesen und hat Martina in frühen Jahren nicht nur die wichtigen Grundkenntnisse beigebracht, sie hat ihr auch die nachhaltige Liebe zum Tennis mitgegeben. Martina übte stundenlang an Hinterhofwänden und Bretterzäunen. Das Schicksal machte sie zu einer der begabtesten Spielerinnen, die jemals einen Schläger in die Hand bekommen hatten.

Obwohl der Lebensstandard in der Tschechoslowakei sicherlich geringer war als der in den Vereinigten Staaten, war die Lebensqualität für Martina und ihre Familie besser, als für viele andere. Bis sie groß geworden war, besaßen Martina und ihre Familie nie ein Auto und hatten auch kein fließend Warmwasser, aber sie waren in der Lage, jedes Jahr in Ferien zu fahren und hatten Zugang zu den besten Skigebieten und viel Zeit zum Tennisspielen. Martinas sportliche Ambitionen wurden also sowohl von ihrem familiären Umfeld als auch durch die Kultur, in der sie aufwuchs, begünstigt.

Prag ist oft wegen seines grandiosen Stadtbilds und der romantischen Lage das »Paris des Ostblocks« genannt worden. Trotz der Schönheit der Hauptstadt, ist die Geschichte der Tschechoslowakei geprägt durch ständige politische Unruhen. Martina war sich dieser Zustände selbstverständlich bewußt, denn sie war persönlich durch die tragischen finanziellen Auswirkungen des Zweiten Weltkriegs auf ihre Großeltern betroffen, als die Tschechoslowakei ein kommunistischer Staat wurde. In ihrer Autobiographie »*Martina*« stellt sie dar, wie die Familie nur noch ein kleines Betonhaus, einen Tennisplatz und ein kleines Stück Land besaß, nachdem die dreißig Hektar Obstplantagen der Familie von der Regierung enteignet worden waren. Sie hatten diese wunderschönen Plantagen verloren, die sie immer noch durch die Fenster sehen konnten – eine ständige Erinnerung an die politische und geistige Beschlagnahmung durch eine übermächtige, drückende Macht.

Eine frei denkende Martina wußte von klein auf, daß sie besser für eine Demokratie geeignet war. In der Grundschule sah Martina in einem Erdkundebuch ein Bild vom »Empire State Building« und sagte den anderen Kindern: »Da werde ich eines Tages wohnen«, berichtet Skip Bayless im *»Sports Illustrated«*. Etwas weiter unten in demselben Artikel wird Martina mit folgenden Worten zitiert: »Ich habe gesehen, wie mein Land die Nerven verloren hat, wie es seine Produktivität eingebüßt hat, wie seine Seele verkauft wurde. Für Talente, für Leute mit einer Karrierevorstellung, mit einem Ziel, gab es nur eine Möglichkeit: rauszukommen.«

Nachdem die Kommunisten 1948 die Macht übernommen hatten, wurde der nationale Tennisverband komplett geschlossen. Ted Tingling, der verstorbene Tennisexperte, bezeichnete 1975 den Hauptgrund, der Martina schließlich zwang zu fliehen, folgendermaßen: »Wenn man keine Leute hat, denen man Spontaneität beibringen kann, erreicht man überhaupt nichts. Der eigentliche Grund ist, daß Tennis so individuell ist und daß die kommunistische Philosophie Angst davor hatte, Individualität zu fördern. Das ist der Schlüssel zu allem. Man muß seine Individualität stärken, wenn man Tennis spielen will.«

Während sich Martina zu einer Weltklassespielerin entwickelte, wurde auf ihren Reisen außerhalb der Tschechoslowakei viel über ihren Neid auf die Freiheiten der anderen Spieler berichtet. Sie war von den Möglichkeiten, die den amerikanischen Frauen offenstanden, begeistert. Die konnten scheinbar kommen und gehen, wie es ihnen gefiel, konnten essen was und reisen wohin sie wollten. 1972, mit sechzehn, auf einer Tour in den Vereinigten Staaten, fühlte sie sich im kapitalistischen Ausland wie in ihrem eigenen Element, was allerdings Auswirkungen auf ihre Figur hatte. Sie aß nämlich genau das, was sie wollte, einschließlich jede Menge Hamburger, und nahm in relativ kurzer Zeit zwanzig Pfund zu.

Martina war wißbegierig und suchte neue Freunde, die ähnlich dachten wie sie, was sie zum Anlaß nahm, politische Wege zu gehen, die in der Tschechoslowakei nicht denkbar waren. Während der »U. S. Open« 1975 setzte Martina sich in die Vereinigten Staaten ab. Sie hatte ein gutes Jahr daran gedacht zu fliehen, aber sie brauchte Zeit, sich über ihre Gefühle klarzuwerden. Die Tatsache, daß sie als Spielerin jetzt viel Geld verdiente, beeinflußte sie in ihrer Entscheidung. Nachdem sie 1974 bei den »U. S. Open« 3 000 Dollar gewonnen hatte, wurde ihr klar gemacht, daß die tschechische Regierung das ganze Geld haben wollte – in bar. Der amerikanische Dollar, eine harte Währung, genoß hohes Ansehen in der Tschechoslowakei, und die Regierung zog Vorteile daraus, daß sie den tschechischen Spielern das Geld abnahm, wenn sie zurück nach Hause kamen. Martina hatte beobachtet, wie amerikanische Spielerinnen, etwa Chris Evert, ihr Geld einfach ausgaben. Sie konnte diesen Unterschied nicht länger ignorieren und begab sich auf ihre Reise, um amerikanische Staatsbürgerin zu werden.

Trotzdem war es schwer, im August 1975 von zu Hause wegzugehen. Ihr war so schwer ums Herz, daß sie es nicht schaffte, sich von ihrer Großmutter oder sonst irgend jemandem zu verabschieden. Sie packte einfach ihre Taschen für die Tour und kam nicht zurück, in dem Glauben, daß sie ihre Familie nicht wiedersehen würde. Freunde, die ihr nahestehen, meinen, daß Martina ihre Gefühle verdrängt, um sich vor dem Schmerz und dem Verlust zu schützen. Deshalb hielt Martina Abschiede auch immer so kurz und so knapp wie möglich. Sobald sie sich aber für etwas entschieden hat, vollzieht sie den Bruch und schaut nicht mehr zurück.

In den Vereinigten Staaten angekommen, umgab sich Martina bald mit Freundinnen, die starke Persönlichkeiten hatten und von denen viele Feministinnen waren. Sie wurde eine enge Freundin der Schriftstellerin Rita Mae Brown und den Tennisstars Rosie Casals und Billie Jean King. King und Casals wurden mit Martina zu den Zentralfiguren im »Frauen-Tennisverband« und forderten bei »Grand Slam«-Turnieren für Spielerinnen die gleichen Preisgelder. Bei so vielen neuen Erlebnissen und Beziehungen war Martina beim Tennis nicht mehr ganz bei der Sache. Ihr Spiel litt unter den Eindrücken, die auf sie einstürmten. Sie gewann 1976, dem Jahr nach ihrer Flucht, nur zwei Turniere. Aber als die Neuartigkeit ihrer Freiheit verblaßte, konzentrierte sie sich mehr und mehr auf ihr Spiel und ihre Kondition.

Zusätzlich zum täglichen Training auf dem Platz, lief sie jeden Tag fünf Meilen, absolvierte ein striktes Konditionsprogramm und erreichte so ein erstaunliches Maß an Fitneß. Einer ihrer dauerhaften Beiträge im Tennis ist, daß sie Tennisspielerinnen zwang, kräftiger und fitter zu werden, wenn sie gegen sie gewinnen wollten, und sie bestärkte Frauen in anderen Sportarten, es ihrer Herangehensweise gleichzutun, was unter anderem auch bedeutete, der Ernährung mehr Beachtung zu schenken. Chris Evert gab sogar zu, daß »Billie Jean King uns zu Stars, Martina uns aber zu Athletinnen gemacht hat.«

Obwohl Martina sich schon 1975 abgesetzt hatte, wurde ihr erst 1981 die amerikanische Staatsbürgerschaft zuerkannt. Sie lebte fast sechs Jahre in der Angst, daß man ihr die Staatsbürgerschaft nicht zuerkennen könnte, da sie inzwischen zu einer umstrittenen Persönlichkeit geworden war, die immer ihre feministischen Meinungen äußerte. Sie traf Vorkehrungen, nicht über kommunistische Staaten zu fliegen, wenn sie von einem Ort zum anderen reiste, fragte die Fluglinie immer nach dem Flugkorridor, um zu vermeiden, daß sie im Falle eines technischen Defektes in einem kommunistischen Land zwischenlanden mußte. Sie hatte Angst, ohne amerikanischen Paß Schwierigkeiten kriegen zu können. Das änderte sich aber, als Martina für immer und ewig US-amerikanische Staatsbürgerin wurde.

Chris Evert war Martinas größte Gegnerin. Ab 1973 in Akron, Ohio, wo Chris das erste Spiel 7–6, 6–3 gewann, bis 1989, als sich Chris aus dem Tennis zurückzog, traten die beiden in einem der größten Konkurrenzkämpfe, die die Geschichte des Sports je gesehen hat, gegeneinander an. Chris und Martina trafen insgesamt achtundsiebzigmal in Turnieren aufeinander.

Das Verhalten der beiden war sowohl auf dem Platz als auch hinter den Kulissen extrem verschieden. Chris wurde als das typisch amerikanische Mädchen gesehen, das hart arbeitete, um ihr Spiel zu verbessern. Sie besaß große mentale Stärke, während Martina durch ihre Gefühlswelt und die Ablenkungen im persönlichen Bereich immer verwundbar war.

Martina brauchte zwei Jahre und sechs Spiele, um endlich einmal ein Spiel, im Viertelfinale in Washington, 3–6, 6–4, 7–6 gegen Chris zu gewinnen. Im selben Jahr (1975) zahlte ihr Chris diese Niederlage bei den »U.S. Open« in Forest zurück, als sie Martina im Halbfinale 6–4, 6–4 schlug. Zu diesem Zeitpunkt hatte sie Martina bei den vierzehn Malen, bei denen sie in Turnieren aufeinander trafen, zwölfmal geschlagen. Martina gelang es erst 1976 in Houston, Chris 6–3, 6–4 in einem Finale zu schlagen.

Obwohl Chris eine Zeitlang in der Tabelle vor Martina lag, unterlag sie Martina 1978 in Wimbledon in drei Sätzen und mußte danach zugeben, »wenn Martina sich voll konzentriert, dann muß man höllisch aufpassen.« Zu diesem Zeitpunkt fingen Martinas hartes Training jenseits der Tennisplätze und ihre Zielstrebigkeit an, Früchte zu tragen. Martina stieg für kurze Zeit in der Rangliste auf Platz Eins, schaffte es aber nicht, sich weiterhin voll zu konzentrieren. Sie war ohne Trainer in die Vereinigten Staaten gekommen und suchte dann lange nach der richtigen Person, die mit ihr trainieren konnte. Es fiel ihr schwer, eine siegreiche Kombination aus Spielerin, Trainer und Betreuer zusammenzustellen. Ihre Trainer waren von ihren emotionalen Höhen und Tiefen frustriert, vergaßen dabei allerdings, daß sich hinter den ganzen Muskeln und hinter diesem Kopf eine sehr junge Frau verbarg, die in den Vereinigten Staaten geliebt und akzeptiert werden wollte.

Dr. Renee Richards, eine praktizierende Augenärztin und frühere Tennisspielerin, fing 1981, nach der vernichtenden 6–0, 6–0 Niederlage gegen Chris Evert auf Amelia an, Martinas Spiel systematisch wiederaufzubauen. Fast drei Jahre arbeitete Dr. Richards mit Martina an ihren Schlägen, an ihrer Taktik und ihrer Kondition. Allerdings hatte Renees Sexualität schon seit Jahren bei vielen Spielerinnen Anlaß für Kontroversen gegeben. Renee wuchs als Mann auf und unterzog sich dann im Alter von vierzig Jahren einer Geschlechtsumwandlung. Nach der Operation spielte sie als Frau weiter. Als Mann war Richard ein guter Spieler auf Vereinsebene und versuchte jetzt, eine Karriere im Profitennis der Frauen anzufangen. Sie wurde 1976 zu den »U.S. Open« nicht zugelassen, weil sie sich weigerte, sich einem Chromosomentest zu unterziehen. Nachdem ein Berufungsgericht die Entscheidung widerrief, spielte sie 1977 in den »U.S. Open«. Sie arbeitete sich bis auf Platz 14 in der Welt vor.

Diese Umstände fachten das Feuer, daß wegen Martinas Lebenswandel sowieso schon loderte, nur noch mehr an, und es machten lächerliche Gerüchte die Runde, Martina sei vormals auch ein Mann gewesen. Niemand hat allerdings in Frage gestellt, daß Renee eine außergewöhnlich gute Freundin und Trainerin für Martina war, die ihr half, 1983 ihren ersten Titel bei den »U.S. Open« zu gewinnen.

Martina hatte (wenigstens für eine Weile) endlich ein ideales Team zusammengestellt, angeführt von Trainer Mike Epstep und gefolgt von Nancy Lieberman. Sie wurde durch Nancys Führung die Nummer Eins in der Welt, es gelang ihr, diese Position zu behaupten, und sie wurde mit jedem Jahr stärker. Aber vielleicht wurde Nancy zu anmaßend, als sie versuchte, Martina in eine Spielerin zu verwandeln, die nichts mit Martinas instinktiven Anlagen zu tun hatte. Vorschläge, die Lieberman machte, und von denen Martina einmal gedacht hatte, sie seien produktiv, schienen jetzt nicht mehr angebracht. Es war Zeit, sich weiterzuentwickeln.

Martina hatte eine Rekordserie, mit insgesamt dreiundsiebzig aufeinanderfolgenden Siegen und blieb fünf Jahre die unangefochtene Nummer Eins, bevor sie 1987, als sie nur viermal gewann, auf den zweiten Platz abrutschte. Zwei dieser Siege waren allerdings »Grand Slam«-Siege: die »U. S. Open« und »Wimbledon«. Martina wollte unbedingt wieder die Nummer Eins werden, aber Steffi Graf hielt die nächsten drei Jahre an dieser Plazierung fest.

Im Februar 1989 sagte Martina: »Ich bin davon überzeugt, daß ich immer noch nicht mein bestes Tennis gezeigt habe. Mein Technik ist besser als jemals zuvor. Mein Betreuer (Craig Kardon) hat an meinem Aufschlag gearbeitet, hat mich langsamer gemacht. Vorher bin ich einfach rübergegangen und habe den Ball aufgeschlagen. Der Aufschlag ist der einzige Teil des Spiels, den man kontrollieren kann, also sollte man da nichts übereilen.« Aber Martinas Aufschlag war nicht wirklich das Problem. Es war ihr Kopf. »Ich habe zuviel über alles nachgedacht«, gab sie zu, »während der Ball auf mich zukam, habe ich vielleicht an drei verschiedene Schläge gedacht. Ich muß mein Spiel vereinfachen und nur an einen Schlag denken, anstatt frühzeitig zu entscheiden, wo der Ball hingehen soll und dann meine Meinung zu ändern.« Martinas Problem bestand nicht nur darin, daß sie zuviel überlegte, sondern, daß sie zu sehr auf Ablenkung und Kritik reagierte. Sie war der Erniedrigung ausgeliefert, als Nummer

Eins oder Zwei in der Welt fast keine Werbeverträge angeboten zu bekommen. Männer riefen ihr von der Tribüne Beleidigungen wie »Martina ist in Wirklichkeit ein Mann« zu. Geld und Freunde haben sie nie wirklich vor ihren Kritikern, die ihren aggressiven Stil und ihre muskulöse Erscheinung abstoßend finden, schützen können.

Jahrelang hat das Publikum, ob nun naiv oder voreingenommen, Martinas offene und ehrliche Art nicht honoriert. »Ich glaube, Männer fühlen sich besonders von mir bedroht, weil ich muskulös bin, weil ich stark bin und weil ich aggressiv bin«, hat Martina einmal gesagt. Sie fühlte sich mißverstanden. »Ich werde das nie verstehen. Die Presse stellt mir Fragen, ich antworte, aber am nächsten Tag werde ich als arrogant, gehässig oder wehleidig hingestellt.« Diese demoralisierenden Umstände begannen, ihre Wirkung auf Martina zu zeigen und machen verständlich, warum sie manchmal distanziert und unnahbar wirkte und Anerkennung brauchte. Es zog sie zu Leuten mit positiver Energie, die sie anzapfen konnte.

Allerdings zog es sie auch wieder weiter, wenn sie eine neue Energiequelle gefunden hatte. Wenn Martina weiter zieht, macht sie es schnell. Spiel, Satz und Sieg – dann ist alles vorbei. Was auch immer ihr es möglich gemacht hatte, ihr Heimatland zu verlassen, hat seine Spuren in ihrem Privatleben hinterlassen. Glaubt man jenen, die mit ihr zusammenwaren, dann konnte sie sich, von einer scheinbar ernsthaften Beziehung auf die nächste einlassen, ohne mit der Wimper zu zucken. Die Freunde, die entsetzt waren über diese Fähigkeit, die Vergangenheit hinter sich zu lassen, hätten dieses Verhaltensmuster eigentlich vorhersehen müssen. Martina ist extrem verwundbar, und sobald ihr das Herz gebrochen wird, verbirgt sie ihren Schmerz sehr schnell. Dieses Verhalten war in der Not geboren, aber sie änderte es nicht, um in der Öffentlichkeit überleben zu können.

Leben auf Tennisturnieren
(Das Mädchen für alles und der Champion –
Ein Leben aus Koffern)

Zack! Martina haute ein letztes Mal auf die große Sporttasche, damit auch alles reinpaßte. Sie nahmen auf ihren
Reisen immer ihr Federbett, ein Deckbett und ihre Kissen
mit. Es war ein Ritual bei den beiden, das sich jedesmal wie-
derholte, wenn sie alles einpackten und in die nächste Stadt
der Tennistour zogen. Dort begann dann alles wieder von
vorne, sie packten die große Tasche wieder aus, und zum
Vorschein kamen das Federbett, das Deckbett und ihre Kissen. Sie legten dann das Federbett auf die Matratze, zogen
das Deckbett drüber, schlugen die Kissen auf und krabbelten
ins Bett. Auf diese Weise konnte Martina jede Nacht auf
derselben Unterlage schlafen und den Geruch ihrer eigenen
Bettwäsche einatmen. Das war wichtig, bedenkt man, daß sie
und Judy das ganze Jahr unterwegs waren und daß Martina
in gewisser Weise ein Millionenunternehmen war, das körperlich und gefühlsmäßig so fit wie möglich gehalten werde
mußte. Kein Wunder also, daß sie und Judy ihr eigenes
Bettzeug mitnahmen und sich mit den Annehmlichkeiten
von zu Hause umgeben wollten.
»Es hört sich vielleicht so an, als wäre es ein großer Akt gewesen, das Bettzeug mit herumzuschleppen, aber wir machten es uns einfach«, meint Judy lachend, als sie vom ewigen
Packen erzählt. »Wir mußten beide mit anfassen, um die Luft
aus den Dingern rauszupressen. Zuerst haben wir es auf dem
Bett versucht, dann saßen wir auf dem Boden und haben
versucht, sie zusammenzurollen. Wir preßten den Großteil
der Luft heraus und kriegten sie so glatt, daß sie jetzt in die
Sporttasche passen würden. Aber sobald wir sie aufhoben,
um sie zusammenzufalten, plusterten sich die Federn wieder

auf. Wir machten uns über die Decken her, standen und saßen auf ihnen – und schließlich lachten wir uns über uns selber kaputt. Wir waren beide wie die kleinen Kinder.«

Das Leben aus Koffern war alles andere als reizvoll oder einfach und machte diese albernen Augenblicke zu wertvollen Momenten in einem Leben, das sonst von Geschäftsentscheidungen, logistischen Alpträumen und unglaublichem Druck geprägt war, wobei Martina sich auch noch darauf konzentrieren mußte, die Nummer Eins in der Welt zu bleiben.

Peter Johnson, von der Firma »International Managing Group«, war lange Zeit ihr Manager gewesen, aber jetzt übernahm Judy die Aufgabe, Martina und ihr Gefolge wochenlang von A nach B zu dirigieren. »Martina spielt am besten, wenn sie an nichts anderes als an Tennis denken muß«, riet Johnson Judy. »Wenn sie durch tausend verschiedene Sachen abgelenkt wird, spielt sie schlecht.« Selbstverständlich wurde von Martinas Begleiterin erwartet, daß sie sicherstellte, daß Martina ihr Ziel im Auge behalten konnte und so wenig wie möglich gestört wurde.

»Nach ein paar Monaten auf Reisen wurde ich immer besser und wußte, was ich Martina wann sagen konnte«, erinnert sich Judy. »Peter rief aus Cleveland an und brauchte Anweisungen in geschäftlichen Fragen, und es war meine Aufgabe, die entscheidenden Leute zu erreichen oder zu warten, bis Martina sich einen Tag erholt hatte, um sie dann zurückrufen zu lassen. Wir kannten uns schon nach kürzester Zeit sehr gut, und sie traute mir zu, diese Anrufe, soweit möglich, selbst zu beantworten, ohne sie damit zu belästigen. Meistens sammelte ich die Dinge und versuchte, zwischen den Turnieren den richtigen Moment abzupassen, um mit ihr darüber zu sprechen, so daß sie sich immer im klaren darüber war, wie sich alles entwickelte. Außerdem war ich Kontaktperson zwischen Martina und der Presse.

»Leider hatte dieses ständige Warten auf den richtigen Augenblick auch Auswirkungen auf unser Gefühlsleben«, erklärt Judy. »Ich wollte sie nicht mit den Problemen, mit denen ich mich jeden Tag herumschlug, ablenken, oder mit den emotionalen Schwierigkeiten, mit denen ich zu kämpfen hatte, belästigen. Das hatte ich mir fest vorgenommen. Ich wollte nicht, daß sie sich um irgend etwas anderes als Tennis Gedanken machen mußte. Diese Art von Zielstrebigkeit macht eine erstklassige Tennisspielerin aus, läßt aber viel zu wenig Zeit für eine Beziehung. Ich kann mich wirklich nicht schnell genug umstellen. Martina konnte das viel besser. Sie konnte sich jederzeit auf eine neue Herausforderung einstellen. Man muß allerdings bedenken, daß wir alles taten, um es ihr leichtzumachen. Wir paßten den Zeitplan ihren Bedürfnissen an und konfrontierten sie mit den geschäftlichen Angelegenheiten zum richtigen Zeitpunkt. So weit ich das beurteilen kann, ist das immer so gewesen, solange jemand mit Martina zusammenlebte. Die andere Person war dann immer zuständig für die ganze Kleinarbeit. Es wurden zwar andere Leute eingestellt, die die Anweisungen ausführten, aber diejenige, mit der Martina lebte, stand an der Spitze des Unternehmens. Das schien solange gut zu funktionieren, bis eine von uns beiden die Verantwortung leid wurde oder sie vernachlässigte.«
In Martinas Welt war das Leben aus Koffern immer hektisch und stressig. Zum Beispiel mußten die Reisevorbereitungen, wenn möglich, schon zwei oder drei Monate vorher getätigt werden, damit sowohl die Hunde von Martina und Judy, die immer mitreisten – untergebracht werden konnten als auch die Helfercrew, die immer größer zu werden schien, je älter und erfolgreicher Martina wurde. Alle wurden als Teil einer großen Familie betrachtet und funktionierten dementsprechend als Einheit. Oft mußten diese ausgeklügelten Pläne auch in letzter Minute wegen

unvorhersehbarer Probleme wie schlechtem Wetter oder Verspätungen geändert werden.

»Mußte ich einen Flug von Sonntag auf den nächsten Morgen umbuchen, erfuhr ich, daß Martinas kleinster Hund, K. D., auf diesem Flug nicht mitreisen könnte. Ein anderer Passagier hatte seinen Hund bei sich, was für uns bedeutete, daß K. D. wegen der strengen Reisevorschriften, die mehr als einen Hund verboten, nicht mit uns an Bord reisen konnte. Ich mußte also eine andere Route buchen und alle Tickets ändern lassen. Das hieß wiederum, daß Martina verspätet zum nächsten Turnier anreisen und daß das Auto, das uns abholen sollte, nicht da sein würde. Die Leute, die Martina erwarteten, würden enttäuscht sein, weil sie die lange im voraus zugesagten Veranstaltungen nicht würde einhalten können, Hotelreservierungen mußten umgebucht werden. Martina lief direkt auf den Platz, um mit dem Spiel zu beginnen, während ich mit den freiwilligen Helfern sprach und mich für unsere Verspätung entschuldigte. Diese Leute hatten wochenlang für ein Turnier gearbeitet und würden jetzt keine Zeit mit Martina verbringen können. Sie waren enttäuscht, und meine Aufgabe war es, sie wieder aufzumuntern.«

Sobald Judy und Martina angekommen waren und sich eingelebt hatten, änderte sich während eines Turniers am Tagesablauf der beiden kaum noch etwas. Jeden Tag wurde zur selben Uhrzeit gefrühstückt: Es gab gekochte Haferflocken, die aber nicht zu weichgekocht sein durften. Beim Frühstück waren sie meist zu zweit. »Als ich zu Martina stieß, war sie mit ihrem Essen sehr eigen«, erinnert sich Judy. »Wir versuchten möglichst ein Haus mit einer Küche zu mieten, wo ich oder irgend jemand anderes aus unserem Kreis kochen konnte. Oft hatten wir damit Erfolg. Wir nahmen meistens einen Großteil unserer Nahrungsmittel mit, doch wenn wir in eine neue Stadt kamen, bestand unsere Hauptaufgabe darin, den besten Bioladen vor Ort zu finden. Martina glich einer gut geölten Maschine, und Nahrung war einfach wichtig, damit die Maschine reibungslos funktionieren konnte. Wir nahmen unsere Mahlzeiten alleine in unserem Haus oder in unserem Hotel zu uns. Wir gingen nicht oft aus, weil das Essen nicht gesund genug war und weil die Leute Martina direkt erkannten, sie ansprachen oder ein Autogramm von ihr haben wollten. Es war eben einfacher, wenn ich kochte.«

In den Hotels gab Judy die Vorräte mit strengen Anweisungen an den Koch weiter. Manchmal funktionierte das sehr gut, doch meistens endete es in mittleren Katastrophen; die Köche verloren die Anweisungen, wenn die Schicht wechselte, oder sie verwendeten statt der zugewiesenen ihre eigenen Zutaten, obwohl sie doch eindeutige Anweisungen bekommen hatten.

»Eines Abends brachten wir eine Wochenration Haferflok-ken runter in die Küche und erklärten dem Koch, wie er sie zu kochen und wann er sie zu servieren hätte. Um acht Uhr, am nächsten Morgen, kam ein junger Mann an die Zimmer-tür, und ich ließ ihn herein, damit er das Frühstück anrichten konnte. Als Martina sich setzte, um ihren Haferbrei zu essen, verzog sie das Gesicht und sagte dem Kellner: ›So sind die nicht richtig. Gehen Sie wieder zurück und kochen Sie mir neue.‹ Nur hatte der Koch schon die ganze Ration vorge-kocht; zwei Bottiche, voll mit Haferbrei, standen neben dem Frühstückstisch auf einer Heizplatte. Die nächste Stunde habe ich also damit verbracht, ein weiteres Pfund Hafer-flocken aufzutreiben und dem Koch liefern zu lassen. Beim nächsten Mal haben sie es in der Küche dann hingekriegt!«

Martina war nicht immer so tyrannisch, wenn es ums Essen ging. Manchmal langten die beiden auch schon mal bei Junk Food zu. Das geschah meistens an Flughäfen, wenn sie zum nächsten Ort flogen. Hier verschlangen sie Hot Dogs und

»Dr. Peppers«. Martina trank nur selten Limonade, aber ihr war klar, daß sie ab und zu eine Pause von ihrer strengen Diät machen mußte. Entbehrungen waren wirklich nicht ihr Ding, und sie versäumte höchst selten eine Mahlzeit. Sie kehrte allerdings nie wieder zu den frühen Tagen zurück, als sie Junk Food für den American Way of Life hielt.

Bald hatte sich Judy an die Zwänge dieses Lebens aus Koffern gewöhnt, aber sie brauchte und wollte mehr Zeit mit der Frau verbringen, die sie liebte und schätzte. Ihre Liebesbeziehung wurde durch das ewige Herumreisen eingeengt, und die äußeren Einflüsse frustrierten sie zunehmend. Das Leben war einfach nicht so spontan und natürlich, wie sie gehofft hatte. »Manchmal brach ich einfach zusammen und sagte: ›Martina, ich habe wirklich das Gefühl, daß alles um uns herum zu schnell passiert und daß wir wieder ein bißchen allein sein müßten.‹ Sie war immer schon phantastisch gewesen, wenn es darum ging, alles stehen und liegen zu lassen, sich hinzusetzen und zu reden. Sie gab mir dann das Gefühl, geliebt zu werden und etwas Besonderes zu sein. Darin war sie wunderbar wenn sie denn die Zeit und die Kraft dazu hatte.«

Trotzdem, so sehr sich die beiden auch anstrengten, Zeit für sich zu finden – sie gerieten immer wieder mit Martinas Terminkalender in Konflikt, der so unbarmherzig und unflexibel war, daß es kaum zu glauben war. Tennis war eben nicht einfach nur ein Spiel, sondern es war ihr Leben geworden. Sie war sowohl ihrem Sport als auch den großen Firmen, die sie sponsorten, verpflichtet. Zwischen den Turnieren reisten Judy und Martina an die verschiedensten Orte, um vertragliche Verpflichtungen zu erfüllen. »Sie stand den Firmen eine Anzahl von Tagen im Jahr zur Verfügung, und die konnten sich die Tage aussuchen, wie es ihnen paßte«, erklärt Judy. »Gewöhnlich war es ein Phototermin für die Werbung im kommenden Jahr, aber es mußten auch neue

Schläger, neue Socken und neue Schuhe getestet werden. Und sie mußte die Vorstandsmitglieder der Firmen treffen, als deren Sprecherin sie auftrat, ihnen kurz die Hand geben, um zu kontrollieren, ob sie immer noch mit ihr zufrieden waren. Yonex, ihr langjähriger Tennisschläger-Sponsor, wollte, daß sie mit dem neuen Schläger spielte, doch sie wollte nicht wirklich wechseln. Sie war reich und mächtig und konnte für gewöhnlich mit ihnen über ein neues Produkt verhandeln. Über die Termine ließen sie allerdings nicht mit sich verhandeln – in dieser Hinsicht war sie ihnen verpflichtet. Und all das hielt sie von zu Hause fern.«

Judy spricht liebevoll von der wenigen Zeit, die ihnen fern der Sportwelt zum gemeinsamen Entspannen und für die Ferien blieb. Es war im Frühling 1987, kurz vor den »Italian Open«, als sie Urlaub in Venedig machten. »Wenn wir in Europa blieben und nicht in die Vereinigten Staaten zurückfliegen würden, um die Jungs und die Tiere zu sehen, konnten wir uns ein paar Tage freischaufeln, bevor ein langer Sommer in England beginnen würde. Seit der Zeremonie von Brisbane, vor drei Jahren, hatten wir keine Zeit gehabt, uns zu entspannen und unseren Bund zu feiern. Also entschieden wir uns, in Venedig zu bleiben und genau das zu tun – unseren Treueschwur zu erneuern. Keiner von uns war vorher in Venedig gewesen, und so erlebten wir alles zum ersten Mal – die Stadt, die Kanäle, das Essen – wie herrlich ist das alles gewesen! Und wir waren alleine. Keine Trainer, keine Betreuer und keine Familie. Nur wir beide.

»In Venedig machten wir dasselbe wie in Brisbane. Wir gingen eines frühen Morgens in eine Kirche, schritten zum Altar und erneuerten unsere Treueschwüre. Als wir heraustraten, läuteten wieder die Glocken. Wir konnten es partout nicht glauben. Ich hatte heimlich eine Kopie von dem Schlüsselanhänger gemacht, den ich in Brisbane als Ehering verwendet hatte, nur daß er jetzt aus Gold war. Ich streifte ihr den Ring auf den Finger und so erneuerten wir unseren Bund.«

Judy vermerkte das Ereignis mit einem großen Herzen in ihrem Kalender. Vier Tage später fuhren sie nach Monte Carlo, wo Martina einen Schaukampf bestritt, und so konnten sie zwischen den »Italien Open« und den »French Open« die zwei romantischsten Städte der Welt genießen. »Die Ferien waren zwar kurz, aber voller Bedeutung. Es war eines der wenigen Male, wo wir vollkommen alleine waren.«

Sobald sie wieder unterwegs waren, versorgte Judy Martinas Fans, während Martina damit beschäftigt war, zu trainieren und sich für das nächste Turnier aufzuwärmen. Diese Menschen fühlten sich wohl bei Judy, und ihr selbst machte es Spaß, sich mit ihnen zu unterhalten, wenn sie Zeit hatte. »Ich fühlte mich Martinas Fans kameradschaftlich verbunden; besonders, weil ich wußte, daß Martina nicht viel Zeit für sie hatte. Sie verstanden das nicht und werden es wohl auch nie verstehen. Wenn sie Zeit hat, dann ist sie reizend und wunderbar. Aber wenn sie keine Zeit hat, hat sie eben keine Zeit. Ich war verläßlicher – ich war nicht den einen Tag freundlich und den nächsten kaltherzig. So bin ich nun mal. So ist meine Familie; so sind wir eben. Wenn ich mich auf dich einlasse und ich dich als Mensch schätze, dann bleibt das immer so. Ich bin so erzogen worden. Ich sehe die warmen und die spröden Eigenschaften der Spieler, aber ich weiß, es kommt daher, daß sie in Gedanken immer bei mehren Dingen gleichzeitig sein müssen. Martinas Fans haben das nicht immer verstanden. Sie fühlten sich verletzt. Wenn sie an einem Tag mit ihnen sprach und am nächsten einfach an ihnen vorbeischaute, dann nahmen sie das persönlich, aber sie meinte es nicht wirklich so.«

Die Fans waren Martina treu ergeben. Einige kamen sogar aus den Vereinigten Staaten nach Wimbledon angereist, um sie spielen zu sehen. Konnten sie sich die Eintrittskarten nicht leisten, so warteten sie in langen Schlangen, übernachteten in ihren Autos oder in Zelten, in der Hoffnung, wenigstens noch eine Stehplatzkarte zu ergattern. Wenn es regnete, was in den vierzehn Tagen von Wimbledon sehr wahrscheinlich war, hockten sie mit aufgespannten Regenschirmen um die mitgebrachten Fernseher herum. Judy und ihre Mutter versuchten immer, einige Fans mit hineinzuschleusen, aber selbst für Martina und ihre Familie gab es jeden Tag nur eine bestimmte Anzahl von Karten. Judy erinnert sich, wie Bales Mitleid mit ihnen hatte. »Sie taten ihm leid, er brachte ihnen Sandwiches und Tee zu den Zelten herüber. Manchmal besuchte er dieselben Leute zwei oder drei Jahre hintereinander.«

Judys Eltern blieben die meiste Zeit des Jahres zu Hause, aber wenn die »Grand Slam«-Turniere anstanden, fuhren sie oft zu Martina und ihrer Tochter. Sarge machte Besorgungen und kümmerte sich um die Hunde, während Frances kochte und putzte, damit Judy mehr vom Turnier hatte. Nach den Turnieren in Europa war es an Sarge und Frances, das ganze Gepäck, was sich bei Martina und Judy angesammelt hatte, zurück in die Staaten zu bringen. Sie nahmen es Judy und Martina ab, damit die beiden unbeschwert ihren jährlichen Urlaub auf Antigua antreten konnten. Dort trafen sie auf Eddie und Bales, die mit ihren besten Freunden, Dru und Michael, schon dort waren. Sie verlebten eine wunderschöne Zeit zusammen – die ganze Familie an einem Ort, sonst nichts, nur Judy, Martina und die Kinder.

Sarge und Frances wohnten mit Judy und Martina zusammen, um Bales und Eddie ein stabiles Zuhause bieten zu können. Sie waren immer für die beiden Jungen da und hielten das Familienleben aufrecht, während Judy mit Martina unterwegs war. Wenn Judy und Martina zurückkamen, hatte Ma die Wäsche schon gewaschen und zusammengelegt, das Haus war tipptopp in Ordnung, die geschäftlichen Angelegenheiten waren geregelt – alles, damit sie heimkommen konnten, so, als wären sie überhaupt nicht fort gewesen.

Wo sie sich auch aufhielt, Judy stand jeden Tag mit ihren Söhnen in Kontakt. »Sie brauchten doch von mir dieselbe Aufmerksamkeit wie vorher, und ich mußte – und wollte – auf ehrliche Art und Weise an ihrem Leben teilnehmen. Sie faxten mir ihre Hausaufgaben, damit ich sie korrigierte und wenn sie bei ihren Aufsätzen Hilfe brauchten, war ich immer für sie da. Natürlich sprachen wir zuerst über die Hausaufgaben, aber das war nur ein kleiner Teil ihres Lebens. Eigentlich riefen sie mich an, um mit mir über ihre Freundinnen, den Sport und andere Erlebnisse zu sprechen. Sie brachten mich zum Lachen. Mir machte es Spaß, über ihre Probleme zu reden und mit ihnen Lösungen zu finden. Sogar die Hausaufgaben per Fax machten Spaß. An Schultagen waren wir eine getrennte Familie, aber an den Wochenenden waren wir meistens zusammen. Es war nicht immer leicht, aber wir schafften es. Ich war wie Martinas Achse, und es hing von mir ab, ob sich ihre Räder drehten. Martina war abends erschöpft und in dem Moment, wo wir uns zum Essen setzen wollten, rief garantiert einer der Jungs an. Ich wurde immer hin- und hergerissen – aber irgendwie hielt ich sowohl für Martina als auch für die Jungs die Dinge am laufen.«

»Bales war öfter bei uns als Eddie«, fährt Judy fort. »Er liebte es, bei den Spielen dabeizusein, und ich war überglücklich, ihn dabeizuhaben. Ich plante immer, ihn am Flughafen abzuholen, aber dann brauchte man mich häufig in letzter Minute doch noch beim Turnier oder wir waren noch gar nicht am Ort angekommen. Also fuhr ein Volontär los, ihn abzuholen. Er war noch jung und reiste alleine; ich machte mir Sorgen um ihn und war immer erleichtert, wenn er endlich da war.« Sobald Eddie oder Bales zu Wettkämpfen kamen, genossen sie es so richtig, bei ihrer Mutter und Martina zu sein. Sie blieben bei Judy, solange Martina trainierte und warteten dann gemeinsam mit dem Essen auf sie.

In frühen Jahren reisten Martinas Betreuer, Mike Epstep und seine Frau, mit ihnen. Aber zwei Jahre, nachdem Judy auf den Plan getreten war, ersetzte Martina Mike durch eine neue Betreuerin, Randy Crawford, und den Trainer Joe Breedlove. Nach Randy stellte Martina Tim Gullickson ein und schließlich engagierte sie Craig Kardon als ihren Betreuer. Zählt man noch den Augenarzt und die Masseuse dazu, kombiniert sie mit einem von den oben Erwähnten und ergänzt sie durch ein paar Freunde und Familienmitglieder, dann hat man, was die Öffentlichkeit »Martinas Team« nannte.

Gegen Ende ihrer Beziehung mit Judy hatte Martina Schwierigkeiten, »Grand Slam«-Turniere zu gewinnen und stellte den Sporttherapeuten Jim Loehr ein, damit er ihr durch die Spiele half. Sie war in der Rangliste hinter Steffi Graf auf Platz Zwei zurückgefallen und schien nicht in der Lage, das Unentschieden zwischen ihr und Helen Wills Moody, die zwischen 1927 und 1938 einen Rekord mit acht Wimbledonsiegen aufgestellt hatte, zu brechen. »Ich habe sie, was ihre Karriere anging, nie wirklich beraten, aber ich habe ihr geholfen, sich auf die Sachen zu konzentrieren, die sie erreichen wollte«, erzählt Judy. »Ich konnte die richtigen Fragen stellen, so daß Martina dann die Antworten für sich finden konnte. Manchmal brauchte sie ihre ehemalige Trainerin Nancy Lieberman (selbst eine professionelle Athletin) zum Trainieren, denn sie wußte, wie man Martina anspornen konnte. Manchmal benötigte sie Dr. Renee Richards, ihre ehemalige Betreuerin, eine brillante Strategin und bekannte Augenchirurgin, die sanft mit ihr umging und ihr half, ihr Selbstvertrauen aufzubauen. Eines Tages, nach einer langwierigen Besprechung, entschied Martina, daß sie die Hilfe von jemandem benötigte, der *wirklich* wußte, wie man sich fühlt, wenn man Wimbledon gewinnt. »Es kam eigentlich keine andere in Frage, als Billie Jean King, die sie für den Wettkampf, den sie mehr als alles andere im Leben gewinnen wollte, trainieren konnte: ein neunter Sieg in »Wimbledon«, der den Rekord einstellen würde.

»Billie Jean und ich waren befreundet, sie liebte meine Eltern, nannte sie Ma und Biggs«, erzählt Judy weiter. »Wir trafen Billie Jean manchmal in Chicago, aber Billie kam des öfteren auch nach Texas, wo Martina auf Tennisplätzen in der Nähe unseres Hauses in Fort Worth trainierte.«

Billie Jean erinnerte Martina daran, daß Tennis ein Spiel war, daß sie anfänglich einmal mit Freude gespielt hatte. Sie half ihr, den Spaß am Spiel wiederzuentdecken und das Feuer in ihr erneut zu entfachen. Sie rief ihr »heb' Füße, Martina!« zu, damit sie daran erinnert wurde, sich mit schnellen, kleinen Schritten zu bewegen, wie sie es vor Jahren auch getan hatte. Martina mußte sich jetzt auf ihren Bewegungsablauf konzentrieren, weil sie nicht mehr so schnell von der Stelle kam. Billie Jean zerlegte die Schläge in ihre einzelnen Phasen, die sie sich immer wieder vornahmen. Martina war eine so natürliche Tennisspielerin, daß sie nur an ihrer Einstellung und Spieleinteilung arbeiten mußte. Billie Jean war überhaupt nicht mit Martina zufrieden. Sie wußte, daß sie einen stärkeren Aufschlag brauchte, der regelmäßiger kam und arbeitete deshalb ständig an Martinas Schlägen, damit sie ihre jüngeren Konkurrentinnen besiegen konnte. Judy, Billie Jean und Craig Kardon waren ein Teil des Teams, das Martina helfen sollte, diesen scheinbar unerreichbaren, neunten Titel zu gewinnen, nach dem sie sich sehnte.

Unterdessen verlegten Judy und Martina alles (bis auf ihr Büro und ihr Haus am See) von Texas nach Aspen, wo sie sich gerade ihr Traumhaus bauten. In Starwood bezogen sie eine Zwischenlösung. Aspen war für beide der perfekte Ort. Sie waren von Tennisspielern umgeben, die das Training in klarer, sauberer Bergluft genossen. Martina war nur eine von vielen berühmten Persönlichkeiten in dieser Stadt, in der man die Privatsphäre noch achtete. Chris Evert und Andy Mill lebten nur ein paar Minuten entfernt.

In ihrem Element auf einem Streifzug in Aspen: Martina und Judy auf ihren Pferden.

Während das Haus gebaut wurde, beauftragten Judy und Martina zwei Freunde auf der Ranch, die sie bauten, nach dem Rechten zu sehen und sich um die Pferde zu kümmern. Die Scheune war gebaut, und das Haus machte Fortschritte. Judy arbeitete mit IMG (Martinas Management Firma) zusammen, die mit der Projektleitung betreut war. »Wir verbrachten jeden freien Moment in Aspen entweder mit Ski laufen oder in Beratungen mit Architekten, tief über die Pläne unseres Traumhauses gebeugt – dem Ort, wo wir uns zur Ruhe setzen, skilaufen, reiten und unsere Memoiren schreiben würden.«

Selbstauslöser: Judy und Martina, Dezember 1986.

Heiligabend 1986 auf dem Gipfel von Aspen Mountain: Roy Channer, Judy, der Weihnachtsmann und Martina.

Steigende Spannung

Am Samstag, den 8. Juli 1990 erreichte Martina im Finale von Wimbledon den Gipfel ihrer Karriere. Sie besiegte Zina Garrison auf dem »Centre Court«, gewann den neunten Titel im Einzel und durchbrach damit das Unentschieden mit Helen Wills Moody. An diesem für England überraschend sonnigen Nachmittag wurde Martina der Champion aller Champions, die beste Tennisspielerin, die jemals einen dieser unberechenbaren, herausfordernden Rasenplätze betreten hat. Sie holte sich mit viel Hingabe und Geschick – und ein bißchen Glück den renommiertesten Titel der Welt, denn ihre Auslosung wurde ihr durch Zina Garrisons Siege über den aufstrebenden jungen Star, Monica Seles, und die an Nummer Eins gesetzte Steffi Graf leichter gemacht.

Martina war in Hochstimmung nach Wimbledon gekommen, beflügelt durch ihren ersten Besuch in der Tschechoslowakei nach dem Fall des Kommunismus, dem zweiten Besuch in ihrer Heimat überhaupt seit ihrer Flucht 1975. Der Unterschied zu ihrer ersten Heimkehr 1986, als sie die Vereinigten Staaten zum Sieg im »Federation Cup« anführte und ihrem zweiten Besuch 1990 war bemerkenswert. Innerhalb von nur vier Jahren war sie von der ehemaligen »Un-Person« zu einer nationalen Heldin des Sports aufgestiegen. »Der KGB folgte uns überall hin«, erinnert sich Judy an ihren ersten Besuch. »Und niemandem war es erlaubt, Martinas Namen auch nur in den Mund zu nehmen.« Als sie ihr Spiel gegen Hana Mandlikova, einer anderen Tschechin, bestritt, stellte der Ansager, dem politischen Protokoll folgend, Martina als »eine gut plazierte Spielerin aus den Vereinigten Staaten« vor. Mandlikova, Martinas mutige Gegnerin, obwohl selbst Tschechin, weigerte sich solange zu spielen, bis man Martina mit vollem Namen vorstellte. Sie schmiß ihren Schläger auf den Boden und ermutigte die Zuschauer, Druck auf den Ansager auszuüben, und die Menge jubelte, als Martina Navratilovas vollständiger Name endlich über Lautsprecher angesagt wurde. Durch diesen Empfang wurde klar, daß es für die Herzen und Hoffnungen der Leute ein leichtes war, die Mauern, die die Regierung zwischen ihnen und Martina aufbaute, zu durchbrechen. Sie hatte ihre Freiheit, und sie hatten sie nicht. Sie applaudierten nicht nur der großen Tennisspielerin, sondern auch dem, für das sie stand: der Freiheit.

Der zweite Besuch fand zwischen den »Italian Open« und dem Turnier in Pelkington Ende April statt. In Prag und Revnice wurden Judy und Martina von den strahlenden Einwohnern mit revolutionärem Optimismus begrüßt. Die kommunistische Regierung war gerade erst abgesetzt worden. Bereits Wochen zuvor waren die Straßen voll mit mutigen Männern und Frauen, die bereit waren, für ihre Sache zu sterben. Dies war der Beginn einer neuen Ära, die endlose Zeit der Unterdrückung durch die kommunistischen Machthaber war vorbei, und die Leute waren erpicht auf ihre Freiheit und sprachen offen über ihre politischen Ansichten. Überall in Prag fanden sich Symbole dieser Revolution: Denkmäler wurden zu Ehren der neuen Helden aufgestellt, und auf dem Wenzelsplatz wurden jeden Tag Blumen für die Toten, die in den Straßen erschossen worden waren, niedergelegt. Die Menschen wandten sich an Václav Havel, einem Schriftsteller und Dramatiker, der schon bald den Übergang vom Kommunismus zum Kapitalismus mit freien Wahlen anführen würde. Das neue Gefühl der Freiheit konnte man in den Gesichtern der Leute ablesen. Die bittere Wirklichkeit der finanziellen Schwierigkeiten und der möglichen Spaltung des Landes war noch Monate entfernt.

Vor Jahren war Martinas Name aus den offiziellen Listen gestrichen worden, als man sie nämlich zur Verräterin – zur »Un-Person« abstempelte. Doch jetzt war ihr Name rehabilitiert worden, und ihr Bild hing an den Wänden der Sportvereine. Sie eroberte sich noch einmal die Anerkennung als Frau mit großen Verdiensten in der tschechischen Sportgeschichte. Jetzt konnte sie kommen und gehen, wann sie wollte; die negativen Konsequenzen ihrer Flucht in den Westen wurden durch eine Amnestie der neuen liberalen Regierung aufgehoben. Ihre tschechischen Landsleute konnten sie jetzt übers Fernsehen in vielen Spielen sehen und lernten damit im nachhinein auch ihre bewundernswerte Karriere kennen, die ihnen zuvor durch ihre Regierung soweit wie möglich vorenthalten worden war. Es war eine besondere Zeit für Martina, und irgendwie schien ihr selbstauferlegtes Aushängeschild der »Ex-Tschechoslowakin« auf einmal alt und verstaubt. Wie viele von uns, machte sich auch Martina die Idee eines Zusammenschlusses der Weltwirtschaft und der Kulturen zu einer stärker vereinigten Welt zu eigen, die durch die verschiedensten Ansichten und Werte bereichert wird.

Martina und Judy trafen Havel bei einem Besuch in der Burg, in der die Büroräume des Präsidenten lagen. Sie sahen ihn, als sie gleichzeitig mit ihm ein nahegelegenes Restaurant zum Mittagessen aufsuchten. Umringt von Leibwächtern stellte man sich gegenseitig vor. Havel lud Martina dann ein, auf einer Kundgebung, anläßlich des sechsmonatigen Jubiläums der sanften Revolution zu den Leuten auf dem Wenzelsplatz zu sprechen. Tausende erwarteten sehnsüchtig diesen Moment und Martina hatte die Chance, direkt zu ihren Landsleuten zu sprechen. Ein überwältigendes Ereignis. Vom Balkon aus sprach sie in ihrer Muttersprache zu mehr als 200 000 Landsleuten. Sie jubelten und hießen sie zu Hause willkommen, und als sie zu ihnen sprechen wollte, zögerte sie einen

Moment und sagte: »Mir verschlägt es die Sprache. Wenn ich fortfahre, fange ich an zu weinen.« Sie hatte ihren berechtigten Platz in der Sportgeschichte eingenommen und sprach jetzt zu den Kriegern der sanften Revolution.

Judy mit Martinas Eltern in Deutschland: Martina, Judy, Schwester Jana, Vater Mirek und Mutter Jana.

Als Martina und Judy in ihre Heimatstadt Revnice zurückkehrten, gingen sie in einem stillen Moment zum Grab der von Martina geliebten Großmutter, die vor einigen Jahren gestorben war, als Martina in den Vereinigten Staaten war. Martina spricht nur sehr selten öffentlich über sie. Sie und Judy hatten sich jedoch viel über den Tod der Großmutter unterhalten und wollten beide unbedingt ihre letzte Ruhestätte aufsuchen. Auf dieser Reise nach Prag gingen Martina und Judy zu dem Teil des Friedhofs, wo die Asche der Großmutter verstreut worden war. Martina konnte zum erstenmal ihre Trauer und ihren Verlust zeigen, die dadurch verstärkt worden waren, daß sie durch ihre Flucht damals die

Trauerfeier versäumt hatte. Sie kniete sich still mit Judy hin, und sie weinten in aller Stille. »Niemand wird mir diese Augenblicke mit Martina jemals nehmen können. Wir trugen etwas Gras und einen Stein zusammen, und ich pflückte ein violettes Stiefmütterchen, dort, wo die Asche ihrer Großmutter verstreut worden war, und Martina nahm alles mit sich. Wir führten lange Gespräche über Martinas Elternhaus und ihre Großmutter. Wir hatten uns nur nie vorgestellt, daß wir jemals zusammen dort sein würden, solche zärtlichen und spirituellen Momente in einem Land erleben dürften, das endlich frei war. Martina war eine Heldin, und Martinas Heldin war ihre Großmutter.«

Während der Reise trafen Martina und Judy auch Martinas jüngere Schwester Jana, die in Westdeutschland lebte. Dieses Treffen trug zur tiefen Freude der Reise bei. Martinas Mutter hatte nicht erwartet, daß Jana kam, weil ihr vor der Revolution die Rückkehr verweigert worden war. Dieses Wiedersehen war für die ganze Familie Navratil ganz sicher ein sehr bewegendes Erlebnis.

Zwei Monate später erreichte Martina das Finale in Wimbledon. Damit schien ihr Glück vollkommen. Sie strahlte, als sie an diesem Samstagnachmittag den »Centre Court« betrat. Es war ein langer Weg seit ihrem ersten »Wimbledon«-Sieg 1978 gewesen, als sie noch ein korpulentes, dunkelhaariges Mädchen war, das als »große Hoffnung« gehandelt wurde. Jetzt war sie vierunddreißig, blond, mit einem nahezu perfekten Körper, eine gepflegte Erscheinung, die Selbstbewußtsein ausstrahlte. Zina Garrison konnte eine entschlossene Martina in einem historischen Spiel von ihrem höchsten Ziel nicht abhalten. Zinas überraschende Siegesserie war vorüber, als Martina leicht mit 6–4, 6–1 gewann.

Auf das Finale folgten wahrscheinlich die glücklichsten Augenblicke in Martinas professioneller Karriere. Nachdem sie ihren Platz in der Geschichte eingenommen hatte, kostete sie diese, vom Fernsehen weltweit ausgestrahlten, zehn Minuten mit der Würde eines Champions aus. Von dem Moment überwältigt aber immer noch mit Talent für das Dramatische – überraschte sie uns mit ihrem spontanen Verhalten. Sie hielt nichts mehr zurück, hegte keine Selbstzweifel und legte kein unangemessenes Draufgängertum an den Tag. In diesen Momenten war Martina Navratilova mehr als nur ein großer Champion, sie war ein liebenswürdiger Mensch, nicht bereit, die von Managern und Publizisten verbreiteten Vorurteile zu erfüllen. Sie war elegant.

Martinas Sieg hatte nichts oder fast gar nichts mit Tennis zu tun, dafür um so mehr mit ihrem Herzen, ihrer Seele und der Leidenschaft einer Siegerin, die wider aller Erwartungen gewonnen hatte. Martina hat jahrelang darum gekämpft, die Herzen ihrer Fans zu erobern, und sie hat sich der Loyalität würdig erwiesen. Sie besaß den Mut, den man für so ambitionierte Ziele brauchte, und sie hielt fest an der Vision und der Disziplin, die man aufbringen muß, wenn man das Ziel nicht aus dem Auge verlieren will. Martinas Erfolg war der Beweis, daß manche Phantasien eigentlich nur Visionen sind, die in die Tat umgesetzt werden wollen. Während wir sie jenseits all ihrer Ängste agieren sahen, wurden wir alle an das unermeßliche Potential in uns erinnert, daß wir im grauen Alltag unseres Lebens tragischerweise ignorieren oder einfach nicht annehmen können.

Ausgehend von der momentanen Euphorie, dachten einige, Martina hätte vielleicht noch das Zeug für einen weiteren »Wimbledontitel«, daß sie es eines Tages noch einmal schaffen könnte. Bei genauerer Betrachtung war es jedoch klar, daß Martinas Karriere mit diesem Crescendo ihren Höhepunkt erreicht hatte. Es gab keine Möglichkeit, diesen Moment festzuhalten, bevor er sich verflüchtigte, kein Mittel, ihn zu stoppen, während er einfach an uns vorüberzog. Sogar die, die im stillen ihre Zweifel hatten, glaubten nicht, daß es noch einmal einen so strahlenden Augenblick, ein so klares Zeichen, eine so schöne Hymne für Frau Navratilova geben würde. Es war, als würde man einem Sonnenuntergang zuschauen. Wo eben noch dieser blendende, heiße Energieball stand, waren jetzt nur noch ein paar hohe, dünne Wolken, die einen blaugrauen Himmel streiften und von der Dynamik, die gerade vorbeigezogen war, erzählten.

Wie immer waren Martinas Gefühle einfach abzulesen. Alle, die zusahen, spürten ihre Freude, als ihre Lippen die riesige Wimbledon-Trophäe berührten und sie den Pokal stolz über ihren Kopf emporhob. Vielleicht könnte sie noch einen gewinnen, doch der Sieg würde nichts sein im Vergleich zu diesem Triumph. Martina mußte nichts mehr beweisen; sie war in einer Klasse für sich. Als ihr die Tränen herunterliefen, muß sie aus einem Augenwinkel den großen Schatten gesehen haben, den die Nachmittagssonne warf und der sie größer erscheinen ließ als im wirklichen Leben. Es war wie ein Zeichen, das deutlich machte, daß Idole etwas größer werden, bevor sie verblassen und schließlich verschwinden.

Jetzt stand Martina kurz davor, eine neue Lebensphase zu beginnen. Während sie noch ihre persönlichen Gefühle mit uns teilte, schien es im nachhinein so, als ob sie sich auf ihren Ruhestand vorbereitete, den sie nur mit engen Freunden und nicht mit der gesamten Welt verbringen wollte. Ihr naives Vertrauen zur Presse und ihr Glaube daran, daß die Amerikaner sie und ihre freigeistige Natur mit offenen Armen aufnehmen würden, war inzwischen ein Teil der Vergangenheit. Sie hatte eine ausgeprägte und abgeklärte Meinung über den Lauf der Welt. Vielleicht hatte sie jetzt nicht mehr den unbedingten Wunsch, von der breiten Öffentlichkeit geliebt und verstanden zu werden. Sie war ein bißchen klüger geworden und war nicht mehr ganz so direkt. Sie befand sich in der kurzen Lebensphase zwischen dem Erwachsensein und dem Altwerden. Und an diesem Tag in London schien Martina – von einem Moment auf den anderen –, diese Phase durchlebt zu haben.

Nach der Abschlußzeremonie liefen Martinas Freunde und ihre Familie zum Haus zurück, um ihre Ankunft vorzubereiten. Judy ging neben Martina. Sie waren von Leibwächtern, der Presse und einer großen Zahl von Fans umringt; und als sie zum Eingang kamen, wurden sie mit Champagner und Blumen überschüttet.

Der Siegeszug nach Hause: Judy und Martina kehren kurz nach Martinas historischem neunten Sieg in Wimbledon zu ihrem Haus zurück.

Später gingen Martina und Judy, zusammen mit Rosie Casals, Chris Evert, Billie Jean King, Andrea Jaeger, Gigi Fernandez, Julie Anthony, Craig Kardon und anderen guten Freunden in London chinesisch essen. »Wir ließen die Sau raus«, erinnert Judy sich, »vier Stunden lang aßen und tranken wir uns dumm und dämlich. Wir saßen in einem der unteren Räume des Restaurants. Jeder war nach so viel harter Arbeit in der Stimmung, einfach alles laufenzulassen. Wir wußten, daß sie es konnte, und es war wunderbar, sie so zufrieden mit sich und ihrem Tennis zu erleben. Wir hatten alle darauf hingearbeitet, ihr diesen Sieg möglich zu machen. In diesem Moment hatten sich alle Bemühungen bezahlt gemacht – niemand konnte ihr dies wieder wegnehmen, wir waren alle überglücklich.«

Trotzdem war an diesem Nachmittag, als Martina zu den Logen hochkletterte, um Judy und ihre Betreuer zu umarmen, etwas Ungewöhnliches passiert. Es war, als ob Martina den Moment anhalten oder das Ende eines Prozesses signalisieren wollte. Als sie an diesem Tag auf die Tribüne zuging, lag in ihren Augen ein Hauch von Traurigkeit. Vielleicht hatte sie das Gefühl, ihren Dank ausdrücken zu müssen, bevor sie alles beendete. Öffentlich ihre Dankbarkeit zum Ausdruck zu bringen, schien die beste und einzige Möglichkeit zu zeigen, daß sie ihre Anstrengungen zu schätzen wußte. Sie würde sich in sieben Monaten von der Familie Nelson zurückziehen. Nachdem sie den neunten Titel gewonnen hatte, war es ihr möglich geworden, Veränderungen in ihrem Privatleben in Angriff zu nehmen, ohne Angst haben zu müssen, daß sie ihr Ziel aus den Augen verlor. Bald trat die Realität einer endenden Beziehung – und einer geschäftlichen Unternehmung, die nie richtig in Gang kam – in den Vordergrund und warf einen dunklen Schatten auf diese glücklichen Zeiten.

Judy und ihre Familie hatten Martina so gut geliebt wie sie konnten und sie machte es ihnen wiederum einfach. Noch als sie um ihren neunten Titel kämpfte, trug sie ein Tennisdress, das Judy nach ihren Angaben entworfen hatte: weicher Stoff, gefältete Rockvorderseite, mit kurzen Ärmeln und Kragen für das Hemd. Judys Mutter hatte es für

Martina genäht. Frances hatte die Sachen sogar noch in der Nacht vor dem Finale gewaschen und gebügelt, wie sie es schon hundert Mal vorher getan hatte. Etwas früher in diesem Jahr, war Frances die ganze Nacht vor einem Spiel aufgeblieben, um Martinas Kleidung auf ihrer Reisenähmaschine rechtzeitig zum Spiel fertigzubekommen. »Ich wollte nur, daß sie gut aussah, und sie sah gut aus«, erklärt Frances. Martina, Judy und Frances mußten 1989, als Martinas Ausstattungsvertrag mit Puma ausgelaufen war, ihre Kleidung selbst entwerfen. Judy erinnert sich an die Kränkung, die Martina erfahren mußte, als sie nicht sofort einen neuen Vertrag bekam. »Sie war eine Spitzenspielerin, und sie bekam einfach keine Verträge. Wir beschlossen, unsere eigene Kreation zu entwerfen. Mir war es völlig unverständlich, daß sie Schwierigkeiten hatte, einen Ausstatter zu finden. Sie tat mir so leid. Es war einfach nicht fair.« Es gab Zeiten, da hatte Frances blutige Finger, weil sie die Kleidung, die Martina zwischen 1989 und 1992 trug, mit der Hand nähte. Für ihre Mühe bekam sie ein Viertel der Anteile an MN, einer Tennisbekleidungs-Kollektion, die die Trennung nicht überlebte.

Martina verließ nicht nur ihre langjährige Kameradin und Freundin, sondern hinterließ sowohl eine Familie mit Kindern als auch ein Unternehmen. Im Mittelpunkt dieser unterschiedlichen Welten stand Martina.

Nach dem Hoch in Wimbledon war ein Tennistief unvermeidbar. Das wurde beim nächsten »Grand Slam«-Turnier, den »U.S. Open« im August deutlich, wo Martina, ihren eigenen Worten nach, »in Runde sechzehn kräftig in den Hintern getreten wurde.« Sie war an Platz zwei gesetzt, wurde aber durch Schmerzen in den Knien behindert, und niemand war über ihr schlechtes Abschneiden verwundert. Sie spielte noch ein paar Turniere, in der Hoffnung, das Jahr mit den »Virginia Slims Meisterschaften« im »Madison Square

Garden« in New York abzuschließen, aber sie mußte im November, nur wenige Tage vor den Spielen, ihre Teilnahme absagen. Die Operation wurde für Dezember angesetzt.

Martinas körperlicher Kummer belastete die ohnehin immer angespanntere Beziehung zu Judy zusätzlich. Auf der geschäftlichen Seite war die MN Bekleidungskollektion sechs Monate im Verzug, und Judy und Martina bemühten sich in New York mit der Fa. Herman Geist, Pläne für den Vertrieb und den Transport auszuarbeiten. Es gab Nachfrage aus dem ganzen Land, aber produktionstechnische Probleme in Argentinien verlangsamten die ganze Sache. Die Bekleidungskollektion brachte wie alle Projekte weiteren Streß in die Beziehung. IMG intervenierte und stellte einige beunruhigende Fragen über die gerechte Aufteilung des Profits zwischen Judy, Martina und Frances. Die Verantwortung und Aufgabe einer jeden einzelnen war genau festgelegt, aber die Honorierung der Aufgaben wurde nicht von allen gleich empfunden. IMG versuchte, Verträge aufzusetzen, mit denen alle Beteiligten zufrieden waren, aber Judy und Frances fühlten sich, was das Finanzielle anging, kompromittiert und zu gering eingestuft. Es war in erster Linie kein finanzielles Problem, aber dadurch, daß plötzlich der Wert ihrer individuellen Beiträge definiert werden sollte, setzte sich ein Hierarchiedenken in ihren Köpfen fest. Kurz, Martinas Name war in den Verträgen höher veranschlagt als die Zeit und Mühe, die Judy und Frances in das Projekt steckten. Was über Jahre für alle ein gleichberechtigtes Nebeneinander gewesen war, wurde jetzt, per Vertrag, hierarchisch geregelt, wobei über Zahlungen an Martina, die der Firma eindeutig wichtiger waren, nicht verhandelt werden konnte. Die neue Struktur, die von IMG verlangt wurde, veränderte ganz klar die Art, wie die Familie in der nahen Zukunft miteinander umgehen würde.

Trotzdem wurde nach außen hin Optimismus zur Schau getragen. Nach den öffentlichen Auftritten zu urteilen, schien die Atmosphäre in Ordnung zu sein. Martina trat als Gast in der »David-Letterman-Late-Night-Show« auf, um die Produkte vorzustellen, und Judy plante mit Ivana Trump extra eine Galaparty mit Modeshow im »Plaza Hotel« in New York. Beide Paare (Judy und Martina und Ivana und Donald) standen kurz davor, sich zu trennen, aber Mode und gesellschaftliches Leben waren Teil des Geschäfts und der Ablenkung, und mit jedem Auftritt ging das Leben weiter wie gewohnt.

Judy sagt, daß sie das Ende der Beziehung mit Martina nie hat kommen sehen – »Ich habe einfach nicht geglaubt, daß sie mich verlassen würde. Ich dachte, sie liebt mich über alles. Ich habe auf brutale Art lernen müssen, das jeder jeden verlassen kann.« Jede Beziehung hat ihre guten und ihre schlechten Zeiten, und Judy glaubte, daß sie und Martina für immer zusammen sein würden, trotz gegenteiliger Anzeichen. Sie hatte nur ihre Ehe als Vergleich für diese schwierige Situation, und letztendlich war sie es damals gewesen, die auf einer Scheidung bestanden hatte. Judy ist nie verlassen worden (für eine Zeit schon, aber nie ohne die Hoffnung, daß der Geliebte irgendwann zurückkommen würde). Als sie sich mit Martina anfreundete, hatte sie anfänglich Sorgen, daß Martina Zugang zu jeder Menge Frauen haben könnte. Zusammen mit Martinas Jugend und ihren unbegrenzten Möglichkeiten schien es für Judy eindeutig, daß sie zumindest einige stürmische Zeiten zusammen durchleben würden. Aber die Jahre vergingen, und Judy fühlte sich zunehmend wohler und sicherer. Trotzdem hätten diese Probleme, wenn man sie einmal erkannt und ausgesprochen hätte, immer aus dem Weg geräumt werden können und ihr Leben wäre wie versprochen weitergegangen. In Judys Vorstellung war das alles Teil eines Prozesses – nicht mehr und nicht weniger. Was von anderen als der Anfang vom Ende erkannt wurde, war für Judy nur eine Schlechtwetterperiode. Aber wenn Judy keine Ahnung hatte, was mit Martina vor sich ging, schienen die Freunde in Aspen es besser zu wissen.

Ernste Probleme in der Beziehung kamen schon zwei Jahre vorher, im Winter 1988/1989, zum Vorschein, als Judy merkte, daß Martina wohl »etwas mehr als nur eine Freundschaft« mit einer Skilehrerin in Aspen verband. Martina fuhr mit dem Lift zur letzten Abfahrt des Tages mit der Skilehrerin auf den Berg und ließ Judy allein zurück. Diese Liftfahrten waren gemütlich und intim, nur zwei Frauen in der Gondel, die sich dort vor der letzten, erfrischenden Abfahrt entspannen konnten. Martina schenkte ihrer neuen Freundin zu Weihnachten eine Diamantenkette und die Leute, die den Frauen nahestanden, sprachen damals schon von einer möglichen Trennung. Judys Meinung nach gab es Ansätze, aus denen sich aber nie eine wirkliche Beziehung entwickelte.

Als Judy Martina über ihre Gefühle zu dieser Frau zur Rede stellte, führte die Fragerei zu mehreren ernsthaften Diskussionen über ihre eigene Beziehung. Diese Art der Kommunikation war Judys hausgemachte Art der Problembewältigung und Selbsterkenntnis. Judy und Martina waren außerdem der Meinung, daß sie ihre Probleme durch Gespräche lösen konnten. Martina und Judy hatten eine mündliche Vereinbarung, wie sie mit Seitensprüngen umgehen würden. Es gab zwischen den beiden immer die gegenseitige Verpflichtung zur Monogamie, aber gleichzeitig auch das Verständnis dafür, daß es Zeiten geben würde, wo eine von beiden eine andere attraktiv finden könnte. Sie glaubten, daß sie, wenn sie offen und ehrlich mit diesem Interesse an anderen umgehen würden, in der Lage wären, die Sache zu »bewältigen«. Diese Form schien für sie zu funktionieren.

Ihre Ausgangsvermutung war, daß, wenn sich eine von beiden zu jemand anderes hingezogen fühlen würde, etwas innerhalb ihrer Beziehung nicht funktionieren konnte. Indem sie über dieses Interesse für andere Frauen sprachen, würden sie in der Lage sein, ihre Ängste und Bedürfnisse zu artikulieren und ihnen dann zu begegnen. Der offensichtliche Fehler dieser Methode war, daß das Gespräch erst begann, wenn schon zu viel Wasser den Fluß hinunter geflossen war.

Martina und Judys Sohn, Eddy. 1990 in Aspen.

Die Familie Nelson-Navratilova war fünf Jahre lang intakt. Judy und Martina, Judys Söhne und Judys Eltern, Frances und Sarge, hatten in Texas zusammengelebt, und Judy und

Martina waren gerade für immer nach Aspen gezogen. Eddie, Judys ältester Sohn, war die meiste Zeit der Beziehung bei seinem Vater gewesen, aber Bales, der die ganzen Jahre mit Judy und Martina gelebt hatte, entschloß sich, in Texas zu bleiben, um die Jahre auf der High-School mit seinen Freunden und Klassenkameraden zu beenden. Von 1984 bis 1989 lebten Judy und Martina in Fort Worth in der Nähe von Ed Nelson, damit die beiden Jungen sich frei zwischen den beiden Elternhäusern bewegen konnten.

Weihnachten 1988 mit der Familie in Fort Worth: Martina und Judy mit ihren Söhnen, Nichten und Neffen.

»Wir hatten geplant, nach Aspen zu ziehen, sobald Eddie ins College kam«, erinnert sich Judy, »aber als der Umzug anstand und Bales nicht, wie wir gehofft hatten, mit uns zog, war es schon schwer, wegzugehen. Doch wir beide liebten Aspen und hatten angefangen, das Haus zu bauen, von dem wir glaubten, daß wir für immer darin leben würden. Wie sich die Dinge dann entwickelten, war es letzten Endes richtig für Bales, bei seinem Vater zu bleiben. Sie lernten einander lieben und schätzen.«

Als Judy und Martina 1989 von Fort Worth nach Aspen zogen, entschied sich Bales, wie gesagt, bei seinem Vater in Texas zu bleiben. Das bedeutete für Judys Eltern, daß sie zum ersten Mal seit Judys Scheidung leben konnten, wo sie wollten. Sie mußten Bales kein Zuhause mehr bereiten, wenn Judy und Martina nicht dort waren. Obgleich Judy und Martina ihre Eltern einluden, zu ihnen nach Colorado zu kommen, lehnten sie mit der Begründung ab, es sei in Aspen »zu kalt« für sie, und blieben in Fort Worth. Doch Judy mußte sich an einige schwierige Umstellungen gewöhnen. Sie verließ ihre Heimatstadt und zog einige Staaten entfernt von ihren Eltern und ihren Kindern weg.

Bis jetzt hatte die Einheit der Familie Martina sehr geholfen. Der südliche Charme und die offenen Herzen hatten es ihr angetan. Martina schien das zu brauchen und Judy, die Jungs, die Haustiere und die Eltern, sie alle schienen sich in dieser Konstellation wohl zu fühlen. Sie teilten ein zentrales Zuhause (in Texas), das von mehreren Generationen bewohnt wurde, die alle ein gemeinsames Ziel hatten – einen erstklassigen Tennischampion zu produzieren. Die Aufgaben waren gut verteilt, und sollte irgend jemand mit dem Arrangement unzufrieden gewesen sein, so war es keinem aufgefallen.

Der Umzug nach Aspen veränderte diese Familienstruktur und kreierte eine Kleinfamilie mit zwei Personen.

Ärger begann sich anzukündigen. Martinas Knie drohten, ihr Spiel zu beeinträchtigen. Im Dezember 1990 rutschte sie hinter Steffi Graf auf Platz Zwei in der Weltrangliste ab, und ihr Einkommen blieb ein gutes Stück hinter dem der vergangenen vier Jahre zurück. Außer in »Wimbledon« waren »Grand Slam«-Siege in den letzten Jahren rar geworden, und sie begann den Atem der jungen Argentinierin Gabriela Sabatini im Nacken zu spüren, die gerade die »U. S. Open« gewonnen hatte. Noch beeindruckender war die junge Monica Seles, eine Jugoslawin, die bewiesen hatte, daß sie ein, zwei »Grand Slams« in Paris und Australien gewinnen konnte.

Zurück in Colorado, waren Judy und Martina unterdessen damit beschäftigt, Pläne für ihr wunderbares neues Haus, das auf 100 Morgen Land hoch in den Bergen gebaut werden sollte, zu schmieden. Der Entwurf für dieses Haus sollte sich radikal von ihren anderen Häusern unterscheiden. Im Gegensatz zu einem geräumigen Haus mit vielen Schlafzimmern und Bädern, sollte dieses hier so entworfen werden, daß ein großer, offener Raum nur von einigen hohen Wänden umgeben war. Man sollte von einem Gefühl der Weite und der Wildnis überwältigt werden, wenn man die ausladenden Wohnräume betrat. Die Fenster wurden an strategischen Punkten eingelassen, so daß man die Berge sehen konnte, in denen das Haus wie ein Nest lag. Große Fenster, eingerahmt von großen Bäumen und schneebedeckten Gipfeln. Der Bau selbst war elegant und offen, die Räume so gestaltet, daß sie die Umgebung so weit wie möglich einbezogen. Es war ein Traumhaus ohne Gästezimmer. Judy und Martina hatten vor, ihr Haus in der Nähe des »Independence-Paß« zu errichten. Sie planten zunächst Zimmer für die Familie und für Freunde ein, aber nachdem sie jahrelang mit Menschen zusammengelebt hatten, wollten sie das Haus und die Zeit, die sie darin verbrachten, für sich haben. Das Haus wurde für ein Paar entworfen und stand in scharfem Kontrast zu »Haus Starwood« mit seinen fünf Schlafzimmern und fünf Bädern. Sie bereiteten sich auf den Rückzug aus dem Sport vor, der ihnen die Möglichkeit bieten würde, das Haus gemeinsam zu genießen.

Ausgelassene Stimmung bei einem Prominententurnier in Aspen: Jan Newman, Svatka Hoshel, Judy und Martina.

Der Rückzug war für Martina 1990 eher eine Art Angstvorstellung als die Erfüllung eines Traumes. Zum ersten Mal in ihrer Karriere schien sie ängstlich und verletzlich. Ihr Spiel, bei dem es darauf ankam, mit ungeheurem Kraftaufwand schnell das Netz zu erreichen, um mit ihrem Serve-und-Volleyspiel zu dominieren, wurde langsamer. Martina mußte einige Umstellungen in ihrem Tennis vornehmen, und sie mußte ihre Erwartungen in bezug auf das, was sie im Tennis noch erreichen könnte, senken. Billie Jean King arbeitete an ihrer Einstellung, sorgte dafür, daß sie in guter geistiger Verfassung blieb und erinnerte Martina gleichzeitig daran, ihre Füße schneller zu bewegen. Als sie um die Zwanzig war, kam das alles von selbst, jetzt mußte sie sich darauf konzentrieren. Anfang Dezember unterzog sich Martina einer Knieoperation in Vail, Colorado, einer Stadt, die ungefähr 100 Meilen östlich von Aspen liegt. Während sie sich von der Operation erholte, konnte sie sich nicht fit halten. In der Zeit des Heilprozesses war sie sich deshalb mehrere Wochen lang nicht sicher, ob die Operation gelungen war. Ihr Chirurg, Dr. Steadman, versicherte ihr, daß die Operation gut verlaufen war und sie genauso gut wie vorher sein würde. Doch bevor sie die Knie nicht selbst getestet hatte, konnte sie nur glauben und hoffen, daß ihre Beine ihr wieder die gleichen gute Dienste wie früher erweisen würden. Im Moment wußten weder Judy noch Martina, ob Martina jemals wieder Profitennis auf dem gewohnten Niveau spielen könnte. Martina hatte vor, noch ein paar Jahre zu spielen. Sie mußte weiter gewinnen, um die Ranch auszubauen und das Haus fertigzustellen, das sie entworfen hatten. Über die finanziellen Erwartungen hinaus strebte sie einfach noch ein paar Titel an. Sie war nur wenige Siege von Chris Everts Rekord mit 157 Einzelsiegen entfernt.

Die Operation war ein durchschlagender Erfolg. Martina erholte sich und brachte sich über die Weihnachtsferien wieder in Form. Martinas Schwester Jana und ihr Freund sowie Martinas Eltern kamen über Weihnachten zu Besuch. Judy und ihre Familie waren auch da. In dieser Zeit, nach der Anstrengung mit den vielen Gästen, wachte Judy mehrmals in der Nacht mit üblen Magenkrämpfen auf. Sie wurde am Neujahrsabend zur Untersuchung ins Krankenhaus eingeliefert. Wie sich herausstellte, war eine Verkrampfung im Dünndarm die Ursache für die Schmerzen, eine Krankheit, die Judy sich vor zwei Jahren aufgrund des Stresses zuzog. Aber jetzt waren die Schmerzen so schlimm geworden, daß sie in die Notaufnahme gebracht werden mußte, um Linderung zu erfahren. Die Ärzte mußten sich darüber hinaus versichern, daß es wirklich nur der Dünndarm war, der die Schmerzen verursachte.

Während Judy im Krankenhaus lag, kümmerte Martina sich fast gar nicht um sie, sondern schien sich eher für das Skifahren zu interessieren, als Krankenschwester zu spielen.

Am Tag, als Judy vom Krankenhaus nach Hause kam, war Martina mit Freunden draußen in den Bergen von Vail. Anfangs hatte Judy Verständnis dafür. Martina war zur Untersuchung nach Vail gefahren, und es war nicht besonders einfach, Termine in ihrem Kalender unterzubringen. Martina wollte sich Klarheit über ihre gesundheitlichen Fortschritte verschaffen, und obwohl Judy darüber enttäuscht war, daß der Termin an dem Tag lag, an dem sie aus dem Krankenhaus nach Hause kam, hatte sie doch Verständnis für Martinas Sorge um ihre eigene Genesung. Judy verstand allerdings nicht, daß Ski laufen ein Teil des Tagespensums sein mußte. Die Tatsache, daß Martina Ski fuhr, als sie gerade nach Hause kam, brachte sie aus der Fassung. Während sie auf einen Anruf zwischen den Abfahrten wartete (der niemals kam), fühlte sie sich noch verletzter und wurde noch wütender. Dies war eine Beziehung, die auf ständiger Kommunikation basierte; wenn Martina nicht anrief, hieß das, sie war abgelenkt, und so faßte es Judy auch auf. Als Martina endlich anrief, sagte Judy ihr: »Wir müssen uns darüber unterhalten, was mit unserer Beziehung, oder dem, was davon übriggeblieben ist, passiert ist.«

Judy war über Martinas offensichtliche Mißachtung und fehlende Aufmerksamkeit verletzt. Martina hingegen war nicht gewillt, auf Judys Bedürfnisse einzugehen. Statt ihrem Ärger Ausdruck zu verleihen, zog sich Judy in sich selbst zurück und wurde depressiv. Als Martina aus Vail zurückgekommen war, führten die zwei lange Gespräche. Es gab keinen Riesenkrach oder lange Streitereien. Aber das Gewicht hatte sich verschoben. Martina schien sich von Judy entfernt zu haben.

Judy hatte Angst, daß Martina vielleicht jemand anderes gefunden hatte und damit eine ähnliche Situation, wie vor zwei Jahren schaffen würde. Martina wies das von sich und gab sich Mühe, Judy wieder aufzumuntern und ihr ein Gefühl von Geborgenheit zu geben. »Wir waren beide sehr gestreßt«, meint Judy im nachhinein. »Wir hatten über die Feiertage das Haus mit Familie und Freunden voll gehabt. Ich war in einer Woche zweimal so krank, daß ich ins Krankenhaus eingeliefert werden mußte, und Martina war sich nicht sicher, ob sie jemals wieder Tennis von der Qualität spielen könnte, mit der sie ein Jahrzehnt lang die Nummer Eins oder Zwei in der Welt gewesen war.

»Das im Hinterkopf, versuchten wir an die kommenden Turniere zu denken und unsere Ängste zu vergessen. Martina konnte das, glaube ich, immer besser als ich. Ich war es nicht gewöhnt, meine Gefühle zu verbergen. Aber jetzt war keine Zeit für persönliche Bedürfnisse – es galt, ein Turnier zu spielen und wieder die Nummer Eins der Rangliste zu werden. Außerdem gab es immer noch Rekorde zu brechen. Darüber hinaus war Martina in der Lage, ihre Probleme auf dem Platz abzureagieren und mußte sich danach auf emotionaler oder persönlicher Ebene nicht mehr allzu vielen Fragen stellen. Sie konnte sich ungeheuer gut anpassen und so tun, als wäre nichts geschehen. Das heißt: nichts – bis *sie* eine Entscheidung getroffen hatte. Wenn Martina sich einmal verabschiedet hatte, ging sie und drehte sich nicht mehr um. So erschien es mir wenigstens. Und ihr Verhalten in der Vergangenheit bestätigt meine These.«

Die neue Tennissaison begann Mitte Januar in Tokio. Um sich einzustimmen, fuhr Martina nach Chicago, um mit Billie Jean King und ihrem Betreuer Craig Kardon zu arbeiten. Judy sollte in ein paar Tagen nachkommen. Bevor sie losfuhr, klebte Martina einen kleinen Zettel an den Spiegel, auf dem stand: »Judy, ich vermisse dich schon jetzt, ich liebe dich wahnsinnig, und kann es kaum erwarten, dich wiederzusehen.«

Judy kam mit großen Hoffnungen in Chicago an, merkte aber schon bald, daß sich das Klima verschlechtert hatte. Sie versuchte wieder, mit Martina über ihre Unsicherheiten zu sprechen, aber Martina war nicht daran interessiert, sie hielt das Gespräch kurz und knapp und brach dann zum Training auf.

Nachdem Martina das Zimmer verlassen hatte, tat Judy etwas, was sie damit rechtfertigte, daß sie einfach herausfinden mußte, ob Martina nicht doch an einer anderen Frau interessiert war. Von Billie Jean Kings Haus schickte sie ein Fax an eine Person, von der sie dachte, sie könnte dabei hilfreich sein. Auf dem Fax stand: »Ich bin hier. Du kannst mir ein Fax schicken, wenn du willst. Keiner wird es sehen, gezeichnet ›M‹.« Die Empfängerin, die an Martinas Schrift wahrscheinlich nicht gewöhnt war, dachte, alles, was sie zurückfaxen würde, würde nur von Martina gelesen werden. Allerdings saß Judy am anderen Ende des Faxgeräts und las die Seiten, die aus der Maschine herausquollen.

Als Martina zurückkehrte, stellte Judy sie mit dem Fax zur Rede. »Ich sagte ihr, wie ich an das Fax gekommen war. Daß ich gelogen hatte und dieser Person das Gefühl vermittelt hatte, daß sie an Martina zurückfaxen würde. Sie fand das überhaupt nicht komisch. Sie war außer sich. Ich wußte nur, daß sie allen Grund dazu hatte, daß ich es aber in einer ähnlichen Situation wahrscheinlich wieder tun würde. Ich bestand allerdings darauf, diese Person noch am selben Abend anzurufen, um ihr zu erzählen, was ich getan hatte. Es bereinigte die Sache allerdings nicht, und wird es wahrscheinlich auch nie tun.«

Die beiden führten ein schmerzhaftes Gespräch. Martina sagte ihr, daß sie nicht mehr in Judy verliebt sei. Judy hatte mit Erfolg eine Konfrontation herbeigeführt, aber Martina fühlte sich durch diese Aktion hintergangen. Judy war reumütig. Trotz der Schwierigkeiten, die jetzt im Raum standen, wußten die beiden doch, daß Martina schon bald zum Turnier fahren mußte, um den Erfolg ihrer Knieoperation zu testen, und die beiden Frauen mußten ihre Gefühle zurückstellen und jede Auseinandersetzung auf einen späteren Zeitpunkt verschieben. Obwohl Judy zu der Reise nach Tokio ein gespaltenes Verhältnis hatte (es würde das letzte Turnier sein, wo sie als Partnerin von Martina dabeisein würde und zog es deshalb eigentlich vor, in Aspen zu bleiben), wußte sie, daß ihre Anwesenheit dort wichtig war. Zu diesem Zeitpunkt hing die Beziehung an einem seidenen Faden, aber Judy wollte von einem möglichen Ende nichts wissen. Sie hoffte immer noch, daß die Verhältnisse sich ändern würden. »Wie konnte sie mich in einem Moment liebhaben und mich im nächsten schon wieder verlassen?« fragte sie sich selbst.

Obwohl sie in drei Sätzen gegen Sabatini verlor, spielte Martina in Japan erstaunlich gut. Auf dem Rückflug bemerkte Judy, daß Martina lange Einträge in ihr Tagebuch machte. Sie verbarg ihre Neugier jedoch, indem sie sich umdrehte und einschlief.

Als sie aus Japan zurückkehrten, waren Judys Eltern in »Haus Starwood«. Wie immer ging Judy nach oben und packte die Taschen aus. Unterdessen ging Martina in Judys Büro, was für sie sehr ungewöhnlich war. Judy und ihre Mutter betraten genau in dem Moment das Zimmer, als Martina dabei war, Seiten aus ihrem Tagebuch an jemanden zu faxen. Martina saß an Judys Schreibtisch und beobachtete die Seiten, während sie gesendet wurden. In Judy stiegen Zweifel und Verdachtsmomente hoch. Sie hielt einen Augenblick inne und wurde sich dann über das bewußt, was hier gerade geschah. Voller Angst merkte sie, wie ihre Selbstachtung dahinschmolz. Sie wußte, so konnte das nicht weitergehen. Sie drehte sich um, und ging mit ihrer Mutter hinaus.

Einige Minuten später passierte im dritten Stock des Hauses etwas Seltsames. Judys Mutter drehte sich zu ihr um und fragte: »Ju, riecht es hier nicht angebrannt?«

Judy sagte: »Ja, ich schaue mal nach.« Dann ging sie zurück ins Büro und sah, wie Martina die Tagebuchseiten im Aschenbecher verbrannte, während sie am Telephon mit jemandem sprach.

»Was machst du da?« fragte Judy aufgebracht.

Martina, die neben dem brennenden Aschenbecher saß, antwortete ruhig: »Ich verbrenne das Fax.«

»Ich glaube, wir müssen sofort miteinander reden.« Judy ging wieder nach oben und wartete auf Martina.

Als Martina ins Zimmer kam, sagte Judy: »Martina, wenn du mich nicht mehr liebst, kannst du auf keinen Fall hier bleiben. Du mußt das Haus noch heute verlassen, heute nacht. Das hier tut mir zu weh. Es bringt mich um. Wir brauchen beide etwas Zeit und Abstand, um das alles zu verarbeiten.«

»Wohin soll ich denn gehen?« fragte Martina. »Es ist mitten in der Nacht. Kann ich nicht einfach in einem anderen Zimmer schlafen?«

»Nein, du mußt gehen. Fahr' hoch zur Ranch. Du kannst auf keinen Fall hier bleiben, wenn du in eine andere verliebt bist.«

Als Martina das Schlafzimmer verließ, fügte Judy hinzu: »Du mußt Ma und Biggs aufwecken und ihnen sagen, daß du gehst. Sie haben keine Ahnung, daß etwas nicht stimmt, und sie haben eine Erklärung verdient.«

Martina lehnte das erst ab, doch Judy bestand darauf. Judy und Martina gingen ins Schlafzimmer, um Judys Eltern aufzuwecken. »Mutter, Vater, Martina verläßt uns und muß mit euch sprechen«, sagte Judy mit zitternder, tränenerstickter Stimme.

»Nein, das ist schon in Ordnung«, sagte Martina, »wir können auch später darüber reden.«

Aber Judys Mutter war sich sogar in ihrem verschlafenen Zustand sofort darüber im klaren, daß hier etwas schrecklich im argen lag. Sie stand auf und ging mit ihrer Tochter und Martina ins Wohnzimmer. Judy weinte, als Ma fragte: »Martina, warum verläßt du uns?«

»Ma, ich liebe Judy nicht mehr so wie früher. Deshalb muß ich gehen.«

Ma fing auch an zu weinen. Während Judy und Ma sich in den Arm nahmen, packte Martina ihre Skier und Taschen zusammen, brachte sie in den roten Ford Explorer und fuhr davon.

Es dauerte eine Woche, bis Martina zum Haus zurückkehrte. Sie verließ die Stadt, um einen Schaukampf zu bestreiten und kam dann nach Hause, um ihre Habseligkeiten abzuholen. In dieser Zeit sahen sich Judy und Martina nur, als sie ihre Taschen umpacken mußte. Als Judy Martina in dieser Nacht vom 3. Februar bat, das Haus zu verlassen, hatte sie sich nicht träumen lassen, daß Martina nie wieder dort übernachten würde. Sie hoffte, daß Martina, nach einigem Nachdenken, wieder zu ihr zurückkehren würde.

Das Ereignis

Obwohl die Familie versuchte, das Ereignis herunterzuspielen, hatte Judys und Martinas Beziehung politische Relevanz. Dies war die Ehe zweier Frauen, die ohne öffentliche Billigung zustande gekommen war. Auch wenn ihre Verbindung der heterosexueller Paare ähnlich war, wurde sie weder durch soziale Normen, noch vom Staate Texas rechtlich anerkannt. Als ihre Beziehung 1991 auseinanderbrach, verwickelten sich die beiden Frauen deshalb in einen häßlichen Rechtsstreit in Texas, wo Homosexualität verboten war und Gemeingut nicht einmal in der Ehe garantiert wird.

In diesem Umfeld war Judy gezwungen, das außereheliche Partnerschaftsabkommen, das Judy und Martina in erster Linie zu Geschäftspartnern machte und darlegte, wie das Vermögen des Paares nach einer Trennung aufgeteilt werden sollte, vom Staate Texas anerkennen zu lassen. Judys Pech war, daß sie schon zweimal vor Gericht stand und jetzt in einem Bundesstaat prozessieren mußte, der Homosexuellen und Frauen gegenüber feindlich eingestellt war.

Im Fall *Nelson/Navratilova* ging es um ein Abkommen, das 1986, fast ein Jahr nach der Scheidung von Ed Nelson, in Texas unterzeichnet worden war. Obwohl das Dokument niemals wirklich juristisch überprüft worden war, hielt es doch fest, daß Judy und Martina ihre Einkommen für die Zeit, in der sie zusammenlebten, teilen würden. Der Vertrag selbst ist, wie BeAnn Sisemore festhält, nach formalen Gesichtspunkten aufgesetzt, er wurde sogar anhand eines Rechtsbuches formuliert. BeAnn hatte zudem Anmerkungen, die sie von Judy und Martina erhalten hatte, mit in den Vertrag eingearbeitet.

Für Martina stand fest, daß Judy und ihre Familie von Anfang an konspirativ gegen sie vorgegangen waren, mit dem

Ziel, sie emotional an sich zu binden und so an die Dollarmillionen heranzukommen. Angefangen hatte das ihrer Meinung nach 1984, mit der Zeremonie in Brisbane, die zu Beginn einer eindeutigen Reihe scheinbar flüchtig aufeinanderfolgender Aktionen stand Auf der Gegenseite legte Judy ein Video von der Vertragsunterzeichnung als Beweisstück vor, um zu zeigen, daß Martina sich über das gemeinsame Unterfangen, ihre geschäftliche Partnerschaft schriftlich zu klären, bewußt war und aktiv daran teilnahm.

Über das Aufeinanderfolgen der Ereignisse, die während der Vertragsunterzeichnung, am Abend des 12. Februars 1986 in Fort Worth stattfanden, gibt es immer noch keine Einigung. Das Video unterstützt weder die eine, noch die andere Seite auf klare, stichhaltige und überzeugende Art. Nachdem man sich die Handlung der anwesenden Personen angeschaut hat, stellt man fest, daß der Ausgang des Verfahrens vom Rechtsanwalt und seinen Fähigkeiten, die Entscheidungen der Jurymitglieder zu dirigieren und zu beeinflussen, abhängen würde. Dem besseren Anwalt würde es gelingen, einzelne Situationen herauszulösen, die entweder die Position seines Klienten untermauerten, oder aber bei der Jury Zweifel über die Integrität, Klarheit und Absicht der Gegenseite aufkommen zu lassen. Wegen der von beiden eingereichten, emotional bedingten Klagen – Martinas Klage auf Konspiration gegen Judy und Judys Klage auf »Vertragsbruch, mit Betrugsabsicht« – könnte sich die Cleverneß ihrer Vertreter vor Gericht jeder Zeit sehr leicht der einfachen Auslegung von Beweisen und Aussagen entziehen.

Einfacher ausgedrückt, beweisen das Abkommen und das Video wenig mehr, als daß Nelson und Navratilova zusammen in einem Zimmer waren, daß sie ein Dokument unterzeichneten, das extra für sie und mit ihnen aufgesetzt worden war. Diese »Beweismittel« bergen nicht genügend Information über die drei Hauptpunkte. Es stellt sich erstens die

Frage, ob der Vertrag, der von beiden in einem Zeitraum von zwei Jahren aufgesetzt wurde, genau ihre Absichten wiedergibt. Zweitens, hatte Martina das Dokument gelesen und nochmaliger Prüfung unterzogen, bevor es getippt wurde? Und drittens: Wenn der Vertrag wirklich nicht Martinas Wünschen entsprach, warum hat sie ihn dann während der fünf Jahre, die seitdem vergangen waren, nicht annullieren lassen?

Martina mit Freunden in Aspen 1986: BeAnn Sisemore, Martina und die Innenarchitektin Jaye Skaggs.

Das Video bietet aber konkrete Informationen darüber, was während der Vertragsunterzeichnung gesagt wurde, und über die verspielte Laune derer, die bei »dem Ereignis« an jenem Abend dabei waren.

Martina hatte mit Nancy Liebermann Basketball gespielt und war am späten Nachmittag nach Hause gekommen. Ihre Mutter und ihre Schwester Jana waren zu Besuch und Judys Eltern bereiteten ein festliches Abendessen vor. Einer der Gäste war BeAnn Sisemore, die Rechtsanwaltsgehilfin, die zuerst 1984 in Wimbledon bei Judy und Martina war und in der Zwischenzeit eine gute Freundin beider Frauen geworden war. Sie hatte den fertiggetippten Partnerschaftsvertrag mitgebracht. Niemand wußte so richtig, daß dieses »Ereignis« an diesem Abend stattfinden sollte. Wie auch immer, es würde eine Privatsache zwischen Judy und Martina sein. Judys Bruder Sarge sollte das Ereignis auf Video festhalten, es sollte allerdings oben, fern der Familie, stattfinden. Genau wie in Brisbane, wollten Judy und Martina nicht, daß die Familie Zeugen einer primär privaten Zeremonie wurde. Keiner ahnte, daß das Video fünf Jahre später im nationalen Fernsehen ausgestrahlt werden würde.

Bevor die Unterzeichnung erfolgte, wurde Martina (allerdings bei ausgeschalteter Videokamera) angeblich gefragt, ob sie den Vertrag noch einmal durchgehen möchte. Sarge hat auch Photos von Martina gemacht, wie sie neben dem Vertrag auf dem Boden saß, bevor er das Video drehte. Nach Judys Worten hatte sie vor der Unterzeichnung Zugang zu dem Abkommen, doch sie sagte später vor Gericht aus, daß sie die Einigung nicht gelesen hatte. Leute, die Martina kennen, räumen ein, daß sie manchmal nicht so gründlich beim Lesen von Verträgen ist. Deshalb sagt das Photo mit dem Vertrag neben ihr nicht mehr aus, als daß ihr Gelegenheit und Zeit gegeben wurde, durch die Details zu gehen. Martina gab an, daß sie damals den Vertrag nicht genau durchgegangen ist. Das scheint Judys Position zu bestätigen, daß sie eben nicht versuchte, Martina »über den Tisch zu ziehen«, in dem sie sie im letzten Moment mit einem unbekannten Dokument konfrontierte.

Das Video wurde in Bales Schlafzimmer gedreht und dauert ungefähr zwanzig Minuten. Man sieht Judy und Martina in goldenen Plastikstühlen nebeneinander sitzen. BeAnn, die das Original des Vertrags in den Händen hält, sitzt vor ihnen. BeAnn führt in den Vorgang als »das Ereignis« ein, und benutzt sogar eine Klappe, womit ein Bezug zum Film hergestellt ist. Sie sagt zur Kamera: »Du mußt verstehen, dies ist nicht Martinas erster Fernsehauftritt, dafür aber Judys.« Dann fährt sie fort: »Wir sind hier in der Roaring Springs Road 708, und der Grund, warum wir hier sind, ist, daß Judy und Martina eine Einverständniserklärung unterzeichnen wollen, die sie zu Partnern macht, in allem, was sie finanziell unternehmen, so wie sie jetzt schon fast zwei Jahre Partner sind.« Während der ganzen Aktion laufen die Katze Lancelot und der Hund K. D. durch das Bild. Jede Frau nimmt ein Tier hoch, und sie machen Witze darüber, daß Judys Kinder nicht von den Steuern abzusetzen sind.

Das Video wurde gedreht, um die Unterzeichnung zu dokumentieren, und es zeigt, wie jede einzelne Seite von Judy und Martina unterschrieben wird, wobei Martina noch auf kleine Fehler hinweist und auf die Stellen, wo Judy unterschreiben muß. Das Video endet wieder mit dem Schlagen der Klappe und damit, daß Martina und Judy sich gegenseitig per Handschlag beglückwünschen.

Judy und Martina bekommen jede eine Kopie des Vertrags ausgehändigt und werden von BeAnn gewarnt, daß sie es nicht in Jerry Loftins Büro hinterlegen können, sondern selbst für die Sicherheit verantwortlich sind. Judy zufolge wird eine Kopie später ihrer Sekretärin übergeben, damit sie sie in den Safe ihres damaligen Anlageberaters Jim Shaffer legt. Martina ficht Judys Darstellung über die Aufbewahrung des Vertrags an. In ihrer Version des Hergangs sieht oder behält Jerry Loftin irgendwann, irgendwo den Vertrag. Judy und BeAnn schwören, daß er ihn nie gesehen hat. Die Sache ist weiterhin ein Streitpunkt. Die andere Ausführung wird im Safe, oben im Schrank, aufbewahrt. Dieses Dokument wird 1988 nach Aspen, wieder in einem Schranksafe deponiert. Die andere Kopie wird, zusammen mit Judys und Martinas anderen Geschäftsunterlagen, letztlich zu IMG geschickt, als sie die Anlageberater wechseln.

Warum nannten sie dieses Ritual »das Ereignis«? Es war offensichtlich keine Heiratszeremonie, und der Ablauf läßt jede Art von Romantik vermissen. Warum wurden die Eltern nicht als Zeugen mit in den Raum gelassen? Und wenn es denn ein »Abkommen zwischen Geschäftspartnern« war, warum waren dann keine Rechtsanwälte anwesend?

Um diese Fragen zu verstehen, müssen wir uns zwei bestimmte Elemente dieses Ereignis anschauen: nämlich einmal die Unterzeichnung selbst und ferner die Vereinbarung. Der Umstand, daß beide Vorgänge nicht gerade rechtlichen Traditionen entsprechen, bedeutet, daß beide Parteien sich letztendlich nicht auf Auslegungen verlassen können, die normalerweise auf diesen Rechtstraditionen basieren, wie etwa bei Heirats- oder Geschäftsverträgen. Es nützt nichts, im nachhinein das Ereignis für den Prozeß zu rekonstruieren, denn keine der beiden Parteien kann auf »gesellschaftliche Normen« für die Auslegung von Absicht und Bedeutung zurückgreifen.

Judy erklärt, daß ihre Eltern nicht in dem Zimmer waren, weil sie und Martina sich bei einem, wie sie meinten, privaten Anlaß in einer ungezwungenen, privaten Atmosphäre bewegen wollten. Das scheint nicht vom sonstigen Verhältnis zu den Eltern abzuweichen. Judys Vater hat oft darauf bestanden, daß er und Frances sich nicht in die Privatangelegenheiten ihrer Kinder einmischen (was ein Grund dafür sein könnte, daß ihre Ehe nach fürfzig Jahren immer noch intakt ist). Trotzdem wundert man sich, wenn ein Video als privat eingeschätzt wird, das in Anwesenheit von Judys Bruder und BeAnn gedreht worden ist. Theoretisch ist ein Video natürlich neutral, unbestechlich und ohne Vorurteile, aber diese Eigenschaften sind dann den Vorurteilen und Neigungen des Betrachters unterworfen. Es reicht wohl, anzumerken, daß Judy und Martina das Ereignis privat begehen wollten und es auch taten.

Übrig bleibt eine viel wichtigere Frage: Warum wurden zu keinem Zeitpunkt Rechtsanwälte in die Planung einbezogen? Auf den ersten Blick scheint es unvorstellbar, daß eine der beiden Frauen ohne juristische Beratung einen Geschäftsvertrag unterschrieb. Jede Partei stellte sich im übrigen gegen gesellschaftliche Normen und war ohne Rechtsbeistand, könnte durch individuelle Auslegung der Bedeutung das Abkommen gefährden. Die Tatsache, daß dieser Vertrag niemals auf seine Rechtsgültigkeit hin überprüft worden ist, bedeutete, daß die Unterzeichnerinnen sich niemals so richtig über die Konsequenzen bewußt waren, die ein Vertragsbruch mit sich bringen würde.

Natürlich konnte man Martina mehr Gerissenheit zutrauen, als sie hier vor Gericht an den Tag legte. Eine pessimistische Interpretation wäre, daß sie sich niemals ernsthaft an etwas gebunden fühlte, was vom Staate Texas strafrechtlich verfolgt werden könnte. Bedenkt man, daß der Vertrag und seine Unterzeichnung unüblich waren, unterstützt das Video entweder Martinas angebliche Verwirrung oder es läßt die Möglichkeit offen, daß sie zwar einen Vertrag unterzeichnete, der Großzügigkeit versprach, doch gesellschaftliche Normen und juristische Traditionen ihr großen Spielraum zum Manövrieren lassen würden. Man würde dann daraus schließen, daß der Vertrag eher im Bewußtsein aufgesetzt wurde, ihn später als Verhandlungsgegenstand benutzen zu können als einen, den Judy durch den Staat legitimiert bekäme.

In einem solchen theoretischen Planspiel konnte Martina pokern und entweder davon ausgehen, daß sie für immer mit Judy zusammen sein würde, oder daß sie, im unwahrscheinlichen Fall einer zukünftigen Trennung, ein Schnellverfahren gewinnen würde, weil eine strafrechtliche Tat (Homosexualität) in Texas stattgefunden haben mußte (oder versprochen, angedeutet oder erwartet wurde), um die Vereinbarungen und Pflichten, die in dem Vertrag festgehalten waren, überhaupt zu erfüllen. Man kann eine strafbare Handlung nicht zur Grundlage eines Vertrages machen, und dann später ein Gericht bitten, den Vertrag juristisch anzuerkennen. Der Vertrag selbst ist dann Beweismittel gegen einen selbst. Im Fall *Nelson/Navratilova* würde es schwierig sein, zu beweisen, daß vor der Unterzeichnung des Vertrags keine »strafbare« Handlung stattgefunden hat und daß diese strafbare Handlung in gefühlsmäßiger Hinsicht keine Auswirkungen auf Martina gehabt hat.

Es scheint für viele unfaßbar, daß diese Argumentationsführung 1991 noch existieren konnte, aber Texas bildete im Vergleich zu anderen Staaten eine Ausnahme. In diesem Bundesstaat konnte dieses Gesetz, bei einem konservativen Richter oder Juroren, Grund für eine Ablehnung sein, die den Vertrag weniger wert machte, als das Papier, auf dem er geschrieben war. Anstatt Judy mit irgendwelchen Ungereimtheiten zu konfrontieren, konnte Martina sich deshalb einigermaßen sicher sein, daß sie in der besseren Ausgangsposition war, sollte sie einmal bessere Bedingungen aushandeln müssen.

In dem Video gibt BeAnn Sisemore sogar zu, daß dieses Vorgehen ungewöhnlich ist und sagt: »Wenn irgend jemand so etwas schon einmal gemacht hat, dann wissen wir jedenfalls nichts davon.« Außerdem warnte sie Judy und Martina: »Ihr habt beide darauf verzichtet, euch von einem Anwalt vertreten zu lassen.«

Mike McCurly, der wortführende Rechtsanwalt von Martina, kam später zu dem Schluß, daß dieser Vertrag Teil einer Verschwörung von Judy und ihrer Familie gegen Martina war. In diesem Szenario war Martina nicht durch einen Anwalt vertreten und wußte deshalb nicht, was sie unterzeichnete. Vor Gericht sagte Martina, daß sie geglaubt hatte, BeAnn sei Rechtsanwältin und würde deshalb ihre Interessen wahrnehmen. Später, im Juli 1991, in einem Interview für die Zeitschrift *People,* reagierte sie auf das Verfahren, das Judy angestrengt hatte, um den Vertrag anerkennen zu lassen: »Ich habe einfach jedem vertraut. Wir saßen da, Judy und ihre Anwältin . . . Ich kann mir einfach nicht vorstellen, daß sie es um des Geldes willen tut.«

Die Meinungen zur Fairneß des Nelson-Navratilova-Dokuments gehen in der Bevölkerung und in der Lesbenbewegung stark auseinander. Die Soziologen, Philip Bloomstein und Pepper Schwartz, berichten in ihrem Buch »American Couples«, das 1983 erschienen ist, daß die meisten Leute, Homosexuelle genauso wie Heterosexuelle, das Gefühl haben, daß beide Partner arbeiten und zum Lebensunterhalt beitragen sollten. Judy selbst unterstützte Martina in ihrer Arbeit und in ihrem gemeinsamen Leben, eine Rolle, die traditionell von der Ehefrau eingenommen wird. Viele Feministinnen argumentieren gegen das Prinzip des Gemeinguts, wenn es um verheiratete Frauen geht, aber viele Feministinnen verteidigen Martinas Position: Judy hat kein Recht auf die Hälfte des Vermögens, das während der gemeinsamen Beziehung verdient wurde.

Wenn Frauen die gleichen Rechte und den gleichen Schutz verlangen, dann müssen sie auch die gleiche Verantwortung übernehmen. Es wird den Frauen kein Gefallen getan, wenn der Wert der unterstützenden Arbeit nicht anerkannt wird. Wenn wir die Erziehung vernachlässigen, dann versäumen wir, unseren Kindern einen Anreiz zu bieten, als fürsorgliche Menschen aufzuwachsen. Zielstrebigkeit und Entschlossenheit gehen verloren, wenn bei Männern und Frauen mit zweierlei Maß gemessen wird; was gut für die Gans ist, ist auch gut für den Gänserich und umgekehrt.

Wenn wir uns jetzt dem Inhalt zuwenden, bleibt die Frage: Ist der Nelson-Navratilova-Vertrag fair? Hier die Kopie für den Leser:

Staat Texas
Bezirk Tarrant

VEREINBARUNG ÜBER EIN NICHT-EHELICHES ZUSAMMENLEBEN

Diese Vereinbarung wird zwischen MARTINA NAVRATILOVA (im weiteren »MARTINA« genannt) und JUDY NELSON (im weiteren »JUDY« genannt) geschlossen, in dieser Vereinbarung als »Parteien« bezeichnet.

In Erwägung der gegenseitigen Zusicherungen, die in dieser Vereinbarung enthalten sind und mit der Absicht, an diese künftig gebunden zu sein, vereinbaren die Parteien folgendes:

ARTIKEL 1
VERTRAGSVEREINBARUNGEN

1.01   Zusammenleben

Die Parteien leben seit _____, 1985 in demselben Haus, Roaring Spring Road 708, in Fort Worth, Texas und haben vor, diese häusliche Gemeinschaft beizubehalten.

1.02   Familienstand und Wohnsitz

Beide Parteien sind unverheiratet und haben ihren ersten Wohnsitz in Texas.

1.03   Berufliche Tätigkeit

MARTINA ist professionelle Sportlerin und besitzt, führt, managt unabhängig von Judy ihre eigene Firma, MARTINA ENTER-PRISES, INC.

JUDY assistiert in der Geschäftsleitung und bei den Werbeaktivitäten von MARTINA innerhalb ihrer Firma und steht ihr in finanziellen Fragen, bei Reklame und bei Werbeaktivitäten, sowie bei persönlichen Entscheidungen zur Seite.

Beide Parteien haben vor, ihre gegenwärtigen Berufe unter der Geltung dieser Vereinbarung beizubehalten.

1.04   Zweck der Vereinbarung

Die Parteien beabsichtigen durch diese Vereinbarung, ihre Eigentumsrechte gegenseitig zu klären. Diese Vereinbarung soll an die Stelle jeglicher Rechte treten, die nach den Grundsätzen der Entscheidung »Marvin-Marvin«, 18 Cal. 3d 660 (1976) oder anderen Entscheidungen begründet sein könnten, die sich mit den Rechten und Pflichten unverheiratet zusammenlebender Personen befassen. Ebenso sollen entsprechende gerichtliche Bestimmungen, auch soweit sie erst in Zukunft in Kraft treten, nicht anwendbar sein. Die Parteien beabsichtigen mit dieser Vereinbarung darüber hinaus ihre nach Abschluß dieser Vereinbarung erworbenen Vermögen zu regeln.

ARTIKEL 2
INKRAFTTRETEN

2.01   Inkrafttreten

Diese Vereinbarung soll rückwirkend vom 10. Juli 1984, dem Tag, seitdem beide Parteien zusammenleben, gelten und bis zu einer Trennung der Parteien oder dem Tod eines Partners gültig sein. Als Trennung gilt das Datum, an dem eine der beiden Parteien die andere schriftlich davon in Kenntnis setzt, daß sie nicht länger mit dem anderen Partner zusammenleben will.

ARTIKEL 3
GEGENWÄRTIGE FINANZIELLE SITUATION

3.01   Gegenwärtige finanzielle Situation

Jede der Parteien hat die finanzielle Lage der anderen sorgfältig geprüft. Insbesondere hat jede der Parteien das gegenwärtige Vermögen und die Verbindlichkeiten der anderen geprüft. Diese sind im Anhang niedergelegt. Die Parteien erklären hinsichtlich des Vermögens und der Verbindlichkeiten der anderen, alle erforderlichen Erkundigungen eingezogen und auf Fragen zufriedenstellende Antworten erhalten zu haben.

ARTIKEL 4
SONDERVERMÖGEN

4.01 Die im folgenden aufgelisteten Vermögensgegenstände bleiben Sondervermögen der Partei, die Eigentümer ist, ohne daß die andere an diesem Sondervermögen in irgendeiner Weise partizipiert:

1. Jegliches Vermögen, ob realer oder persönlicher Art, das der jeweiligen Partei beim Inkrafttreten dieser Vereinbarung gehört und in den Anlagen als solches ausgewiesen ist, bleibt deren Eigentum.

2. Jeder Vermögenszuwachs, den die jeweilige Partei nach Abschluß dieser Vereinbarung erzielt, gleich ob dieser Zuwachs auf marktbedingter Wertsteigerung oder auf dem persönlichen Einsatz der Partei beruht.

3. Jegliches Vermögen, das später durch Schenkung, Testament, Vermächtnis, Erbfolge oder Erträgen aus besagtem Eigentum oder der Wertsteigerung des besagten Eigentums herrührt, gleich ob die Steigerung durch die Marktverhältnisse oder durch den persönlichen Einsatz des Eigentümers zustande kommt.

4.02 Erträge als gemeinsames Vermögen

Entsprechend den nachfolgenden Regelungen werden der Verdienst und das Einkommen jeder Partei gemeinsamer Besitz der Parteien und unterliegen, im Falle einer hier definierten Trennung, der Aufteilung. Darüber hinaus werden Vermögen, die von beiden Parteien nach Inkrafttreten dieser Vereinbarung erworben wurden, sowie Erträge aus besagten Vermögen oder Wertsteigerungen, gleich ob die Steigerung durch die Marktverhältnisse oder durch persönlichen Einsatz der Parteien zustande kommt, Gesamtvermögen der Parteien. Die Parteien sind hinsichtlich des Gesamtvermögens wie Mitpächter zu behandeln.

ARTIKEL 5
AUSGABEN DES TÄGLICHEN LEBENS

5.01   Ausgaben und Anschaffungen für den gemeinsamen Haushalt

Während ihres Zusammenlebens werden MARTINA und JUDY ihre Ausgaben aus ihren gemeinsamen Einkünften bestreiten. Das gemeinsame Einkommen wird geteilt und steht künftig beiden Parteien gemeinsam zu. Aus ihm werden für die Zeit des Zusammenlebens der gemeinsame Lebensunterhalt sowie persönliche Ausgaben bestritten. Jede Partei kann über diese Mittel frei verfügen, ohne daß sich daraus ein Anspruch auf Rückzahlung eines Teils oder des Ganzen ergibt. Überschüsse werden von dem Zeitpunkt an zu gleichen Teilen aufgeteilt, da eine der beiden Parteien sich dazu entschließt, diese Vereinbarung durch die hier beschriebene Trennung zu beenden.

Ziel dieser Regelung ist es, für den Fall, daß eine der beiden Parteien in einem oder mehreren Monaten des Zusammenlebens mehr profitiert, einwandfrei festzuhalten, daß die andere Partei zu keiner Zeit einen Ausgleich verlangen kann. Statt dessen steht es beiden frei, diese Geldmittel in beliebigem Umfang zu verbrauchen bzw. zu nutzen, ohne daß sich nachfolgend daraus das Anrecht auf Rückerstattung der Differenz des Guthabens der einen oder anderen in der Zeit des Zusammenlebens an die andere Partei ergibt.

Jede Partei wird aus den gemeinsamen Mitteln, die hiernach einzeln oder gemeinsam erworben werden, ihre persönlichen Ausgaben des täglichen Lebens bestreiten wie sie anfallen und Lebensmittel, Kleidung, Reisen, Unterhaltung, Unterkunft und ähnliches beinhalten, sich aber nicht nur auf diese beschränken, ohne daß sich nachfolgend daraus das Anrecht auf Rückerstattung an die andere Partei für einen ähnlichen Betrag, der für die andere Partei nicht ausgegeben wurde, ergibt.

Die Parteien beabsichtigen nicht, gleich hohe Entnahmen auf monatlicher Basis zu tätigen, statt dessen sollen die Einkünfte beider so geteilt und verbraucht werden, wie es in der Zeit, in der sie zusammenleben, notwendig ist. Sie werden gleichermaßen Mittel und Vermögen, die von dem, nach Beginn dieser Vereinbarung Erworbenem übrigbleiben, zu gleichen Teilen aufteilen, sollte eine der beiden Parteien künftig den Wunsch haben, sich, wie in dieser Vereinbarung beschrieben, zu trennen.

Die Parteien können von Zeit zu Zeit Geld und Auslagen verwenden, um Geschenke für Familie oder Freunde zu kaufen oder diese bei ihren Lebenshaltungskosten zu unterstützen. Auch kann es erforderlich werden, daß die Parteien Gelder für Investitionen in ihr jeweiliges Sondervermögen benötigen. Keine Partei kann jemals Rückerstattung für die Mittel, die hierin als gemeinsame Mittel bestimmt sind, von der anderen verlangen, die für diese Zwecke gebraucht werden, auch wenn eine Partei, deren Besitztümer oder Familie davon mehr profitiert haben als die der anderen. Die Absicht der Parteien ist nur, ihr Leben ohne Komplikationen oder Angst vor zukünftigen Prozessen um Zurückzahlungen oder Summen, die dahingehend ausgelegt werden können, daß sie der anderen zustehen, leben und sie für alle Zeiten durch diese Vereinbarung beizulegen.

Die eine Partei kann der anderen Partei von Zeit zu Zeit bestimmte Gegenstände als Geschenk machen. Dieses Geschenk bleibt gesondertes Eigentum der Person, die das Geschenk erhält und soll für alle Zeiten nicht von dem anderen Partner zurückgefordert werden können.

Jede Partei macht ihre eigene Einkommensteuererklärung und zahlt ihre eigene Einkommensteuer aus den Mitteln, die beiden Parteien zustehen und die getrennt oder gemeinsam erwirtschaftet werden und auf die kein Anrecht auf Rückerstattung für die Zahlung der Steuern der anderen Partei besteht.

Die Vermögensgegenstände oder Haushaltsgüter, die von dem Datum an gekauft werden, da die Parteien zusammenleben wie es durch diese Vereinbarung bestimmt wird, sind gemeinsamer Besitz der Parteien, genau wie andere Mittel und Rücklagen so wie hier beschrieben. Jede Auseinandersetzung über die Eigentümerschaft soll unter Berücksichtigung des Kauf- oder Erwerbdatums geregelt werden.

Alle Bankkonten und Vermögenswerte, die Sondervermögen einer Partei bleiben, oder Immobilien oder Rücklagen, die hier in den beigefügten Anlagen beschrieben sind und im gesonderten Besitz der Partei bleiben, einschließlich der Wertsteigerungen derselben gemäß dieser Vereinbarung, bleiben im Besitz dieser bestimmten Partei, ohne daß sie in die Vermögenswerte einfließen.

ARTIKEL 6
BESITZ UND VERBINDLICHKEITEN VON MARTINA

6.01   Vermögen und Haftung von MARTINA

Der auf Liste A dieser Vereinbarung aufgeführte Besitz ist und wird gesondertes Eigentum von MARTINA bleiben.
Die in Liste C dieser Vereinbarung aufgeführten Verbindlichkeiten und Verpflichtungen sind einzig und allein die Verbindlichkeiten und Verpflichtungen von MARTINA, die nur aus dem gesonderten Vermögen beglichen und bezahlt werden und von welchen sie JUDY von jeglichen Forderungen freihalten und entschädigen wird.
Für jegliche Steuern, Zinsen oder Geldstrafen, die MARTINA aufgrund des von ihr erhaltenen oder aufgelaufenen oder auf andere Art ihr zugeschriebenen Einkommens zahlen muß, ist einzig MARTINA haftbar und verpflichtet. Sie können und sollen aber aus dem Einkommen bezahlt werden, das künftig gemeinsamer Besitz ist, solange sie JUDY für alle Zeiten vor Forderungen an ihr Vermögen schützt, sie davon freihält und sie dafür entschädigt, ohne jeglichen Anspruch auf Rückzahlung von JUDY für jegliche Steuern, die MARTINA erwachsen und die ihrem Sondervermögen zuzuschreiben sind.

ARTIKEL 7
VERMÖGEN UND VERBINDLICHKEITEN VON JUDY

7.01   Vermögen und Haftung von Judy

Der auf Liste A dieser Vereinbarung aufgeführte Besitz ist und wird gesondertes Eigentum von JUDY bleiben.
Die in Liste D in dieser Vereinbarung aufgeführten Verbindlichkeiten und Verpflichtungen sind einzig und allein die Haftbarkeiten und Verpflichtungen von JUDY, die nur aus dem gesonderten Vermögen beglichen und bezahlt werden und von welchen sie MARTINA von jeglichen Forderungen freihalten und entschädigen wird, solange sie das Recht hat, so sie es wünscht, aus den gemeinsam von beiden erwirtschafteten Mitteln jegliche Verbindlichkeiten oder

Verpflichtungen zu begleichen ohne das Recht auf Rückzahlung derselben durch die andere Partei.

Für jegliche Steuern, Zinsen oder Geldstrafen, die JUDY aufgrund des von ihr erhaltenen oder aufgelaufenen oder auf andere Art ihr zugeschriebenen Einkommens zahlen muß, ist einzig JUDY haftbar und verpflichtet. Sie können und sollen aber aus dem Einkommen bezahlt werden, das künftig gemeinsamer Besitz ist, solange sie MARTINA für alle Zeiten vor Forderungen an ihrem Vermögen schützt und sie davon freihält, sie dafür entschädigt, ohne daß sie künftig verpflichtet ist, Rückzahlungen an MARTINA für jegliche Beträge zu leisten, die ihrem Sondervermögen zuzuschreiben sind.

ARTIKEL 8
KÜNFTIGE KREDITAUFNAHMEN

8.01   Künftige Kreditaufnahmen durch die Parteien

Im Bewußtsein der Komplexität der heutigen Geschäftsabwicklungen bei Kreditaufnahmen und weil jede Partei der anderen Kreditaufnahmen ohne vorherige Zustimmung, unabhängig vom Beitritt in derartige Verträge, ermöglichen will, treffen die Parteien folgende Vereinbarung in bezug auf derartige künftige Transaktionen. Sollte eine Partei Transaktionen vornehmen, bei denen Guthaben auf diese Partei erweitert werden oder diese Partei haftbar, oder zu anhänglichen oder sonstigen Rückzahlungen von Krediten an jedwede dritte Partei verpflichtet ist, unabhängig davon, ob diese Transaktion angemessen als eine Transaktion von »gesondertem Guthaben« bezeichnet ist und außer wenn eine gegenteilige Absicht besonders und ausdrücklich angegeben wird, dann wird die Verpflichtung von dem Partner aus den gemeinsam von beiden Parteien verdienten Mitteln ohne das Recht auf Rückzahlung desselben durch den anderen für diese bezahlten oder ausgestellten Kredite beglichen.

Sollten nach Inkrafttreten dieser Vereinbarung den hierin genannten Parteien geschäftliche Mißerfolge bei jeder Sache, die hierin als gemeinsame Angelegenheit der Parteien bestimmt wird, weil selbige nach Inkrafttreten der Vereinbarung erstanden sind, entstehen oder bei Bankrott, Neuordnung, Vergleich oder anderen Schuldner-/Gläubigerhandlungen von oder gegen eine der Parteien, werden die Parteien sich in Kreditfragen, der Übereinkunft und der Nachsicht in dieser Angelegenheit an die jeweilig andere Partei wenden. Ebenso sollte jeder geschäftliche Mißerfolg und die Verluste, die in einem Unternehmen entstehen, das als gesonderter Besitz einer Partei gilt, da es vor Inkrafttreten dieser Vereinbarung in ihren Besitz gelangt ist, aus dem gesonderten Besitz der Partei, die diesen Verlust erlitten hat, beglichen werden.

ARTIKEL 9
VERWALTUNG, VERTEILUNG UND UMWANDLUNG VON VERMÖGEN

9.01 Verwaltung des Vermögens

Jede Partei hat das volle, freie und uneingeschränkte Recht, sein oder ihr Sondervermögen zu verwalten, eingeschlossen das Recht, diesen Anteil zu übertragen oder zu belasten; es durch Verkauf, Schenkung oder sonstwie abzustoßen; und damit zu handeln, ohne die andere Partei mit einzubeziehen.

9.02 Übertragung von Besitz der anderen Person

Ungeachtet jeder anderen Vorkehrung dieser Vereinbarung kann jede Partei der anderen Partei nur dann Besitz, der hierin als gesonderter Besitz des Partei bestimmt wurde, überschreiben, geben, übertragen, hinterlassen oder vererben, wenn es durch ein notarielles Dokument beglaubigt wird. Keine Partei zielt durch diese Vereinbarung darauf ab, das Recht jeglicher Transfers, Geschenke, Übertragungen, Hinterlassenschaften oder Erbschaften vom anderen zu erhalten, einzuschränken, außer wenn nichts Gegenteiliges in dieser Vereinbarung festgehalten ist.

10.01   Trennung, Bestimmung und Aufteilung von Vermögens-
gegenständen

Die Parteien haben oben beschlossen, daß eine Auflösung der Gemeinschaft dadurch stattfinden kann, daß eine der Parteien schriftlich ihren Trennungswunsch mitteilt.
In diesem Fall soll jede der Parteien nach bestem Wissen und Ge-
wissen eine vollständige Liste aller Vermögensgegenstände und
verfügbaren Geldbeträge aufstellen, wobei diese Liste in drei
Gruppen aufgeteilt sein soll:
Liste 1 soll alle Gegenstände und Geldbeträge umfassen, die zu
MARTINAS Sondervermögen gehören.
Liste 1A soll alle Gegenstände umfassen, die MARTINA als Geschenke bezeichnet. Sie soll ferner angeben, wann, von wem und zu
welcher Gelegenheit sie solche Geschenke erhalten hat.
Liste 2 soll alle Vermögensgegenstände und alle Gelder umfassen,
die zu JUDYS Sondervermögen gehören.
Liste 2A soll alle Gegenstände umfassen, die JUDY als Geschenke
bezeichnet. Sie soll ferner angeben, wann, von wem und zu welcher
Gelegenheit sie solche Geschenke erhalten hat.
Liste 3 soll alle Vermögensgegenstände und Geldbeträge aufführen,
die seit Beginn dieser Vereinbarung erworben wurden – mit Ausnahme der Geschenke, die in den oben angeführten Listen 1A und
2A aufgeführt sind.
Die Parteien wünschen, MARTINA ihr gesamtes Sondervermögen,
wie es in dieser Vereinbarung definiert wurde und wie es in Liste 1
und 1A aufgeführt ist, zuzuerkennen. Ebenso soll das gesamte Sondervermögen von JUDY, wie in dieser Vereinbarung definiert wurde
und wie es in Liste 2 und 2A aufgeführt ist, JUDY zuerkannt werden.
Alle verbleibenden Posten, Gelder, Vermögensgegenstände etc., die
seit Beginn dieser Vereinbarung erworben wurden und sich noch im
Besitz der Parteien befinden, sollen geteilt werden.
Insoweit soll jede der Parteien in Form einer Liste einen Auftei-
lungsvorschlag vorbereiten oder vorschlagen, welche Gegenstände
getauscht werden könnten, um eine billige Verteilung der Güter, die
zur Verteilung anstehen, zu erreichen. Sollten Vermögensgegenstände übrigbleiben, bei denen sich die Parteien nicht über eine

Aufteilung einigen können, so sollen solche Gegenstände verkauft und der Verkaufserlös ebenso geteilt werden. Derartige Kauf- und Verkaufsverträge unterliegen der Schriftform.

Soweit es sich um Grundstücke handelt, die durch Tausch, durch Kauf oder durch Verkauf nicht aufgeteilt werden können, sollen diese Grundstücke auf dem freien Markt verkauft und die Verkaufserlöse ebenso geteilt werden. Die Parteien dürfen bis zum endgültigen Verkauf solcher Grundstücke diese Grundstücke weiterhin nutzen. Laufende Kosten, insbesondere Unterhaltungskosten für solche Grundstücke, werden zwischen den Parteien von dem Zeitpunkt der Trennung an geteilt.

Sollte eine der beiden Parteien mit derartigen Zahlungen nach der Trennung bis zum endgültigen Verkauf der Grundstücke in Rückstand sein und die andere Partei solche Kosten vorgelegt haben, so soll die Partei, die diese Kosten getragen hat, von der anderen Partei Ersatz fordern können. Aus dem Verkaufserlös dieser Grundstücke sollen solche vorgelegten Beträge ausgeglichen werden.

Sobald die Trennung ausgesprochen ist und solange Vermögensgegenstände und Gelder, die zum gemeinsamen Eigentum der Parteien gehören, noch nicht aufgeteilt sind, sollen die Parteien über solche Vermögensgegenstände, Gelder oder jegliche andere Vermögensgegenstände nicht mehr verfügen, die als gemeinsames Eigentum angesehen werden könnten. Sollte eine der Parteien Gelder ausgegeben oder über Vermögensgegenstände verfügt haben, die später als gemeinsames Eigentum der Parteien erkannt werden, verpflichtet sich die Partei, der anderen die Hälfte dieser Summen oder die Hälfte des Wertes solcher Vermögensgegenstände zu ersetzen. Die zu erstattenden Beträge sollen aus dem Anteil gezahlt werden, den diese Partei aus der Aufteilung der verbleibenden Positionen erhält.

ARTIKEL 11
ALLGEMEINE BESTIMMUNGEN

11.01   Rechte und Pflichten

Diese Vereinbarung entfaltet Rechte und Pflichten für die Parteien und ihre jeweiligen Erben, Verwalter, persönlichen Vertreter, Rechtsnachfolger und Zessionare.

11.02   Gegenleistung für diese Vereinbarung

Die Gegenleistung für den Abschluß dieser Vereinbarung liegt in dem wechselseitigen Versprechen der Partner, dem anderen Lebensgefährte zu sein und mit ihm den gemeinsamen Haushalt zu führen. Dazu treten die anderen besonderen Zusagen, die in dieser Vereinbarung enthalten sind. Jegliche Dienste, die gegenseitig erbracht werden, sollen durch die Regelungen dieser Vereinbarung abgegolten sein.

11.03   Treuhänderische Verpflichtung

Jede der Parteien verpflichtet sich, bei der Verwaltung des gemeinsamen Vermögens sorgfältig und rücksichtsvoll gegenüber der anderen zu verfahren.

11.04   Unterhalt nach Trennung oder Tod

Jede der Parteien verzichtet wechselseitig auf Unterhaltsansprüche nach Trennung oder Tod eines der Partner. Gleichfalls verzichten sie wechselseitig auf jegliches Klagerecht betreffend solche Unterhaltsansprüche.

11.05   Keine Absicht, eine Rechtslage nach »Common Law« oder »Formlose Ehe« zu schaffen

Keine der Parteien wird sich als Ehegatte des anderen ausgeben. Die Parteien sind zum Zeitpunkt der Wirksamkeit dieser Vereinbarung nicht verheiratet und beabsichtigen nicht zu heiraten.
Keine der Parteien beabsichtigt eine tatsächliche Lage zu schaffen, die als »Ehe nach Common Law« aufzufassen wäre oder die eine Vermutung für eine solche Verwandtschaft, nämlich eine »formlose Ehe«, schaffen würde, wie sie in § 1.91 und 1.92 des Ehegesetzes von Texas definiert ist oder in sonstigen Entscheidungen, in denen solche Rechtssätze enthalten sind. Sie werden sich ferner nicht so verhalten, daß die Öffentlichkeit annehmen könnte, sie lebten wie Mann und Frau zusammen. Eine künftige Ehe zwischen den Parteien muß deshalb formell nach den gültigen Gesetzen geschlossen

werden. Eine solche Eheschließung berührt diese Vereinbarung ausschließlich wie in dem obigen § 2.01 vorgesehen.

11.06 Ausschluß anderer Vereinbarungen

Diese Vereinbarung stellt die vollständige Vereinbarung zwischen den Partnern in Hinblick auf die in dieser Vereinbarung geregelten Gegenstände dar. Alle Vereinbarungen, Übereinkünfte, Vertretungsberechtigungen und Ermächtigungen, seien sie ausdrücklich oder stillschweigend, mündlich oder schriftlich, welche die Partner betreffend ihrer finanziellen Verhältnisse in der Vergangenheit, Gegenwart und Zukunft seit Beginn ihres Zusammenlebens bis zum Zeitpunkt ihrer Trennung getroffen haben, sind in dieser Vereinbarung enthalten. Die Parteien erklären, keinerlei andere Vereinbarungen, Übereinkünfte, Vertretungsberechtigungen und Ermächtigungen in bezug auf den anderen getroffen zu haben, soweit es Gegenstände anbelangt, die in dieser Vereinbarung niedergelegt sind.
Alle früheren und gegenwärtigen Gespräche, Verhandlungen, mögliche und behauptete Vereinbarungen, Übereinkünfte, Vertretungsberechtigungen und Ermächtigungen, welche die Gegenstände betreffen, die in dieser Vereinbarung abgehandelt wurden, sind ungültig und werden durch diese Vereinbarung ersetzt. Dies ist eine umfassende Vereinbarung.

11.07 Salvatorische Klausel

Sollte irgendeine der Bestimmungen dieser Vereinbarung unwirksam oder undurchführbar sein, sollen die anderen Bestimmungen der Vereinbarung davon nicht berührt werden. Sie bleiben vielmehr rechtswirksam. Sollte eine Bestimmung mit Rücksicht auf ihre Tragweite unwirksam sein, so soll sie soweit Geltung behalten, als dies rechtlich zulässig ist.

11.08 Abänderung der Vereinbarung

Diese Vereinbarung kann nur durch eine schriftliche Vereinbarung, die von beiden Parteien in Anwesenheit eines Notars unterzeichnet ist, abgeändert werden.

11.09   Anwendbares Recht

Für alle Rechte, Obliegenheiten und Verpflichtungen aus dieser Vereinbarung ist Gerichtsstand Fort Worth, Bezirk Tarrant, Texas. Die Errichtung und Durchsetzung dieser Vereinbarung unterliegt den Gesetzen des Staates Texas.

11.10   Unterzeichnung der Vereinbarung

Vor Errichtung dieser Vereinbarung ist jede der Parteien besonders darauf hingewiesen worden, daß sie sich des Rechtsrats eines Anwalts ihrer Wahl bedienen sollte. Dieser Anwalt sollte der jeweiligen Partei die zahlreichen Bestimmungen dieser Vereinbarung und ihre rechtliche Bedeutung erklären. Insbesondere sollen die Auswirkungen der Rechte, die ein Partner in Hinblick auf das Vermögen des anderen hat, genau erklärt werden. Jede der Parteien bestätigt, daß sie die Vereinbarung und ihre rechtlichen Auswirkungen genau versteht, daß sie die Vereinbarung freiwillig und ohne Zwang unterzeichnet, und daß keine der Parteien irgendeinen Anlaß hat anzunehmen, daß die andere Partei die Bestimmungen und die Ausführungen dieser Vereinbarung nicht voll verstanden hat oder daß sie nicht freiwillig und ungezwungen diese Vereinbarung errichtet. Ferner erklärt jede Partei, daß sie auf das Recht der Zuziehung eines Anwalts verzichtet und wünscht, ohne die Beteiligung und Beratung eines Anwalts diese Vereinbarung zu unterschreiben.
Ferner bestätigt jede der Parteien, daß sie gemeinsam und gegenseitig den Inhalt ihrer Partnerschaft bestimmt haben, ferner, daß sie die Rechte an ihrem jeweiligen Vermögen festgelegt haben und übereingekommen sind, diese Rechte in einer schriftlichen Vereinbarung niederzulegen, deren Inhalt sie selbst festgelegt haben. Ferner bestätigen die Parteien, daß sie die Auswirkungen und Rechtswohltaten dieser Vereinbarung verstanden haben und daß sie bei ihrem Abschluß nicht von einem Anwalt oder einer anderen Person unterstützt wurden. Die Parteien werden sich zu keiner Zeit vor einem Gericht oder jedem anderen Forum gegen eine Bestimmung dieser Vereinbarung mit dem Argument wenden, daß sie auf ihr Recht zur Zuziehung eines Anwalts verzichtet haben.

11.11 Auslegung

Keine Bestimmung in dieser Vereinbarung darf mit der Begründung gegen eine der Parteien ausgelegt werden, daß dieser Partner oder der Anwalt des Partners diese Bestimmung entworfen hat.

11.12 Kosten und Ausgaben

Jede der Parteien trägt ihre eigenen, durch diese Vereinbarung verursachten Kosten. Diese Kosten umfassen ohne jede Einschränkung die Verhandlung, die Vorbereitung und den Abschluß des Geschäfts.

11.13 Anwaltskosten

Wenn eine der Parteien Rechtsberatung in Anspruch nimmt, um irgendeine der Bestimmungen dieser Vereinbarung durchzusetzen oder einen Verstoß gegen eine solche Bestimmung zu verhindern, so hat die obsiegende Partei das Recht, von der unterlegenen Partei Ersatz aller Kosten und Ausgaben, die hierdurch verursacht werden, zu verlangen – einschließlich, wenn auch nicht hierauf begrenzt, angemessener Anwaltskosten und Kosten für sonstige Dienstleistungen für die obsiegende Partei. Das gleiche gilt, wenn eine der Parteien Klage erhebt, um eine der Bestimmungen dieser Vereinbarungen durchzusetzen oder um Schadenersatz zu fordern wegen eines behaupteten Verstoßes gegen irgendeine der Bestimmungen dieser Vereinbarung. Ebenso soll dies gelten, wenn eine der Parteien Rechtsberatung für die Klarstellung seiner Rechte oder Pflichten nach dieser Vereinbarung in Anspruch nimmt wie auch für die Inanspruchnahme sonstiger Rechtshilfen.

AUSGEFERTIGT in mehreren Originalen mit Datum der nachstehenden Unterschriftsleistungen.

Zeuge

Martina Navratilova
Partner

Zeuge

| Zeuge | Judy Nelson |
| | Partner |

Zeuge

BUNDESSTAAT TEXAS
BEZIRK Tarrant

Diese Urkunde wurde am 27. Februar 1986 vor mir von
MARTINA NAVRATILOVA unterzeichnet.

(Siegel)   Notar des Staates von Texas
                            Erlöschen des Auftrags:_____

                            Name des Notars in Groß-
                            oder Druckbuchstaben

Diese Urkunde wurde am 27. Februar 1986 vor mir von
JUDY NELSON unterzeichnet.

(Siegel)   Notar des Staates von Texas
                            Erlöschen des Auftrags:_____

                            Name des Notars in Groß-
                            oder Druckbuchstaben

Akzeptiert: Martina ist für immer fort

Am 4. Februar 1991, nur wenige Tage, nachdem Martina
»Haus Starwood« verlassen hatte, faxten Bales und Eddie,
achtzehn und zwanzig Jahre alt, unabhängig voneinander
herzzerreißende Briefe an Martina, die auf der Ranch geblieben war. Die Jungs hatten einen gewaltigen Verlust erfahren, der aber von tiefer Sorge um ihre Mutter überschattet
wurde. Judy war depressiv und unfähig, sich ohne die Hilfe
ihrer Familie zusammenzureißen. Wie immer, sprach sie
täglich mit ihnen, aber das einzige, was sie tun konnten, war,
ihr zuzuhören und sie zu trösten.

Die Briefe der Jungs an Martina sprechen für sich selbst:

Martina,
ich weiß nicht genau, was ich sagen soll, aber ich werde mein Bestes
tun. Ich glaube, Du solltest wissen, daß wir Dich als einen Teil der
Familie betrachten, und wir werden alles tun, um das hier wieder
hinzukriegen.
Ich war schon einmal in einer solchen Situation, und ich weiß, daß
es kein »Spaziergang« ist. Wir müssen zusammenhalten und wie
eine starke Familie funktionieren. Egal, wie weit entfernt wir voneinander sein mögen, wir müssen einfach stark sein. Ich weiß, Mom
liebt Dich, und ich liebe Dich auch von ganzem Herzen. Ich weiß,
mit der Zeit wird die Sonne wieder scheinen und all unsere Probleme werden gelöst sein. Du mußt nur wissen, daß Du zu denen
gehörst, die den größten Einfluß auf mich gehabt haben. Den Respekt, den ich vor Dir und Mom habe, kann man sich nicht vorstellen. Zusammen ward ihr ein Team, das einfach unschlagbar war.
Versteh' bitte, daß ich unmöglich das Ausmaß dieser Situation
nachvollziehen kann. Mit meinen 17 Jahren habe ich die Scheidung
meiner Eltern erlebt, und ich habe auch gesehen, wie sie kämpften.
Egal, wie hart sie kämpften, sie haben es einfach nicht hingekriegt.
Aber sie haben es versucht. Du und Mom, ihr müßt es versuchen!
Ihr braucht Euch, und wenn Du Dich im tiefsten Innern fragst,
dann wirst Du merken, daß es stimmt.
Ich habe mich in dieser Situation nicht auf eine Seite geschlagen,
weil ich doch hier bin, um die beiden Menschen zu unterstützen,

die für mich am wichtigsten sind. Martina, ich will, daß Du bei mir und meiner Familie bleibst, bis das der Tod uns scheidet. Du warst mir nicht nur Idol, Lehrerin und Freundin, sondern hast auch die Rolle einer »elternähnlichen« Person in meinem Leben übernommen. Ich liebe Dich wie meine Mom, und ich weiß, daß Du immer für mich dasein wirst.
Du bist die Größte

> Ich liebe Dich
> Bales

Eddie machte einen ähnlichen Versuch, mit Martina von Fort Worth aus zu kommunizieren:

Liebe Martina,
ich will nur, daß Du weißt, daß ich Dich sehr liebe. Du warst mir über die Jahre Inspiration, Motivation und großartige Freundin. Du bist Teil meiner Familie, und einen Teil der Familie zu verlieren, geht einem ganz schön ans Herz; besonders eine so geliebte und geschätzte Person wie Dich.
Ich weiß sehr wohl, daß ich nicht ermessen kann, was im Moment vor sich geht. Ich kann unmöglich fühlen, was Du im Moment fühlst. Ich weiß aber, daß Gefühle stark sind und ich kann nur hoffen, daß Du Deinen Gefühlen nicht erlaubst, Deine Fähigkeit einzuschränken, Deine Vergangenheit zu bedenken und die Vergangenheit gegen Deine Zukunft abzuwägen. Mom schenkte Dir vor vielen Jahren ihr Leben und ihr Herz und tut das auch heute noch. Dieses Wissen durchzieht mein ganzes Denken. Ich leide jetzt mehr mit ihr, als ich es getan habe, als mein Vater sie verließ, weil ich um das Ausmaß ihrer Liebe zu Dir weiß, einer Liebe, die niemals sterben wird. Du mußt wissen, daß solche Hingabe und Fürsorge sehr selten ist auf dieser Welt.
Egal, wie diese Situation ausgehen wird, ich bin mir sicher, daß Du für Dich das Richtige tust. Ich glaube an Dich. Ich glaube, daß ich der glücklichste Mensch auf der Welt bin, weil Du Teil meines Lebens bist. Wegen Dir ist mein Leben so viel besser geworden. Geh nicht weg.

> Eddie

Ein paar Tage später antwortete Martina auf Bales Brief mit einem Fax und versprach ihm, sie würde ihn bald anrufen und mit ihm sprechen. Letzten Endes hat sie bis September mit keinem der beiden Jungs gesprochen, als sie sie vor Gericht wiedersah.

Im März war Martina ausgezogen, mußte aber mit Judy über eine faire Aufteilung der Immobilien verhandeln, die sie in der gemeinsamen Zeit in Aspen gekauft hatten: die Ranch, »Haus Starwood« und das kleine Haus in der Nähe des »Independence Paß«. In einem Telephongespräch mit Judy stellte Martina ihr die unausweichliche Frage: »Was willst du haben?«

»Ich will, was im Abkommen steht«, antwortete Judy gelassen aber bestimmt, bemüht, keinen Zweifel über ihren Entschluß aufkommen zu lassen.

Judy glaubte, daß Martina jetzt gezwungen war, sich den Konsequenzen dessen zu stellen, was sie Judy angeblich fünf Jahre zuvor in der Partnerschaftsvereinbarung versprochen hatte.

Obwohl sie vielleicht gehofft hatte, daß Judy sich mit weniger zufriedengeben würde, schrieb Martina einen Brief an Judy, der sich an die Richtlinien des Abkommens im Falle einer Trennung hielt. Sie setzte Judy »schriftlich« davon in Kenntnis, daß sie das Abkommen beenden wollte. Genau das hat Martina mit dem Brief im März 1991 getan. Es scheint, als wollte Martina mit verdeckten Karten spielen und gleichzeitig aussteigen, ohne das Gesicht zu verlieren. Sie fügte hinzu, daß ihrer Meinung nach das Abkommen nicht bindend war. Sie beschloß den Brief an Judy mit den Worten »Tut mir leid, Martina«.

Mit Martinas Brief in der Hand wurde Judy der Ernst der Lage noch bewußter – die gefühlsmäßigen Anforderungen wichen jetzt rechtlichen. Eben kämpfte sie noch mit ihren Gefühlen über den Verlust von Martina, jetzt war sie gezwungen, mit Martina zu kämpfen.

Leute, die noch vor wenigen Monaten Teil von Judys Leben waren, wurden jetzt zu Gegnern und schlugen sich auf

Martinas Seite. Als Judy noch mit Martina zusammenlebte, begegneten diese Leute ihr gegenüber mit demselben Respekt, den sie normalen Ehepartnern auch zeigten. Jetzt hatte sich das Blatt jedoch gewendet, Grenzen wurden abgesteckt, und sie wurde nie wieder in diesen Kreis hineingelassen.

Nach Judys Worten gab Martina, als sie nach dem außerehelichen Abkommen von 1986 gefragt wurde, an, daß sie sich kaum daran erinnern könnte, es unterzeichnet zu haben und bat Judy, ein Original auf den Tisch zu legen. Judy geriet in Panik, als ihr klarwurde, daß sie nicht wußte, was aus ihrem Vertragsexemplar geworden war. Sie suchte verzweifelt in ihren Unterlagen und dachte zwei Tage lang, sie sei verloren – kein Vertrag, kein Verfahren. Dann erinnerte sie sich, daß das Dokument in »Haus Starwood« im Safe eingeschlossen war, die Safe-Kombination aber auf einer Schrankwand im Haus in Fort Worth stand. Judys ehemalige Sekretärin, die dort wohnte, mußte hinfahren, die Kombination finden, sie Judy nach Aspen faxen, die dann runter lief und den Code eingab. Als der Safe sich öffnete, suchte sie sofort das Dokument, nahm es heraus und seufzte erleichtert auf.

Zu diesem Zeitpunkt rief, Judy zufolge, Peter Johnson, Martinas Manager von der »International Management Group« an und wollte sie dazu bewegen, das Dokument zu vergessen, solange sie noch Geld zum Leben hatte, um schnell mit Martina einen Vergleich zu schließen. Zu diesem Zeitpunkt waren schon alle Kreditkarten, Auto- und Krankenversicherung sowie der Zugang zu Geschäfts- und Sparkonten ohne ihr Wissen gesperrt worden. Dieser Vorgang wurde nur wenige Tage, nachdem Martina Judy im Februar verlassen hatte, auf Martinas Anweisung hin in Gang gesetzt. IMG fror alle Konten ein und entzog ihr alle sonstigen Privilegien. Das war ein heikles Unterfangen, denn IMG hatte

Judy seit 1988 vertreten, indem sie ihre Vermögens- und Steuerplanung machten und gleichzeitig Judys eigene, sowie ihre Geschäftskonten führten. Darüber hinaus waren es ihre Investitionsberater in bezug auf Renten- und Profitinvestitionen. Es schien, als würde sich IMG mutwillig in einen Vertrag einmischen, der zwischen zwei ihrer Kunden geschlossen worden war. Wenn sich dies bewahrheiten sollte, dann gab es hier einen Interessenkonflikt, der zum Problem werden könnte.

Judy verstand Peter Johnsons Aussage dahingehend, daß sie während des Prozesses aus »Haus Starwood« ausziehen müßte. Darüber hinaus würde es in ihrem eigenen Interesse sein, einen außergerichtlichen Vergleich anzustreben, um ein langwieriges, schmutziges, juristisches Gefecht zu vermeiden. Er erinnerte Judy daran, daß Martina und IMG schwerwiegende finanzielle und emotionale Waffen hatten, mit denen sie zerstört werden könnte und, daß sie lieber gleich klein beigeben sollte, wenn sie noch einen kleinen Teil ihres Privatlebens vor der Öffentlichkeit retten wolle.

Judy erwiderte, daß das Angebot, daß zu der Zeit im Gespräch war, einfach nicht akzeptabel sei und daß sie an ihrer Position festhalten würde. Unausgesprochen blieb die Tatsache, daß Judy Peter Johnson beim Wort nahm und sich nach dem Verlauf der Unterhaltung entschied, sich einzugraben und wie der Teufel für das zu kämpfen, was ihrer Meinung nach nur fair und gerecht war. Martina und IMG haben eindeutig ihre persönliche Entschlossenheit und Ausdauer unterschätzt. Dieselben Eigenschaften, die Martina ursprünglich zu Judy hingezogen hatten, fand sie jetzt unerträglich. Martina wollte Judy offensichtlich in den Ring zerren und ihren Willen brechen. Für Judy war die ganze Angelegenheit nicht nur finanzieller Natur, sondern eine Frage der Würde und der Gleichberechtigung. Es ging darum, sich auf ein Wort zu verlassen – ein Versprechen zu halten. Sie argumentierte: Warum sollten einflußreichere Menschen solche Vorteile im amerikanischen Rechtssystem genießen? Eine berühmte Persönlichkeit sollte sich an Abkommen und Verträge halten müssen; keiner sollte der Verantwortung den Rücken kehren können, nur weil er oder sie ein Sportstar ist, oder weil sich bei gleichgeschlechtlichen Paaren Druck von außen und Vorurteile als Waffen einsetzen lassen. »In meinen Augen«, stellte Judy fest, »sollten die Rechtsanwälte und das Rechtssystem für alle gleich arbeiten. Ein Vertrag ist ein Vertrag. Wenn du ihn unterzeichnest, bist du auch daran gebunden.«

Judy war klar, daß sie in wenigen Monaten, nachdem Martina und IMG eine öffentliche Kampagne ausgeklügelt und ausgeführt hätten, in der Öffentlichkeit als habgierig und egoistisch dastehen würde. Ihre einzige Hoffnung zu gewinnen war, der Jury zu zeigen, daß nicht alles wirklich immer so ist, wie es der äußere Schein vermuten läßt. Sie wußte, die Leute würden ihr nicht abnehmen, daß angesehene Profis auf einmal mit schmutzigen Tricks arbeiten, und sie war sich sicher, daß diese Profis keine Spuren und kein belastendes Material hinterlassen würden.

Martina rief Judy kurz nach dem »Liebe Jane«-Brief an, und Judy hielt dieses Gespräch auf Band fest, ohne Martina vorher davon in Kenntnis zu setzen. Judy sagte, sie hätte ein Tonbandgerät am Telephon angeschlossen, weil sie obszöne Anrufe erhalten hatte. Man machte ihr den Vorschlag, diese Anrufe aufzuzeichnen, weil sie der Meinung war, sie könnte die Stimme identifizieren. Der Gedanke an Martina spielte dabei gar nicht mal eine so große Rolle. Aber im nachhinein war Judy froh, daß das Gerät da war und sie einige ihrer Gespräche aufnehmen konnte. Martina war ruhig und klang einigermaßen hoffnungsvoll in bezug auf die Möglichkeit eines außergerichtlichen Vergleichs. Judys Stimme war zerbrechlich, und Martina schien irgendwie auf die Verletzbarkeit einzugehen, wollte aber eigentlich gleich zum Geschäftlichen übergehen. Das nachfolgende Gespräch stellt eine Sache völlig klar: Martina ließ keinen Zweifel über ihre neue Marschroute aufkommen und Judy mußte das akzeptieren – und zwar sofort.

Judy: »Okay, du willst also, daß ich Jerry anrufe und ihn mit deinem Anwalt zusammenbringe?«

Martina: »Ja, laß ihn anrufen, damit er sich trifft, er ruft nämlich überhaupt nicht zurück, weißt du.«

Judy: »Naja, das tut er nicht, weil ich's ihm so gesagt habe.«

Martina: »Ich weiß. Das kann er machen. Er kann sagen, nein, wir treffen uns nicht, hat er aber nicht getan, macht aber auch nichts. Laß sie sich doch treffen, damit sie etwas austüfteln können, ohne – – – Es bedeutet ja nicht, daß wir vor Gericht gehen. Es heißt ja nur, daß sie versuchen werden, etwas auszutüfteln.«

Judy: »Nehmen wir uns jetzt also Anwälte?«

Martina: »Naja, das haben wir doch schon längst getan.«

Judy: »Eigentlich nicht. Weißt du, ich schulde Jerry keinen Cent, und ich werde auch versuchen, daß das so bleibt. Aber, wenn es das ist, was du willst, naja, dann werde ich mir einen Rechtsanwalt nehmen, der das machen kann, verstehst du.«

Martina: »Naja, wenn man das tut – – – ich meine, er wollte sich doch nur treffen.«

Judy: »Oh, das weiß ich, er wollte mir helfen, verstehst du.«

Martina: »Naja, er könnte – – – «

Judy: »Hat er aber nicht, verstehst du, er berechnet noch nichts, bis ich ihm sage, okay, weißt du, das ist – – – ich werde dich jetzt brauchen.«

Martina: »Naja, du hast ihn ja schon gebraucht, weißt du. Ich versteh' nicht – – – «

Judy: »Naja, bis jetzt ist er eben nur ein Freund gewesen, und er hat einfach nur versucht, mir zu helfen, verstehst du, das ist – – – ich werde dich jetzt brauchen.«

Martina: »Nein, wenn du anderer Meinung bist (unverständlich), bezahl ihm einen Stundenlohn.«

Judy: »Was fragst du mich da eigentlich?«

Martina:	»Ihm einen Stundenlohn zu zahlen, nicht einen Anteil von dem, was du bekommen wirst.«
Judy:	»Naja, die Wahl treffe immer noch ich.«
Martina:	»Ja ja, natürlich ist das deine Wahl.«
Judy:	»Naja, Martina, ich weiß nicht. Ich mußte noch nie durch so 'was durch.«
Martina:	»Natürlich hast du die Wahl. Anteile, weißt du, da bist du gleich – – – ich schätze mal, sicher, weil, wenn du nichts kriegst, dann schuldest du ihm auch nichts. Aber, weißt du, wenn du – – – gewöhnlich nehmen sie zwischen dreißig und vierzig Prozent und ich weiß nicht – – – ich hab' keine Ahnung, ob er glaubt, eine Gewinnchance zu haben, wenn er so weit geht und so viel nimmt.«
Judy:	»Was ist – – – «
Martina:	»Es wäre besser für ihn, wenn er – – – aber ich denke da für dich mit, du solltest ihm einen Stundenlohn zahlen.«
Judy:	»Ich . . . dreißig . . . zwischen dreißig und vierzig Prozent bei einer Einigung, oder sonst den Stundenlohn, man stellt sie auf Provisionsbasis ein. Ich meine, eine runde Summe . . . Ja.«
Martina:	»Wenn ich das Geld schon bezahlen muß, dann zahl' ich es doch lieber an dich als an die Anwälte.«
Judy:	»Ja. Deshalb hatte ich ja auch gehofft, wir könnten es unter uns ausmachen.«
Martina:	»Könnten wir. Wir haben es ja versucht, aber. . .«
Judy:	»Ich versuch's.«
Martina:	»Weißt du, dein Steuerberater, wenn er das ist, oder dein Anwalt, der rät dir zum einen, und meiner rät mir wieder etwas anderes.‹
Judy:	»Ja.«
Martina:	»Also, versuchen wir uns in der Mitte zu treffen.«
Judy:	»Ja. Naja, wie du willst, mir soll's recht sein.«
Martina:	»Okay. Sie sagen mir, daß mein Typ diese Woche erreichbar ist, also will ich es möglichst schnell hinter mich bringen.«
Judy:	»Okay.«
Martina:	»Okay.«
Judy:	»In Ordnung. Wie auch immer du willst.«
Martina:	»Machbar.«

Judy:	»Okay.«
Martina:	»Es ist nicht so gekommen, wie ich wollte, aber es muß gemacht werden. Ich ruf dich noch mal an. Geht's dir gut, Judy?«

In diesem Moment fängt Judy an zu weinen. Martina wußte genau, was sie tat und vermittelte den Eindruck, daß sie es hinter sich bringen wollte. Judy war gegenüber Martinas Klarheit hilflos; sie fing gerade erst mit ihrer Trauerarbeit an. Das Band lief weiter:

Judy:	»Ja, ich bin okay.«
Martina:	»Ich will, daß wir es so schnell wie möglich hinter uns bringen, damit wir Freunde bleiben können.«
Judy:	»Ich auch. Ich will. Grüß Craig von mir.«
Martina:	»Mach ich.«
Judy:	»Tschüs.«
Martina:	»Tschüs.«

Judy legte auf, ihre Knie zitterten aufgrund der emotionalen Anstrengung, und sie versuchte, in der Küche auf und ab zu gehen. Sie starrte für einen Moment auf den Recorder, schaute durch die kleine Öffnung, hinter der die Kassette lag und drückte dann die Rücklauftaste und beobachtete, wie sich das Band zurückspulte. Sie hatte keine Hoffnung. Ihre größte Angst war bestätigt worden, und jetzt stand sie vor dem Recorder und starrte ihn an. »Was ist mit ihr passiert?« fragte sie sich. »Die Frau, die ich geliebt habe. . . für die ich alles getan hätte. . . die nicht ertragen konnte, auch nur für ein paar Tage von mir getrennt zu sein – was ist mit ihr passiert?«
Judy erinnert sich, daß sie das Band noch einmal abspielen ließ. Sie griff nach der Taste, die sie durch ihre wäßrigen Augen sah und als sie die Taste drückte, liefen ihr die Augen über und sie schluchzte, während sie Martinas Stimme zuhörte, ihrer Bestimmtheit, ihrer Distanz.

Martina hielt an ihrer Position fest: Sie hatte den Vertrag nicht gelesen und würde ihn auch nicht einhalten. Judy reichte Klage wegen Vertragsbruch gegen sie ein, und nur zwei Tage, bevor Martina nach Europa abreiste, um in Eastbourn und Wimbledon zu spielen, wurde ihr eine Vorladung zugestellt. Eines Nachmittags, nach dem Training, ging sie zu jemandem herüber, der sie zu sich gewunken hatte. Zuerst dachte sie, ein Fan würde sie um ein Autogramm bitten, sah dann jedoch, daß dort einige juristische Dokumente auf ihre Unterschrift warteten. Sie war außer sich. Judy hatte sie von Wimbledon abgelenkt. Ausgerechnet Judy, die doch genau wußte, wie wichtig die ungeteilte Aufmerksamkeit auf die Vorbereitung für einen weiteren Sieg in Wimbledon war. Am nächsten Tag hatte die Presse die Neuigkeiten schon aufgegriffen und brachte Auszüge aus dem Video von der Unterzeichnung des Abkommens, das Judy als Beweisstück beim Gericht hinterlegt hatte, als sie die Klage einreichte.

Im Bewußtsein, daß sie vor Gericht gehen mußte und daß das Video als Beweismittel zugelassen werden würde, gab Martina ein Fernsehinterview in »A Current Affair«. Während der Sendung beschrieb sie, wie enttäuscht sie sei, daß sie und Judy eine gute Beziehung gehabt hätten und daß sie sich nicht vorstellen könnte, wie jetzt alles in dieser Habgier enden konnte.

Als »Wimbledon« stattfand, strahlte die NBC einen zwölfminütigen Beitrag aus Fort Worth mit Judy im Interview mit Gail Gardner aus. Judy erschien mit Tränen in den Augen und sagte, wie gerne sie mit Martina nach Wimbledon gefahren wäre und wie einsam sie jetzt ohne sie sei. Die NBC schnitt dieses Material mit den Aufzeichnungen von Martinas letztem Sieg in Wimbledon zusammen, als sie in die Spielerloge sprang und dort jeden umarmte: Ma, Biggs, Bales und seinen Freund Dru, Craig, Billie Jean und Judy. Der Unterschied war bestürzend.

Später unterlag Martina dann im Viertelfinale der fünfzehn-jährigen Jennifer Capriati 6–4, 7–5: das früheste Aus-scheiden in einem Turnier seit über einem Jahrzehnt. In Fernsehinterviews waren Billie Jean, Chris Evert und Tracy Austin der Meinung, daß der öffentliche Streit zwischen den beiden Frauen keinen Einfluß auf ihr Spiel haben würde, sondern sie dadurch eher noch konzentrierter sei. Der Ten-nisplatz würde wie so oft für Martina zum Zufluchtsort werden – ein Ausweg aus den weltlichen Angelegenheiten. Einige Leute waren anderer Meinung.

Als Martina nach Hause kam, gab sie Barbara Walters ein Interview, daß in »20/20« ausgestrahlt wurde und der Show zu ihrer höchsten Einschaltquote überhaupt verhalf. Das war für Judy ungünstig, denn Martina nahm ihren Charakter unter Beschuß, und Millionen Zuschauer wurden mit dieser einseitigen Darstellung konfrontiert. Warum befaßte sich Barbara Walters nicht auch mit Judys Ansichten? Die ABC hat Judy nie um ein Interview gebeten und auch nie vorge-geben, einen ausgewogenen Bericht zu machen, was sie da-mit begründeten, daß Judy ihre Geschichte ja schon in Wimbledon bei der NBC erzählt hätte.

Hugh Downs eröffnete die Sendung mit einer harten Nuß: »Das durcheinandergebrachte, faszinierende und jetzt tur-bulente Leben einer Athletin, die in der Sportgeschichte alles erreicht hat. Nennen Sie fast jeden Rekord, der im Tennis aufgestellt wurde, und sie werden höchstwahrscheinlich Martina Navratilovas Name damit in Verbindung bringen müssen. 1974 noch ein absoluter Grünschnabel im Tennis, in den Achzigern zur Athletin des Jahrzehnts geworden, hat Martina Navratilova ihre Sportart wie kaum eine andere vor ihr dominiert.«

»Aber jetzt steht sie wegen einer anderen Sache im Mittel-punkt des Interesses: eine Klage von einer ehemaligen weib-lichen Begleiterin. Martina ist bis heute noch nicht zu dem

Thema befragt worden, als sie sich entschloß, exklusiv mit Barbara Walters zu sprechen.«

»Jetzt, wo diese Klage auf Martina zukommt, behauptet sie, daß sie weniger Geld hätte, als die meisten Leute meinten. Als Grund dafür gibt sie schlechte Steuerberatung an und sagt, sie hätte über ihre Verhältnisse gelebt, sich selbst und ihre Liebhaberin, Judy Nelson, sowie deren Familie ernährt. Am Anfang des Monats, als sie versuchte, ihren zehnten Titel in Wimbledon zu gewinnen, bedankte sich Nelson bei ihr mit einer Vorladung. Dann brachte die NBC als Teil ihrer »Wimbledon«-Berichterstattung ein Interview mit Judy Nelson. Sie berichtete darin detailliert über ihre Beziehung zu Navratilova und legte die Gründe für ihre Klage offen. Deshalb haben wir mit Martina vereinbart, daß sie jetzt an der Reihe wäre, nachdem Judy ihre Sicht der Dinge im Fernsehen bereits dargelegt hätte.«

»Heute steht sie vor der vielleicht größten Herausforderung ihres Lebens...« Nach einigen biographischen Daten, bläst Walters dann zur Hatz: »Was allerdings Verwunderung hervorgerufen hat, war ihr Leben jenseits der Tennisplätze: Frauen. Martina verliebte sich 1984, als ihre Tenniskarriere auf dem Höhepunkt stand, in eine zehn Jahre ältere, texanische Schönheitskönigin. Das ehemalige Modell, frühere Maid of Cotton, die Frau eines erfolgreichen Arztes, Mutter zweier Kinder, verließ ihren Mann und ihre Kinder, um zu Martina zu ziehen.« In diesem Moment werden Schlagzeilen aus Boulevardblättern von 1984 auf dem Bildschirm eingeblendet: »Texanische Schönheit wird Freundin von Martina.« Während Walters fortfährt, flackern immer noch Bilder aus Londoner Boulevardblättern über den Bildschirm. »Sie wurde am Platz zur Hauptfigur und ansonsten zur Stütze des, wie Martina es nennt, ›Team Martina‹. Sie war letztes Jahr der wichtigste Fan bei Martinas neuntem »Wimbledonsieg«.

»Aber dieses Jahr trennten sie sich. Und der Mittelpunkt ihrer Beziehung verlagerte sich vom Tennisplatz in den Gerichtssaal. Judy Nelson klagte in Texas, wo beide ihren Wohnsitz hatten, auf fünfzig Prozent ihres Vermögens. Der Rechtsstreit basiert auf einem Vertrag, den beide vor einer laufenden Videokamera unterzeichneten.«

Ausschnitte aus dem Video, von dem Martina und Judy gehofft hatten, es würde nicht veröffentlicht werden, liefen über den Bildschirm. Diese Ausgabe von »20/20« war die meistgesehenste Sendung seit zehn Jahren. Schließlich erschien Walters mit Navratilova.

»Gut«, fängt Walters an, »lassen Sie uns gleich zu den Fragen kommen, die sich alle stellen und die beantwortet werden wollen.« Martina zieht die Augenbrauen etwas nach oben, dann lächelt sie und hört aufmerksam zu, wohlwissend, welche Frage gleich gestellt wird. »Sie haben sich mit Judy Nelson 1986, zwei Jahre, nachdem Ihre Beziehung begonnen hatte, zusammengesetzt und haben ein Abkommen unterzeichnet, daß sie das Geld, was sie beide verdienen, zur Hälfte teilen würden. Warum haben Sie dem zugestimmt?«

»Weil ich nicht wußte, was es genau bedeutete. Ich hatte keinen Grund, so etwas zu tun, außer alles wegzugeben, wofür ich gearbeitet habe. Jetzt stehe ich hier, ich habe achtzehn Jahre lang Tennis gespielt, und ich habe wirklich hart gearbeitet. Warum sollte ich davon die Hälfte an jemanden abgeben, der mit meiner Tenniskarriere wirklich nichts zu tun hatte?«

An dieser Stelle unterbricht Barbara. »Aber Sie haben es *unterschrieben*. Sie sind nicht dumm, Martina, Sie sind eine kluge Dame. Was dachten Sie, was Sie da unterzeichnen würden; welcher Sache dachten Sie da zuzustimmen?«

»Ich habe gemeint, ich würde Judy für jedes Jahr, das wir zusammen waren, einen bestimmten Geldbetrag zahlen. Und wenn wir uns trennen sollten, dann wäre das der Betrag, der ihr zustünde. Ich habe nie daran gedacht, daß wir uns trennen würden. Ich war der Meinung, dies sei die Beziehung, die für den Rest meines Lebens dauern würde, doch ich denke immer noch nicht, daß ich die Hälfte von dem, was ich verdient habe, weggeben sollte. Ich dachte die Hälfte sei, wenn Judy und ich zusammen in ein Geschäft eintreten würden; ich würde eine Hälfte kriegen und Judy die andere Hälfte. Und das ist fair, fair genug. Und wie es dann mit der Bekleidungsfirma auch war – wir zogen eine Bekleidungsfirma hoch, und Judy und ich bekamen jeweils die Hälfte. Ich dachte, das sei logisch. Aber sicherlich nicht, wenn ich ein Turnier gewinne und 100 000 Dollar verdiene, daß davon 50 000 Dollar an Judy gehen.«

»Also, Sie dachten, daß es *neue* Geschäfte seien und nicht, daß sie fünfzig Prozent ihrer Tenniseinnahmen abkriegte«, sagte Walters.

»Nicht von dem Geld, das ich auf dem Tennisplatz verdient habe. Damit hatte sie nichts zu tun. Ich bin immerhin diejenige, die da draußen den Ball treffen muß«, antwortete Martina.

»Gut, wenn Sie dieses Video sehen – wir haben es gesehen, viele Leute haben es gesehen –, Sie sehen da aus, als ob Sie sich unwohl gefühlt hätten, aber Sie schienen auch so, als ob Sie verstanden hätten, um was Sie dort gebeten wurden . . .«

Sie zeigen den Anfang des Videos. Nach einem kurzen Ausschnitt sagt Martina: »Sehen Sie, das ist – das ist das erste Mal, daß ich das höre, wie sie es jetzt in dem Video sagt. Als ich unterschrieb und alle Seiten mit Initialien abzeichnete, hatte ich sie noch nicht gelesen. Im Grunde genommen dachte ich, ich würde dieses Abkommen unterzeichnen, das eigentlich eine der handgeschriebenen Seiten sein sollte, von Judy und mir. Wir erhielten darüber hinaus dann elf getippte Seiten, also hätte ich da und dort eigentlich Verdacht schöpfen müssen. Und als BeAnn spricht und all' diese Dinge sagt, dachte ich, ›das ist nicht, was ich mir gedacht hatte‹, aber ich wollte keinen Aufruhr machen. Ich dachte, Judy würde nie so etwas Heimtückisches wie dies hier machen. Ich habe ihr vertraut, und ich habe den Anwälten vertraut, und jetzt stecke ich in großen Schwierigkeiten.«

»Glauben Sie, daß es geplant war, daß Judy wußte, was sie in dem Moment tat?« fragte Walters.

»Ich muß glauben, daß sie mich wirklich und ernsthaft geliebt hat, aber ich glaube auch, daß das hier von ziemlich langer Hand vorbereitet war. Sie dachte, entweder hat sie mich oder sie wird eine ganze Menge Geld haben, anders hätte man gar keinen Grund gehabt, so etwas wie dies aufzusetzten. Und als wir uns dann trennten, sagte Judy, ›Na schön, da gibt es dieses Abkommen, du mußt mir die Hälfte zahlen.‹ Ich wußte nicht, wovon sie sprach. Ich hatte es vollkommen vergessen. In dem Video. Der Grund, dieses Video überhaupt zu machen, war, glaube ich, um meine Eltern zu schützen, denn zu diesem Abkommen gab es auch ein Testament, in dem meine Eltern und Judy jeweils die Hälfte bekamen. Ich wollte Judy vor meinen Eltern schützen, auch wenn das heute wie ein Witz klingt.«

»Sie meinen, damit Ihre Eltern nicht alles verlangen würden?« fügt Walters ein.

»Genau.«

»Das war allerdings keine rechtlich abgesicherte Beziehung – Judy bekäme also nichts?«

»Ja, und das war der Grund für das Video. Wie sich jetzt herausstellt, habe ich Judy geholfen und mir selbst geschadet.«

»Haben Sie versucht, sich zu einigen?«

»Ja, absolut. Ihr Anwalt wollte sich aber nicht mit meinem treffen und zwar solange, bis wir nicht bereit wären, über drei Millionen Dollar zu reden. So viel Geld hatte ich aber nicht.«

»Es gibt da Gerüchte, daß Sie ihr zwei Millionen angeboten haben. Stimmt das?«

»Nein, das habe ich nicht getan. So viel Geld habe ich nicht. Wenn ich ihr das gebe, bin ich pleite. Ich könnte ebensogut von vorne anfangen. Achtzehn Jahre Tennis für die Katz.«

»Was denken Sie jetzt über sie, die Frau, die sie einmal geliebt haben?«

»Völlig verraten. Mein Fehler ist, daß ich sie nicht mehr liebe. Soll man dafür bezahlen?«

»Ihre Anwälte deuten an, daß dies wirklich ein ›gültiger Vertrag‹ ist. Sie hatten ein sexuelles Verhältnis mit Judy, und damit hatte es sich.«

»Naja, natürlich ist der einzige Grund dafür, daß es ein Abkommen gab, der, daß wir eine Beziehung miteinander hatten. Wir lebten wie Mann und Frau: zwei Frauen, die zusammen lebten, die sich liebten.«

»Sehen Sie in diesem Abkommen irgend etwas, wie ›Sex gegen Geld‹?«

»Nein, soweit würde ich nicht gehen. Vielleicht, ›Liebe gegen Geld‹.«

»Homosexualität ist illegal in Texas, wo das Abkommen unterzeichnet wurde. Was hat das für Auswirkungen auf das Abkommen?«

»Tja, sogar die Anwälte, die es aufgesetzt haben, waren sich nicht sicher, ob es rechtskräftig ist, aber wir machten es trotzdem. Das scheint es gesetzwidrig zu machen. Doch das bleibt den Anwälten überlassen. Weiß Gott, wie solche Fälle ausgehen.«

»Wissen Sie, daß Judy Nelson gesagt hat, daß sie ihre ganzen Reisen organisiert hätte, ihre Kleidung, ihre Versorgung? Ich zitiere: ›Ich habe alles für Martina gemacht, außer den Tennisball zu schlagen‹.«

»Naja, ich kam auch schon ganz gut zurecht, bevor ich Judy traf. Ich habe meine Angelegenheiten selber geregelt, und ich komme jetzt auch wieder ganz gut zurecht.«

»Haben Sie Judy ein Gehalt gezahlt, als sie zusammen waren?«

»Ja, von 1985 an, ein Jahr, nachdem wir angefangen hatten, miteinander zu leben, die ganze Zeit, bis 1990, hat sie 90 000 Dollar im Jahr bekommen.«

»90 000 Dollar im Jahr?«

»Ja, was bedeutet, daß sie für alles, was sie getan hat, bezahlt wurde.«

Barbara und Martina sprachen über Martinas Beziehung zu Nancy Lieberman und kamen dann auf Judy zurück.

»Judy verließ ihren Mann und zwei Söhne, gab das Sorgerecht für ihre Söhne auf. Sie verließ für Sie, was man gemeinhin als normale heterosexuelle Beziehung bezeichnet. Fühlen Sie sich dafür verantwortlich?«

»Nein, ich habe sie ja nicht dazu gezwungen. Ich sagte ihr, ich wolle nicht dafür verantwortlich sein. Als sie mir sechs oder acht Wochen nach Beginn unserer Beziehung sagte, daß sie ihren Mann und ihre Kinder verlassen wollte, geriet ich in Panik. Weil ich mich verantwortlich fühlte; ich hatte das verursacht. Sie sagte, dem sei absolut nicht so. Sie hätten sowieso Probleme mit ihrer Ehe. Ich gab ihr nur den Grund, ihn zu verlassen.«

»Warum ging die Beziehung mit Judy nach sieben Jahren in die Brüche? Letztes Jahr nach dem Wimbledon-Sieg schauten Sie zuallererst in die Loge und erblickten sie. Sie standen sich offensichtlich sehr nah.«

»Ja. Wir standen uns sehr nah. Ich will hier nicht zu persönlich werden, aber wir hatten in den letzten paar Jahren Probleme, und kurz nach Neujahr fingen wir an, ernsthafte Gespräche darüber zu führen. Judy wußte, daß es Probleme gab. Es tat so weh, als ob ich einfach aufstehen und gehen würde – ›bis nachher‹ sagen würde. Für mich gab es einfach keine Zukunft mehr in dieser Beziehung.«

»Was ist der schlimmste Teil dieser Tortur gewesen?«

»Ich glaube, es ist das persönliche Vertrauen, das sich da einfach in Luft aufgelöst hat. Ich bin immer jemand gewesen, die Leuten solange vertraut hat, bis mir das Gegenteil bewiesen wurde. Jetzt hat mich die Person betrogen, der ich für mein Leben vertraut habe, von der ich mir sicher war, sie wäre nicht am Geld interessiert...«

Jetzt, wo Judy nicht mehr Martinas Lebensgefährtin war, bestand ihre sexuelle Vorliebe nicht mehr einfach aus der Frage, eine Frau als Gefährtin gewählt zu haben. War diese Beziehung reiner Zufall? Würde sie ›zurück zu Männern‹ gehen? Die Leute fragten sie das oft, aber für Judy war es viel zu früh, sich wieder auf das Verlieben zu konzentrieren oder überhaupt wieder mit dem Gedanken an Vertrauen zu spielen. Emotional hatte sie sich immer noch nicht von der Beziehung zu Martina gelöst. Sie wirkte verloren auf die, die mit ihrer Situation vertraut waren. So unwahrscheinlich es auch war, sie glaubte immer noch an einen Neuanfang, eine Rückkehr zu dem Leben, das sie zusammen aufgebaut und miteinander geteilt hatten.

Im Laufe der ersten Monate des Jahres 1991 wandte sich Judy an ihre Familie und Freunde in Aspen und Fort Worth, um mit ihnen diese schwierige Veränderung in ihrem Leben durchzustehen. Doch letztendlich reichte das nicht aus; sie meinte, professionellen Beistand zu brauchen, der sie durch diese Zeit des Verlusts führen sollte. Judy suchte Hilfe bei einer Freundin und Therapeutin, Annie Denver, der ehemaligen Frau von John Denver, den sie zu seinem Hit »Annie's Song« inspiriert hatte. Sie begriff, daß Judy sich selbst wiederfinden und an dieser Erfahrung wachsen mußte und war in der Lage, Mitgefühl in die Gespräche einzubringen, daß nur aufgrund ähnlicher Erfahrung möglich war.

Der Mai 1991 stand am Anfang eines Jahres, das von schmerzhaft wechselnden Gefühlslagen geprägt war, von extremen Hochs und Tiefs, die Judy auf dem Weg zu Selbstverwirklichung und Selbstvertrauen durchmachen mußte. Es war eine Zeit, die sie stärker machte, in der sie nach den Motiven ihres eigenen Verhaltens und der Beziehung zu Martina forschte.

Während sie zusammen mit Annie in Aspen arbeitete, entwickelte Judy nach einem Gefühl des Selbstzweifels mehr und mehr ein befriedigenderes Gefühl von Unabhängigkeit und ganzheitlicherer Erfahrung ihrer Selbst. Ein starkes Gefühl der Zufriedenheit, das einzig daraus resultiert, daß man eine Beziehung mit sich selbst und seiner eigenen Welt lebt, und sich nicht über die Leute definiert, mit denen man zusammen ist.

Wenn man jemanden – egal wen – auf ein Podest hebt und sein Leben damit verbringt, für diese Person zu sorgen, wird sie irgendwann von dem Podest herabsteigen und sich verabschieden. Darauf kann man sich verlassen. Das ist einfach so und ist nicht persönlich oder geschlechtsspezifisch bedingt. Die Gesellschaft schätzt fürsorgliche Arbeit, die Arbeit derer, die die Last leichter machen und Wege bereiten, eben nicht. Das ist schade und wird sich vielleicht ändern, aber wahrscheinlich nicht mehr zu unseren Lebzeiten. Judy lernte, daß die beste Art, für jemanden zu sorgen, die war, sich um sich selbst zu kümmern.

Auf dem steinigen Pfad ihrer emotionalen Entwicklung war Judy gezwungen, sich über ihre Rolle als Fürsorgerin Gedanken zu machen. Es war an der Zeit, nachzudenken und sich selbst zu erforschen. Sie hatte das Gefühl, in ihrer traditionellen wie in ihrer alternativen Ehe versagt zu haben. Auch wenn Ed Nelson und Martina Teilverantwortung an den begangenen Fehlern trugen, war es wichtig, ihre eigene Rolle bei dem Auseinanderbrechen der Beziehung zu untersuchen.

Bei Martina war sie vielleicht zu kontrollierend, aber Martina schien das auch gebraucht zu haben. Ihre emotionalen Bedürfnisse waren nicht unbedingt vielschichtig, dafür aber unstillbar. Sie war in gewisser Hinsicht eine Institution, deren Körper, Spiel und finanziellen Angelegenheiten der Pflege bedurften, und gleichzeitig wollte sie zu Hause verwöhnt und umsorgt werden.

Obwohl das den Tatsachen entsprach, mußte Judy dennoch herausfinden, was sie dabei für sich gewonnen hatte. Ohne Zweifel, Kontrolle war ein wichtiges Thema. Judy hatte die Situation unter Kontrolle, sogar, wenn sie es nicht wollte. Martina war damit beschäftigt, zu trainieren und zu spielen und wollte sich nicht um das »Alltägliche« kümmern, nicht auf die langweiligen Details achten, besonders dann nicht, wenn jemand anderes da war und bemüht, es für sie zu tun.

Judy hatte von ihrer Mutter gelernt, stark zu sein und sie bezeichnete ihr Verhalten als »verantwortlich und fürsorglich«, aber sie wollte nie wieder diese Art von Verantwortung für oder Kontrolle über jemanden haben. Sie verlor sich selbst in ihrem Gegenüber – warum aber soll man dann einen alternativen Lebensstil ausprobieren? Jede Frau kann die Fürsorgerin spielen, in dem sie der traditionellen Rollenverteilung folgt. Judy war zu weit mehr fähig – und sie wußte es.

Wenn man in einer persönlichen Krise ein bißchen auf sich achtgibt, dann sollte neben psychologischen Erkundungen auch ein Fitneßprogramm dazugehören. Judy motivierte sich, fing wieder mit dem Tennis an (womit sie komischerweise aufgehört hatte, als sie Martina traf) und trainierte mehrmals die Woche mit ihrem Freund und Trainer, Jim Landis, im »Aspen Club«. Sie brauchte die Ablenkung und freute sich über die neuen Muskeln. Die Boulevardzeitungen suggerierten, daß Martina eine alternde Schönheit verlassen hätte, mit der es längst bergab ginge. »Und wie«, dachte Judy, als sie mit gewaltigem Einsatz Gewichte stemmte und im Spiegel ihre Muskeln spielen ließ.

In dieser Zeit traf Judy Sandra Faulkner und freundete sich mit der Soziologin aus San Francisco an. Sandra machte gerade Ferien in Aspen, als sie sich beim gemeinsamen Fitneßprogramm im »Aspen Club« trafen. Beim Mittagessen unterhielten sie sich über Judys Fall. Sandra erzählte, daß sie als Beraterin für die Auswahl von Geschworenen arbeitete, und sie unterhielten sich bald darauf angeregt über die Vorverhandlung beim Befragen von potentiellen Geschworenen. Judy war nicht in der Lage, über den Fall zu reden, ohne ihre Gefühle für Martina zu besprechen. Während sie sprach, flossen ihr die Tränen. »Ich hoffe, wir können uns außergerichtlich einigen. Ich will ihr nicht weh tun«, erklärte sie. Dann fügte sie hinzu: »Das verstehst du doch, oder?« Was als einfache Unterhaltung über das Verhalten von Geschworenen begann, wurde zu einem herzzerreißenden Gespräch über Liebe und Verlust.

Nachdem Sandra nach San Francisco zurückgekehrt war, hielten sie über die nächsten zwei Wochen per Telephon Kontakt. Judy lud sie ein, nach Aspen zurückzukommen, wo sie sie offiziell bat, ihr bei der Wahl der Geschworenen zu helfen, falls sich der Fall nicht durch außergerichtliche Verhandlungen lösen ließ.

Es war jetzt Ende Mai, und Judy hatte, abgesehen von ihren beiden Perserkatzen, den Winter und den Frühling allein zu Hause verbracht. Sie hatte ihr Telephon, ihre Freunde in der Stadt, doch es war Zeit für einen Tapetenwechsel, Zeit, die Dinge zu tun, die sie wegen Martinas Turnierplan nie machen konnte. Jetzt, da sie den Sommer über zu Hause sein würde, konnte sie ihre Pferde genießen, am »Crested Butte« wandern und Freundschaften in Aspen pflegen – alles Dinge, die Martina für die Zeit nach ihrem Rückzug geplant hatte. Sie mußte an ihren gemeinsamen Träumen festhalten, sie zu ihren eigenen machen und sie für sich verwirklichen. Sie hatte sich daran gewöhnt, Träume zu verwirklichen, aber sie war daran gewöhnt, sie mit Martina zu träumen und zu teilen.

Ein Gegenmittel kam ihr in den Sinn: Der »St. James Club« in Antigua, wo Martina und sie eine Villa besaßen, die ihnen jedes Jahr nach Wimbledon den Himmel auf Erden geboten hatte. Antigua war friedlich, warm und weit weg, ein Ort, an dem sie sich völlig entspannen konnte. Judy freute sich auf die Abwechslung. Die Depression und die Einsamkeit würden sonst nicht nachlassen. Sie trommelte fünf ihrer besten Freundinnen zusammen, zwei aus Fort Worth und drei aus Aspen, und fuhr in die Villa, die ideal auf einer einsamen westindischen Insel, in einem exklusiven Urlaubsort gelegen war, umgeben von weißen Palmenstränden. Der Tennisprofi und der Tauchlehrer waren Freunde von Judy und Martina gewesen, mit denen sie oft zusammen gegessen und Parties gefeiert hatten.

Die Woche, die Judy mit ihren Freundinnen auf Antigua verbrachte, war ein wichtiger Durchbruch, der Punkt, von dem an sie wußte, daß sie ihr Leben auch ohne Martina leben konnte.

Vor der Reise schien das Leben schwer; sie spürte die Trauerlast auf ihren Schultern, sie ging langsam und konnte nicht schlafen. Sie verfiel in manische Zustände, in denen sie ganze Nächte lang nicht schlafen konnte, und dann kamen wieder Tage, an denen sie sich kaum bewegen konnte. Die ganze unartikulierte Wut fraß sich nach innen und erzeugte die Depressionen. Sie existierte, aber ihre Tage waren bedeutungslos. Doch als sie nach Antigua kam, begann die Verwandlung. Das richtige Lachen kehrte zurück. Die Sonne war eine energiespendende Heilquelle. Ihre Freundinnen waren aufmerksam und offen. Endlich hatte sie Zugang zu dem unterdrückten Ärger und konnte das Gift ans Tageslicht bringen. Endlich kam die Wut darüber heraus, daß sie mit solcher Mißachtung ihrer Person von Martina verlassen worden war, und sie hörte auf, sich selbst dafür die Schuld in die Schuhe zu schieben. Dieses Loslassen war an sich schon Belohnung genug, denn Judy wußte, sie würde den Mut haben, ihr Leben zu ändern; sie würde einen Schlußstrich unter die Beziehung ziehen, die ihr in den letzten sieben Jahren alles bedeutet hatte und ihr Leben in erster Linie auf ihre eigenen Bedürfnisse abstimmen.

Eddie kam in zwei Jahren auf die High-School, Bales ging in einem Jahr aufs College, und sie hatte die Möglichkeit, ihr Leben selbst zu bestimmen. Jetzt, mit fünfundvierzig wußte sie, was sie nicht wollte und hatte gelernt, ihre Bedürfnisse zu artikulieren. Auf Antigua sah Judy für einen Augenblick einen Weg in die Zukunft und das stimmte sie hoffnungsvoll, auch wenn sie immer noch zerbrechlich war. Es war eine spirituelle, von innen kommende Erfahrung. Sie wurde durch die Gespräche und das Lachen mit den Freundinnen ermöglicht. Bis dahin war Judy sich nicht sicher, ob sie jemals wieder lieben könnte. Sie erinnert sich, daß Maryann Schiller, eine neue enge Freundin, sie vom Gegenteil überzeugte. Maryann erholte sich selbst von der Trennung von einem langjährigen Freund. Die beiden Frauen hatten einiges durchgemacht und waren dabei, sich von dem Verlust eines geliebten Menschen zu erholen. Judy wurde bewußt, daß sie mit ihrem Schmerz nicht allein war.

Es war ein Neuanfang. Sie tankte neue Energie und fing an, sich mit ihren neuen Seiten anzufreunden. Judy hatte die Veränderung nicht erzwungen, sie vollzog sich einfach, als sie mit Hilfe ihrer Freundinnen auf sanfte Art ihre Angst losließ. Sie fing an zu verstehen, daß Martina einfach ihren eigenen Weg gehen mußte, so wie sie damals ihren Weg gehen mußte, als sie Ed verließ. Judy sah nicht ein, warum Martina sie gefühlsmäßig vernichten sollte. Sie setzte sich statt dessen mit ihrer Wut auseinander und kam schließlich zu dem Schluß, daß die Beziehung, so wie sie sie erlebt hatte, vorbei war.

Einige Zeit, nachdem sie von Antigua nach Aspen zurück-gekehrt war, machte Judy eine Nachtwanderung zum »Crested Butte«. »Es war eine Wanderung von etwa sieben Stunden, bei der man durch die Wolken geht und zwischen den Bergen eingebettet ist. »Als ich den Gipfel überschritt und diese weite Wildblumenwiese sah, lief ich mit offenen Armen herunter und ließ mich mitten in diesen geheimen Garten fallen. Ich hatte noch nie solchen Frieden – solche Ruhe verspürt. Es war ein sehr spiritueller Moment, und mir wurde wieder bewußt, daß ich einen weiteren Schritt auf dem Wege der Besserung getan hatte. Endlich kam ich der persönlichen Freiheit näher. Mein Sohn Eddie und meine Freundin Maryann waren bei mir, und ich bat sie leise, eines Tages meine Asche hier, zwischen den wilden Blumen, zu verstreuen. Sie versprachen es mir. Ich weinte. Ich habe mich nie so erfüllt und ruhig gefühlt, wie in diesem Moment.«

Als sie an diesem Abend nach Hause kam, dachte Judy: »Wenn man denkt, man hat den schönsten Ort der Erde ge-sehen, muß man wieder einen Gipfel erklimmen und wird dort von etwas noch Spektakulärerem begrüßt.«

Die Verhandlung

Am Montag, den 9. September 1991, nur zwei Tage, nachdem sie im Finale der »U. S. Open« gegen Monica Seles verloren hatte, betrat Martina Navratilova den Gerichtssaal in Fort Worth. Alle Versuche, den Rechtsstreit mit Judy Nelson beizulegen, waren gescheitert, und jetzt schien es so, als übernähmen die Rechtsanwälte das Steuer.
Martina war ungern vor Gericht, wo sie wegen ihres Antrags, Jerry Loftin als Judys Vertreter vom Verfahren auszuschließen, Stellung beziehen mußte. Martinas Gründe: Loftin hatte gegen die Regeln des Interessenkonflikts zwischen Mandanten verstoßen, weil er angeblich Informationen über Martinas Vermögen besaß, die in seinen Besitz gelangt waren, als er ein paar kleinere Rechtsangelegenheiten für sie erledigt hatte. Hauptgrund für den Antrag waren Navratilovas Anschuldigungen, daß Jerry Loftins eigene Firma an der Ausarbeitung der zur Verhandlung stehenden Vereinbarung mitgearbeitet hatte. Diese Angelegenheit mußte geklärt werden, bevor Judy und Martina mit dem eigentlichen Verfahren fortfahren konnten.
Judys Mannschaft in Fort Worth bestand aus mehreren Anwälten und deren Gehilfen. »Das waren eine ganze Menge. Als der Richter den Saal betrat und sie sich alle erhoben, sah es so aus, als führten sie einen Tanz auf«, erinnert sich Jerry Loftin.
Navratilovas Hauptanwalt war Michael McCurly, ein kleiner, hitziger Mitvierziger. Er war in Texas geboren und aufgewachsen. Ein Mann mit bodenständigem Draufgängertum und dem Charme der Südstaaten. Seine dunklen Haare waren geschniegelt, etwas zu lang und mit ein bißchen zu viel Pomade – keinesfalls modisch oder zeitgemäß –, aber er trug Cowboystiefel. Noch bevor die Woche zu Ende war, würde

er einen Teil texanischer Kultur darbieten, wie man sie nur in einem texanischen Gerichtssaal erleben kann.

In diesem Bundesstaat, dessen Rechtsprechung so bizarre Köpfe wie den Staranwalt »Racehorse« Haynes (der berühmt wurde, weil er eine Jury davon überzeugte, daß Kriminelle eigentlich nur ›angeklagte Bürger‹ sind) und »Hanging Judge« Roy Bean (der das Gesetz in den Anfängen texanischer Rechtsprechung; in die eigenen Hände genommen hatte). Ob zu Recht oder zu Unrecht, Rechtsprechung in Texas war schon immer etwas Besonderes – man denkt sofort an Bestechungen, Intrigen oder Brutalität. Auch wenn diese Einschätzungen mehr im Mythologischen angesiedelt sind, sind Legenden und legendäre Figuren wie Mr. Haynes, der in diesem Fall auch noch eine Rolle spielen sollte, schwer aus dem Weg zu räumen, und man konnte sich irgendwann einfach nur noch hinsetzen und staunen. Dies war ein Fall, der einem Western in Sachen Spannung in nichts nachstand.

Judy kam zwei Tage vorher aus Aspen und wohnte im Haus ihrer Eltern, in der Nähe des Rudervereins von Fort Worth. Sandra war aus San Francisco gekommen, auch um Judys Eltern und die Jungs kennenzulernen. In erster Linie natürlich aber, um den Fortgang vor Gericht zu verfolgen und um sich auf ihre Aufgabe als Verhaltensberaterin beim Prozeß vorzubereiten. Im Falle eines Prozesses in der Sache Nelson gegen Navratilova würde ihre Aufgabe darin bestehen, die sozial-psychologischen Faktoren des Falles herauszuarbeiten und Judys Rechtsanwälten bei der Auswahl der Jury zu helfen.

Während der Fahrt zum Gerichtsgebäude an jenem ersten Morgen, bereiteten die beiden sich auf den bevorstehenden Tag vor. Zu diesem Zeitpunkt kannten sie sich erst ein paar Monate, sie mochten sich und konnten sich gegenseitig beistehen. Judy stand die Schlacht ihres Lebens bevor und

Sandra vor einer beruflichen Herausforderung. Sie versuchten, so gut wie möglich mit der öffentlichen Untersuchung und den privaten Anforderungen, die dieser Kampf gegen Martina mit sich brachte, fertig zu werden. Sie betraten das Gerichtsgebäude um neun Uhr morgens und wurden dabei von Judys Verteidigern, Jerry Loftin, Richard Orsinger und BeAnn Sisemore, begleitet. BeAnn, die Judy und Martina beim Aufsetzen der Vereinbarung geholfen hatte, sollte Loftins Hauptzeugin werden.

Während es in diesem Verfahren nur darum ging, Jerry Loftins juristischen Status in bezug auf Judy zu klären, hatten die Auswirkungen doch sehr viel weitreichendere Konsequenzen. Wie konnte Martinas Anwalt eigentlich darangehen, Loftin aus dem Verfahren ausschließen zu lassen, ohne dabei die Gültigkeit der Vereinbarung von 1986 zu diskutieren, das Judy und Martina immerhin freiwillig geschlossen hatten? Die ganze Geschichte mußte untersucht werden, auch wenn es sich nur um eine Grundsatzdiskussion handeln würde, bei der die zukünftigen Strategien klarer werden würden. Natürlich würde das Verfahren dann nur einen Hintergrund für den Streit zwischen zwei Lesben um ein Abkommen, das einer die Privilegien zusprach, die sonst für die Ehefrau reserviert waren und der anderen die Verpflichtungen eines Ehemanns aufbürdete, abgeben, über den in aller Breite in den Medien berichtet wurde. Besetzt man die Hauptrollen dieses Dramas mit einem Internationalen Tennisstar und einer ehemaligen Maid of Cotton, die über ein Vermögen von neun Millionen Dollar streiten, dann kann man sich vorstellen, warum die Presse schon vor den prozeßführenden Parteien im Gerichtssaal versammelt war.

Es lag bei diesem Fall in der Natur der Sache, daß neben der Tagespresse vor allem auch die Journalisten der Boulevardblätter um Plätze rangelten, damit sie von der direkten

Konfrontation zwischen Judy und Martina berichten konnten. Die Fernsehkameras standen auf den Fluren, und CNN hatte alles vorbereitet, um live aus dem Gerichtssaal zu senden.

Martina, ihre Managerin für Öffentlichkeitsarbeit (Linda Dozeretz) und Mike McCurly sprachen alle mit der Presse, bevor sie den Gerichtssaal betraten. Sie kamen mit wohlprepariertem Skript, gaben im Flur Statements ab, die sie später beim Verhör als Aussage wiederholten. Judy trat selbst auch vor die Presse, aber es war mehr der Versuch einer einzelnen, einer Außenseiterin, »die Sache wieder ins rechte Licht zu rücken« und hoffentlich für mehr Sympathie und Unterstützung in der Öffentlichkeit bei diesen juristischen Manövern zu werben.

Den Vorsitz dieser Verhandlung hatte Richter Harry Hopkins, der eigens für einen letzten großen Auftritt aus dem Ruhestand zurückgekommen war. Der Grund hierfür waren sein gutes Urteilsregister und die Annahme, daß er helfen könnte, das Verfahren in einem überfüllten Gerichtssaal voranzutreiben. Sein Eigeninteresse stand allerdings im Vordergrund. Für alle, die den Ereignissen dieser Woche folgten, war klar, daß Harry die Leidenschaft antrieb, über einen skandalösen Fall, mit »halbseidenen« Berühmtheiten zu präsidieren. Die Anwälte, die auf der Bühne als Schauspieler für die »Richter Hopkins Show« agierten, schienen zu beschäftigt zu sein, um die Eskapaden dieses exzentrischen Mannes zu genießen. Sein juristisches Prozedere war in Ordnung, doch seine augenscheinlich persönliche, kriecherische Art, mit der Presse umzugehen, war für alle Beteiligten eher peinlich.

Richter Hopkins zögerte keinen Moment, eine Basis für die Zusammenarbeit mit der Presse zu schaffen. Als er vor der Anhörung im Gerichtssaal ankam und ungefähr ein Dutzend Reporter der britischen Presse sah, lud er sie kurzerhand zu sich ins Hinterzimmer ein. Dort bat er sie, ihre Namen aufzuschreiben und ihm ab und zu »kleine schriftliche Mitteilungen« zukommen zu lassen. Er erklärte, daß er Souvenierjäger sei. Harry erzählte ihnen Geschichten aus der amerikanischen Kultur und erklärte ihnen, daß seine Lieblingssendung »Have Gun, Will Travel« sei. Auf seiner Visitenkarte stand der Spruch »Nur der Hammer bringt einen weiter« (»Have Gavel/Will Travel«). Mit dem Gefühl, er sei Einzelgänger, ein Volksheld des Westerns, verteilte er seine Visitenkarte an alle zwölf Repräsentanten der englischen Presse. Einige Reporter hatten ihre Zweifel an dieser bizarren Episode und waren über die fehlende professionelle Distanz schockiert. Er dachte offensichtlich, daß Partnerschaftsvereinbarungen dieser Art zwischen zwei Frauen – noch dazu in Texas, um Himmels Willen! – nicht ernstgenommen werden brauchten. Es war einfacher, zum Showbiz überzugehen und eine Jahrmarktsveranstaltung aus dem Verfahren zu machen, als die Herausforderung anzunehmen, daß dieser Prozeß sich zu einem Meilenstein, zu einem Präzedenzfall entwickeln könnte. Denn große Siege vor Gericht entstehen oft aus ziemlich kleinen Herausforderungen von Leuten, die entweder eine gesellschaftliche Norm oder eine juristische Gepflogenheit in Frage stellen.

Jerry Loftins erste Bitte an den Richter war, die Reporter und die Kameraleute aus dem Gerichtssaal zu verbannen. Er war besorgt, daß die Gerichtsatmosphäre ernstlich beeinträchtigt werden und damit die Konzentration der Zeugen bei ihren Aussagen gestört werden könnte. Jerry wollte darüber hinaus Judys Privatleben so gut es ging schützen.

Richter Hopkins hatte den Rechtsanwälten gesagt, daß er Kameras und Mikrophone aus dem Saal fernhalten würde, sofern beide Seiten dies wünschten. Also war Loftins Position von vornherein zum Scheitern verurteilt, als Michael McCurly vor den Kameras seine Kommentare abgab, die

Gelegenheit beim Schopf ergriff, die Medien zu umgarnen und auf seine Seite zu ziehen. Er erklärte, daß er es nicht falsch fände, daß die Presse Zugang zu dem Prozeß hätte und hielt einen Vortrag über Öffentlichkeit und Verantwortung als den Säulen der amerikanischen Demokratie. Darüber hinaus protestierte McCurly, daß Loftins Einwand zu spät käme und daß man die ganze Angelegenheit früher hätte erledigen müssen. Daraufhin lehnte Richter Hopkins Loftins Antrag ab und trat von diesem Moment an in einen regen Austausch mit der Presse, und anstatt zu versuchen, sie in Schranken zu halten, ermunterte er sie zur Berichterstattung. Harry Hopkins war aus dem Ruhestand zurückgekommen, um den Vorsitz bei dieser Verhandlung zu führen, und eines stand fest: er würde es in vollen Zügen genießen. Was eine Möglichkeit hätte sein können, landläufige Ansichten über die Gerechtigkeit texanischer Rechtsprechung zu widerlegen, wurde statt dessen zu einer Darbietung von Wildwest-Mumpitz. Auch wenn Richter Hopkins Verhalten liebenswert und harmlos schien, war er doch derjenige, der den Ablauf im Gerichtssaal bestimmte und kontrollierte. Von dem Moment an, wo die Presse reingelassen wurde, bis zu dem Moment, wo sie wieder verschwand, fehlte es im Gerichtssaal die ganze Woche über am nötigen Anstand.

Nachdem Richter Hopkins der Presse Zutritt in den Gerichtssaal gewährt hatte, bot er ihnen an, in der leeren Juryloge Platz zu nehmen, wo sie sich sofort mit ihren Teleobjektiven und Mikrophonen breitmachten. Er erlaubte, daß sensible Aufnahmegeräte im Gerichtssaal installiert wurden, womit klar wurde, daß die Teilnehmer an diesem Verfahren kaum für sich selbst sein könnten. Sogar Gespräche zwischen Anwalt und Mandantin – zehn Meter entferntes Geflüster – konnte aufgenommen und später im Studio durch einen Verstärker abgespielt werden. Jeder Zeuge war sich darüber im klaren, daß alles, was man hier sagte, gesendet werden könnte.

Es erübrigt sich, darauf hinzuweisen, daß diese Art der Störung den juristischen Ablauf verändert. Was eigentlich ein Gerichtssaal sein sollte, wurde zu einem Forum zur Ausbeutung von berühmten Persönlichkeiten. In seiner Naivität fragte der Richter, ob Geflüster von den Geräten mitgeschnitten werden könnte. Mr. Orsinger, aus Loftins Mannschaft, brachte seine Bedenken vor Gericht zum Ausdruck: »Mir ist aufgefallen, daß einige Kameras mit Richtmikrophonen ausgestattet sind. Ich bin mir nicht sicher, ob die ganze Ausrüstung funktioniert; aber wenn diese Mikrophone die geflüsterten Diskussionen an den Tischen der Verteidiger aufnehmen können, dann werde ich gegen die Verletzung der Privatsphäre zwischen Anwalt und Mandantin protestieren und glaube, wir sollten diese Kameraleute fragen, in welchem Umfang ihre Mikrophone dazu in der Lage sind.«

Hopkins wandte sich danach an die Presse und fragte sie: »Alle, die solche Mikrophone haben, bitte Hände hoch. Sie haben die Bedenken von Mr. Orsinger in bezug auf ihre Mikrophone und was sie mitschneiden können, gehört.«

Mehrere Leute meldeten sich: »Nein, wir können kaum hören, was gesagt wird.«

Hopkins antwortete schnell: »Vielleicht haben Ihre Zuschauer ja Glück. In Ordnung. Stellt Sie das zufrieden?«

Wohl wissend, daß der Richter nur die Hälfte der Frage gestellt hatte, gab Loftin nur ein sarkastisches »Ach ja« zurück.

Erster Tag

Judy und Martina waren seit mehreren Monaten nicht mehr zusammen in ein und demselben Raum gewesen, und beide waren sichtbar ergriffen, als sie sich zum ersten Mal im Gerichtssaal mit ihren Anwälten wieder gegenüberstanden. Martina wurde von ihrer Assistentin Nancy Falconer, ihrer Freundin Nancy Lieberman (der ehemaligen Profi-Basketballerin und ihrer früheren Trainerin) und zwei anderen

Frauen begleitet, von denen behauptet wurde, es wären Martinas Bodyguards.

Anfänglich wich Martina Judys Blicken aus, aber Judy schaute sie den ganzen Tag über an. Martina muß die Blicke gespürt haben, doch sie vermied den Blickkontakt fast den ganzen Tag über. Martina sollte aussagen und – rein äußerlich – wirkte sie wohl präpariert für die Herausforderung, doch bevor sie wieder aus dem Zeugenstand entlassen wurde, würde sie von Gefühlen überwältigt werden und ihre Tränen nicht mehr zurückhalten können.

Es wurden eigentlich wichtige gesellschaftliche und juristische Fragen in dieser *Nelson/Navratilova*-Woche gestellt, doch sie wurden durch die sensationellen und emotionalen Seiten dieses Falles in den Hintergrund gedrängt. Im Idealfall würden Judy und Martina die Vorstellung einer Prüfung unterziehen, daß zwei Menschen ihr Leben in einem freien Land zusammen verbringen können und dann die Justiz, die ihre gleichgeschlechtliche Beziehung kaum duldet, bitten könnten, ihnen das Recht, einen relativ normalen Vertrag abschließen zu können, zuzusprechen. Einen Vertrag, durch den sie die gleichen finanziellen Verantwortungen übernahmen, wie die breite Bevölkerung auch. Andere Fälle vor anderen Gerichten standen vor denselben Problemen. In Georgia wurde zur gleichen Zeit ein ähnlicher Fall zwischen zwei Frauen entschieden, die einen ähnlichen Vertrag abgeschlossen hatten. Im Fall *Crooke* gegen *Gilden* wurde ohne die Anwesenheit von berühmten Persönlichkeiten in sachlicher Art und Weise verhandelt, und der Staat Georgia erkannte ihr Recht auf ein solches Abkommen an.

Der *Nelson/Navratilova*-Fall lag anders. Das Verfahren wurde ständig durch die Gegenwart und den Konflikt von Macht, Geld und Ruhm überschattet. Beide Seiten standen für ihre Sache ein, obwohl Martina und Judy die letzten sieben Jahre in einer liebevollen, ernsthaften Beziehung gelebt hatten. Beide Frauen zwangen sich jetzt dazu, sich gegen die Frau zu wenden, der sie am meisten vertraut und auf die sich am meisten verlassen hatte. Und während sie mit ihren Anwälten, die sich alle gute juristische Strategien zurechtgelegt hatten, den Gerichtssaal in Fort Worth betraten, machte keine von beiden den Eindruck, als wäre sie auf die Auseinandersetzung vorbereitet. Sie sahen zerbrechlich, von den Vorgängen mitgenommen aus. Es war nicht so, daß sie nicht auf die bohrenden Fragen der Presse und des Gerichts vorbereitet gewesen wären, doch es waren erst sechs Monate seit ihrer Trennung vergangen, und keine schien emotional gut vorbereitet oder abgeklärt zu sein.

Martina glaubte, sie sei im Recht und müßte nur diesen Prozeß überstehen. Doch sie hatte die rigide Art des Rechtsstreits und die persönliche Entschlossenheit ihrer Gegnerin unterschätzt. Außer auf dem Tennisplatz, war es für sie sehr ungewohnt, Auge in Auge mit jemandem einen Streit auszutragen. Jetzt stand sie hier im Gerichtssaal und war gezwungen, vor den Kameras und unter Eid über ihre Beziehung zu Judy Nelson auszusagen.

Als die Frage der Anwesenheit der Presse geklärt war, ging der Prozeß zügig voran. Das Verfahren eröffnete mit einer Sensation, als nämlich Martina als erste Zeugin in den Zeugenstand gerufen wurde und mit der Darstellung des Falles aus ihrer Sicht die Bühne für eine weltweite Übertragung bereitete. Ihre Strategie war offensichtlich. Ihr erster Versuch, Jerry Loftin aus dem Verfahren zu werfen, hatte weitreichende Auswirkungen, und jetzt hatte die Schlacht begonnen. Im Prinzip versuchte McCurly den eigentlichen, erwarteten Fall *Nelson/Navratilova* schon in dieser Anhörung abzuhandeln. Er stellte die Behauptung auf, daß diese Vereinbarung kein Abkommen zwischen Partnern, sondern ein Vertrag sei, der Unterhaltszahlungen regelte. Das war keine schlechte Taktik. Obwohl die Inhalte des Vertrags eindeutig in geschäftspartnerschaftlichen Begriffen gehalten waren, ist der Vertrag mit »Vereinbarung über ein nicht-eheliches Zusammenleben« überschrieben. Es machte also für die Verteidigung (d. h.: Martinas Reaktion auf Judys Klage) aus zweierlei Gründen Sinn, im Rahmen der ehe-ähnlichen Gemeinschaft zu argumentieren.

Der erste und beste Grund ist, daß der Staat Texas das Recht gleichgeschlechtlicher Partner, ein solches Abkommen zu schließen, nicht anerkennt. Sogar, wenn es legal wäre, würde ein Fall, in dem es um Unterhaltszahlungen geht, in Texas sehr schlechte Voraussetzungen haben. Es stehen dort nie-mandem Unterhaltszahlungen zu, und den Begriff des Ge-meinguts gibt es in diesem Bundesstaat nicht. Der zweite Grund, warum diese Taktik für Martina erfolgversprechend sein könnte, bestand in der Annahme, daß, wenn es ihr ge-länge, Jerry Loftin von der Verteidigung auszuschließen, es für sie einfacher sein würde, Jerry Loftin und BeAnn Sise-more noch schonungsloser und besser strafrechtlich ver-folgen zu können. Martina hatte es sowohl auf die 1 Million Dollar aus Loftins Versicherung gegen die Verletzung der beruflichen Sorgfaltspflicht abgesehen, als auch auf ähnlich hohe private Rücklagen, die im Falle einer Niederlage gegen Judy einen Teil des Verlusts ausgleichen würden. Deshalb war der Kampf gegen Loftin wichtiger geworden als der zwischen Judy und Martina. Der Schachzug, Loftin zu dis-qualifizieren, ihn in die Defensive zu drängen, gab Martina die Chance, Judys Offensive zu schwächen – ganz davon abgesehen, daß sie für den Fall ihres Sieges ihre gesamten Anwaltskosten ersetzt bekäme (die sich schon jetzt auf 600 000 Dollar beliefen) sowie einen Teil des Geldes, das sie Judy aufgrund des Abkommens eventuell zahlen müßte.

Über die finanziellen Erwägungen hinaus ging es um die emotionalen Beweggründe. Es schien auf jeden Fall ein-facher, sich gegen Jerry Loftin und BeAnn zu wenden, als es gleich mit der ehemaligen Lebensgefährtin und deren Familie aufzunehmen. Martina wäre dann in der beneidenswerten Ausgangsposition der aggressiven Klägerin, anstatt sich wie eine Gehetzte verteidigen zu müssen. Sie würde Judy wiedersehen, doch so konnte sie aufschlagen, anstatt zu retournieren.

Jetzt war Martina im Zeugenstand. Während das Video von der Unterzeichnung des Abkommens zur erneuten Betrachtung für sie gezeigt wurde, brach sie zusammen. Als das Video lief und Martina aussagte, stand BeAnn vor ihr. BeAnn glaubt, daß Martina weinte, weil sie nicht in der Lage war, BeAnn in die Augen zu schauen und zu behaupten, BeAnn wäre ihrer Meinung nach Anwältin gewesen.

Jerry Loftin spielte das Video von der Unterzeichnung ab, hielt es an den kritischen Stellen an, um Fragen über das gerade Gesehene zu stellen. In dem Video sagt BeAnn: »Ihr habt beide auf das Recht verzichtet, das Recht, euch von einem Anwalt vertreten zu lassen.«

In dem Video antwortet Martina darauf: »Stimmt, auf dieses Recht verzichten wir beide.«

In diesem Moment hält Loftin das Video an. BeAnn hat sich genau vor Martina und hinter Jerry gestellt und fängt zu weinen an.

Martina verliert die Fassung, ihre Stimme fängt an zu zittern, und Jerry holt zum entscheidenden Schlag aus. »Martina«, fragt er sie, »erinnern Sie sich. Ist es richtig, daß Sie auf Ms. Sisemores Frage mit ›Auf dieses Recht verzichten wir beide‹ geantwortet haben? War das Ihre Antwort?«

Martina antwortete langsam: »Das habe ich gesagt.«

Es wurde spannend. Jerry wählte seine Worte mit Bedacht. Martina schaute auf ihre Hände. Jerry fuhr mit seinem Kreuzverhör fort, stellte keine Fragen, auf die er die Antworten nicht schon wußte und bewegte sich auf einem kritischen, schmalen Grat. »Und als Ms. Sisemore sagte, daß

Jerry nicht Ihr Anwalt sei, da sagten Sie doch, daß Sie das verstanden hätten, oder?«

Hier flossen bei Martina schon die Tränen. »Ich dachte, ich hätte einen Anwalt.«

Jerry beachtete ihre Antwort nicht und ging auf die vorige Aussage ein, indem er sagte: »Und Sie hatten das verstanden? Dies hier (das Video) ist wie ein Spiegel. Es zeigt, wie sich die Dinge tatsächlich an diesem Abend zutrugen, oder, Ms. Navratilova?«

Überall im Gerichtssaal klickten Kameras, Reporter schubsten sich, drängelten für eine Nahaufnahme von Martina nach vorne, die jetzt völlig von ihren Gefühlen überwältigt wurde. Dieses Drama spielte sich vor dem Hintergrund des McCurly-Kampfes ab, der vom Richter die Erlaubnis für Martina bekommen wollte, daß sie nach ihrer Aussage an diesem Tag gehen könnte. Sie hatte eine Safari in Afrika gebucht und wollte Fort Worth so schnell wie möglich verlassen. Alle Beteiligten hatten sich zuvor in Hinterzimmern getroffen, um diese Möglichkeit zu besprechen. Loftin bestand darauf, daß er Martina möglicherweise noch einmal in dieser Woche befragen müßte und sie für diesen Fall zur Verfügung stehen müßte. Judy war besonders betroffen, als sie von diesen Verhandlungen hörte, weil sie und Martina diese Ferien vor gut einem Jahr zusammen geplant hatten. Judy hatte alles gebucht, und jetzt wollte Martina so schnell wie möglich aufbrechen.

Die Leute im Gerichtssaal waren entschieden für Martina. Judys Mutter drehte sich sogar einmal zu Judys Vater um und sagte: »Jetzt weiß ich, wie sich Martinas Gegnerinnen gefühlt haben müssen. Es macht überhaupt keinen Spaß, die Unterlegene zu sein.«

Eddie und Bales kamen die Woche über immer mal in den Gerichtssaal, in den Freistunden, und unterhielten sich in den Pausen auch mit Martina. Als Bales zum ersten Mal den

Gerichtssaal betrat, strahlte er, als er sie entdeckte. Sie kam herüber, öffnete die Schwingtür, die die Zuschauer und die Kläger voneinander trennte und nahm ihn in die Arme. »Wie geht's, Großer?« fragte sie. Martina mochte Bales sehr. Er ist für sie wahrscheinlich eine Art Sohnersatz.

Bales war etwas irritiert über die vielen Zuschauer im Gerichtssaal. »Was machen diese Leute hier?« fragte er ganz offen. »Haben die nichts Besseres zu tun?«

Gegen Ende des Tages schob Judy Martina einen Zettel mit der Bitte um ein Gespräch nach Beendigung der Verhandlung rüber. Würde sie sich mit ihr alleine treffen? Martina stimmte mit einem simplen Kopfnicken zu. Die beiden gingen in den Konferenzraum der Jury und versuchten, hinter verschlossenen Türen Bedingungen für eine Einigung auszuhandeln. Sie hatten sich seit mehreren Monaten nicht mehr gesehen und als Martina die Tür geschlossen hatte, fragte Judy, ob sie sie für einen Moment in den Arm nehmen könnte. Martina nickte, und die beiden Frauen umarmten sich für einen kurzen Moment. »Sie kam mir irgendwie kleiner vor, als ich sie in Erinnerung hatte«, meint Judy. »Ich hatte hochhackige Schuhe an, war also größer, aber das war es nicht. Sie schien mir einfach kleiner. Ich frage mich sogar jetzt noch, warum mir der Gedanke kam oder welche Bedeutung er gehabt haben könnte. Ich weiß nur, daß ich diesen Moment nie vergessen werde.«

Als Judy und Martina fünfundvierzig Minuten später wieder herauskamen, waren sie der Meinung, sie hätten sich geeinigt. Sie baten die Gerichtsreporter, länger dazubleiben, in der Hoffnung, die Einigung zu Protokoll geben zu können. Doch Martinas Anwalt bestand darauf, die Sache bis morgen noch einmal »zu überschlafen« und dann die Einigung bekanntzugeben. Alle gingen an diesem Abend nach Hause in Erwartung der Bekanntmachung dieser Einigung am nächsten Morgen. Die Photos im »Fort Worth Star Telegramm«

zeigten am folgenden Tag strahlende Anwälte, die glaubten, die Einigung sei in greifbarer Nähe.

Es war schon dunkel, als Judy Jerrys Büro an diesem Abend verließ. Eddie und Bales blieben bei ihrer Mutter, um sie zu unterstützen. Die ganze Familie schien über das Angebot, das auf dem Tisch lag, erleichtert zu sein. Alle außer Judy schienen beruhigt. »Ich weiß nicht, was das alles für Jerry bedeutet«, wandte sie ein. »Richard Orsinger meint, ich sollte nur darauf achten, was unterm Strich steht. Es schiene ihm eine gütliche Einigung, und ich könnte sowieso nicht verhindern, daß sich Martina nun noch auf Jerry konzentrieren würde. Sie ist fest entschlossen, egal, was ich mache, und das erscheint mir nicht richtig. Ich habe ihn da hereingezogen. Auch wenn Martina und ich uns einigen, werden wir noch ein paar Jahre vor Gericht verbringen, wenn sie weiter hinter ihm her ist.«

Frances und Sarge schienen sich sicher zu sein, daß alles am Morgen zur allgemeinen Zufriedenheit geregelt sein würde. Beim Essen war der Fernseher an und brachte auf dem Lokalsender Fernsehbilder von Martinas Zusammenbruch im Zeugenstand. Keiner sagte ein Wort, und Judy und Sandra drehten sich um und sahen einfach nur zu. Der Lokalsender brachte ein Interview mit Judy und als es zu Ende war, aßen alle weiter. »Morgen wird alles vorbei sein«, sagte Sarge.

»Wir werden sehen«, erwiderte Judy.

Judy und Sandra fuhren nach dem Abendessen zwei Straßenecken weiter zu ihrer Schwester. Judy ging sofort ans Telephon und erledigte Rückrufe. Sandra guckte die »Jonny Carson Show« und »CNN« (sie wollte sich bei Carson entspannen, fühlte sich aber verpflichtet zu gucken, was CNN über den Fall brachte.) Bei Carson machte an diesem Abend ein Komiker einen Witz über texanische Rechtsprechung. Er ging ungefähr so: *Ein Mann wird mit acht Schußwunden in*

215

Kopf und Brust tot aufgefunden. Ein Jagdgewehr wird als Tatwaffe identifiziert. Mord wurde sofort ausgeschlossen. Ein Richter in Texas entschied, daß es Selbstmord gewesen sei und dem Polizeibericht zufolge hatte der Mann nicht nur die ersten sechs Schüsse überlebt, die er auf sich selbst abgegeben hatte und dabei nach jedem Schuß nachladen mußte – er konnte sich sogar noch zweimal in den Kopf schießen, bevor er, nach einem Schläfendurchschuß durch die achte Kugel, an den Folgen der Verletzung verblutete...

Das reichte für einen Tag. Sandra zog sich auf ihr Zimmer zurück und packte ihre Tasche mit allem, außer einem Anzug, einem Paar Jeans und einer Jacke, die sie draußen ließ. Sie hatte vor, am Morgen zum Gericht zu gehen und abends nach Hause zu fliegen.

Sie dachte, Martina wollte zu ihrer Safarigruppe aufschließen. Judy wollte bis Samstag bleiben; sie hatte versprochen, zu Bales Fußballspiel am Freitagabend zu gehen.

Zweiter Tag

Irgend etwas hatte sich ereignet, seit Judy und Sandra das Gericht gestern abend verlassen hatten und am nächsten Morgen wieder dort erschienen. Allerdings konnte Judy keine Details verraten, weil die Absprachen unter dem Siegel der Verschwiegenheit gemacht worden waren. Sie war allerdings offensichtlich unzufrieden und als sie zum Gericht fuhren, drehte sie sich zu Sandra um und sagte: »Ich glaube, ich kann die neuen Bedingungen nicht akzeptieren. Ich bin mir nicht sicher, ob wir uns außergerichtlich einigen können.« Aus ihrem langsamen und betonten Tonfall schloß Sandra, daß Judy meinte, der beste Moment für eine Einigung sei gerade verstrichen. Martinas Anwaltsteam hatte das Einigungsabkommen neu überarbeitet, und aus simplen Erklärungen zum Vertrag wurden anscheinend neue Bedingungen.

Judy kam um acht Uhr morgens in Loftins Büro, und sie trafen sich gegenüber in den Räumen der Richter mit Martinas Team, um die Bedingungen für eine Einigung durchzugehen. Judy machte deutlich, daß sie die Bedingungen, die über Nacht dazugekommen worden waren und die über das, was Martina und sie alleine ausgemacht hatten, hinausgingen, nicht akzeptieren könnte. Judy hatte das Gefühl, sie würde Loftins Niederlage vorbereiten, wodurch beide in eine Zwickmühle gerieten. Die Bedingungen, die ihr ermöglichten, den ganzen Fall möglichst schnell zu vergessen, stellten für Jerry eine Situation dar, in der er sich nicht mehr verteidigen konnte.

»Ich kann dir nicht sagen, was da drinnen vorgegangen ist«, erzählte Judy Sandra, als sie wieder herauskam, »aber ich kann dir versichern, daß der Handel geplatzt ist. Die Verhandlung wird in zehn Minuten wieder aufgenommen, und Martina muß doch hierbleiben, für den Fall, daß Jerry sie noch einmal aufrufen will. Eddie wird in den Zeugenstand treten müssen, ruf' ihn also bitte an und sieh zu, daß du ihn herbekommst. Das wird hier noch schlimmer.«

Judys Vater drehte sich herum und sagte: »Das ist mit Sicherheit der schwärzeste Tag meines Lebens.« Sarge hatte schon immer eine schnelle Auffassungsgabe – er begreift intuitiv – und wußte, daß sobald die Rechtsanwälte zwischen Judy und Martina traten, die Möglichkeit zu einer Einigung vertan wäre und daß ab dann die Anwälte das Ruder fest in der Hand hätten. Es gab kein Zurück mehr. Seine Familie würde einer nach dem anderen aufgerufen und systematisch von der Presse in der Luft zerrissen werden. Ein System, ursprünglich zur Hilfe der Schwächeren gedacht, hielt seine Familie fest in seinen Klauen und gab sie nicht mehr frei. Sie hatten an diesem Morgen die Kontrolle über den Prozeß verloren, und er hatte begriffen, daß die Leute innerhalb des Systems keine Chance hätten, sich vor den unausweichlichen, schmerzhaften, öffentlichen Auftritten zu schützen. Sogar, wenn man unschuldig war, konnte man sich der Aggressivität des Streits nicht mehr entziehen. Er hatte mittags seine Bemerkung gemacht, und im Verlauf des Tages nahm die Entwicklung genau den Lauf, den er vorausgesagt hatte. Noch bevor der Tag zu Ende war, hatten sein Sohn Sarge, seine Tochter Jan, und seine Enkelsöhne Eddie und Bales vor Gericht ausgesagt und über ihr Verhältnis zu dem Abkommen, das Judy und Martina miteinander geschlossen hatten, gesprochen.

Während man den Eindruck hatte, daß Martinas Verteidigung einem wohl präparierten Plan folgte, reagierte man auf Judys Seite eher spontan auf die Ereignisse. Nichts war geprobt, und anstatt einem abgesteckten Kurs zu folgen, reagierten Judy und Loftin nur.

Die Anspannung war an Loftins Auftreten abzulesen. BeAnn und er hatten sich monatelang auf diese Verhandlung vorbereitet. Ihre Familien fingen an, ihnen die verlorene Zeit übelzunehmen. Judy und BeAnn gingen über jedes Detail, scheuten keine Mühe, während Jerry gezwungen war, mit einer Handvoll Angestellten einen übermächtigen Riesen zu bekämpfen. McCurlys Tabellen und Graphiken waren beeindruckend, er war gut präpariert, seine Assistenten reichten ihm einer nach dem anderen gut aufbereitete Informationen, gut markiert, zum direkten Gebrauch an den entscheidenden Stellen. Jerry hatte hingegen soviel abgenommen, daß seine Hosen zu weit geworden waren und sein Hemd jedesmal rausrutschte, wenn er aufstand. McCurlys Vortrag war schnell und direkt, er hakte Punkt für Punkt ab, und es war für Jerry und seine zwei Angestellten unmöglich, Schritt zu halten.

Dritter Tag

Heute trat Eddie in den Zeugenstand. Als er in den Gerichtssaal kam, fragte ihn Sandra, ob Loftin oder BeAnn ihm irgendwelche Anweisungen gegeben hatten. »Nein«, antwortete er, »aber ich habe mit Ma gesprochen, und ich bin bereit, in den Zeugenstand zu treten.«

»Großartig«, dachte Sandra ein bißchen sarkastisch, »Ma hat ihm seine Krawatte gebunden und hat sichergestellt, daß er die richtigen Sachen anhat, aber was wird er da oben *sagen*?« Doch ihr wurde allmählich klar, daß die Verteidigung nur spontan und ehrlich reagieren konnte, denn sie hatten keine Zeit, eine komplizierte Taktik einzustudieren, um das Gericht zu blenden oder zu verwirren.

Jerry stellte Eddie die Frage: »Was hat Martina dir über BeAnn Sisemore erzählt?«

»Na ja, ich habe mich schon immer für Jura interessiert«, antwortete Eddie. »Ich studiere Jura. Ich wußte also von Mom, ich wußte, BeAnn macht irgendwas mit Jura. Ich wußte aber nicht was. Mom hat mir erzählt, daß sie als Rechtsanwaltsgehilfin arbeitet. Ich wußte nicht, was das war und habe Martina deshalb gefragt, was eine Rechtsanwaltsgehilfin ist, und sie erklärte mir, daß es eine Art Assistentin sei und daß sie für Sie arbeitet. Damals kannte ich Sie aber noch nicht.«

»Also hat dir Martina 1985 erzählt, daß BeAnn Sisemore als Rechtsanwaltsgehilfin für mich arbeitet?« fuhr Jerry fort.

»Richtig«, erwiderte Eddie, »ich fragte sie, ob sie Jura studieren mußte und sie sagte, das hätte sie nicht gemußt.«

»Hat Martina dir damals gesagt, daß BeAnn eine Rechtsanwältin ist?« wollte Jerry wissen.

»Nein.«

»Hast du dich mit BeAnn Sisemore über ihre Arbeit unterhalten?«

»Ja.«

»Hat dir Martina erzählt, daß BeAnn Jura studiert hat?«

In diesem Moment raschelt es am Tisch von Martina und McCurly, es wird geflüstert und Zettel werden ausgetauscht. Doch wir anderen sind gespannt darauf, was Eddie zu sagen hat.

»Nein.«

»Was hat sie dir darüber erzählt?«

»Daß sie nicht Jura studiert hat, aber hoffe, es eines Tages zu tun.«

»Und das war 1985.«

»Jawohl, Sir.«

Nachdem Loftin das Verhör beendet hatte, sagte McCurly einfach nur: »Keine weiteren Fragen.«

Für sich allein betrachtet, war Eddies Aussage ein kräftiges Argument dafür, daß Martina die ganze Zeit wußte, was für einen Status BeAnn hatte. Trotzdem hat die Aussage eines Sohnes, der für seine Mutter aussagt, egal wie klar und deutlich, wenig Gewicht bei einem Richter. Dennoch könnte diese Unterhaltung zwischen Loftin und Eddie später vor der Jury zu einem wichtigen Argument werden. Und genau das war Loftins Taktik: die Argumente vorzubringen – so tun, als ob nichts wäre – und sie in Zukunft als Munition zu benutzen. Diese Art des Geplänkels dauerte die ganze Woche über an, während sich beide Parteien im Grunde genommen nur auf die kommende Auseinandersetzung vorbereiteten.

Die weiterführenden gesellschaftlichen und rechtlichen Fragen wurden zwar gestellt, aber nie richtig beantwortet. Sinn und Zweck dieser Anhörung war es, Jerry Loftin aus diesem Fall auszuschließen. Beide Seiten bemühten sich, in die Verhandlungsprotokolle aufgenommen zu werden, was ihnen später helfen würde, wenn man sich dem eigentlichen Fall *Nelson/Navratilova* zuwandte. Die Grenzen zwischen den beiden Fällen verwischten sich zusehends. Standpunkte, die Argumente für oder gegen Jerrys Ausschluß verdeutlichten, wurden nur noch zu dem Zweck vertreten, im Bewußtsein und im Unterbewußtsein des Richters und der Presse den Eindruck zu erwecken, daß die jeweiligen Klientinnen integere Persönlichkeiten waren und im eigentlichen Verfahren immer einen Schritt voraus zu sein. Beide Seiten meldeten sich immer wieder zu Wort, um gegen die Taktik des Gegners zu protestieren.

Zuerst erhob McCurly Einspruch, als Loftin Martina einige Fragen über das aktuelle Abkommen stellen wollte. »Ich erhebe Einspruch gegen seine (Loftins) Fragen nach dem Abkommen. Er dringt damit zum eigentlichen Fall vor. Dies ist eine klar begrenzte Klage, und ich erhebe mit bezug auf die Relevanz Einspruch.«

Später, bei demselben Kreuzverhör glich Loftin mit einer genauen Beobachtung McCurlys aus. McCurly hatte versucht, einen Einspruch dazu zu benutzen, in das Protokoll aufgenommen zu werden und so einen weiteren Vorteil zu erlangen. Loftin wies das Gericht sofort darauf hin. »Dieses Argument wird nur für die Jury vorgebracht. Es ist kein eigentlicher Einspruch.« Käme es zur Verhandlung, wären es theoretisch zwei unterschiedliche Fälle, mit denselben Zeugen, denselben Fakten und denselben Anwälten. Der eigentliche Fall und dieser Antrag vor Gericht griffen dauernd ineinander.

Es wurde Zeit, BeAnn Sisemore in den Zeugenstand zu rufen. Als Loftins Gehilfin kam und ging sie die ganzen Tage in den Gerichtssaal und stellte die Akten zusammen, die er für die Anhörung brauchte.

Als BeAnn den Zeugenstand betrat, war sie angespannt, blaß und sichtlich erschöpft. Ihre Hände zitterten, und sie verlor fast völlig ihre Stimme. Sie fühlte sich allein verantwortlich für die Lage, in die sie Jerry gebracht hatte. Es wurde an diesem Tag glasklar, daß der einzige Betrug, den BeAnn an jemanden begangen hatte, der Selbstbetrug war, als sie nämlich ihren Freunden gegenüber zu hilfsbereit war. Sie hatte sich gegen das Gefühl im Bauch gewandt, daß ihr – nur das eine Mal – davon abgeraten hatte, bei dem Abkommen Hilfestellung zu leisten.

Der aufschlußreichste Moment ihrer Aussage kam, als sie gefragt wurde, warum sie an der Sache der beiden Frauen teilgenommen habe.

»Judy und Martina hatten darüber geredet, wie sie ein solches Abkommen abfassen könnten, und sie haben mit mir zwei-, dreimal darüber gesprochen, obwohl wir nie über die Bedingungen darin sprachen. Und eines Tages fragten sie mich, ob ich ihnen ein Formular besorgen könnte. Ich sagte: Nein. Ich wollte nicht – nehmt euch irgendeinen Anwalt, nehmt, wen ihr kriegen könnt. Laßt das von einem Anwalt machen. Ich will da nicht mit reingezogen werden.«

»Ich mochte sie wirklich beide, und ich wollte nicht dazwischengeraten. Und sie fragten mich noch zwei-, dreimal, und schließlich ließ ich mich überreden. Ich sagte, ich würde in die Jurabibliothek gehen und schauen, ob ich nicht ein Formular finden könnte, nach dem sie sich dann richten könnten. Ich hatte nicht vor, es aufzusetzen oder irgend etwas damit zu machen.«

»Ich nahm mir dieses Formular. Ich hatte es aus der Bibliothek. Ich ging zur Bibliothekarin. Ich fragte sie, ob es in einem dieser Bücher ein Formular gäbe. Sie führte mich zu einer Abteilung. Es war vielleicht das dritte Mal in meinem Leben, daß ich in der Tarrant County Jurabibliothek war, und ich ging zu der Bibliothekarin. Sie nahm mich mit zu den Büchern und zog das Familienhandbuch heraus, das wir auch im Büro hatten. Ich sagte, nein, ich brauche ein außereheliches Gemeinschaftsabkommen, und wir gingen zu einer anderen Abteilung. Sie zog es heraus. Sie machte mir Kopien und gab sie mir.«

BeAnn erklärte dem Gericht, was sie mit dem Formular machte. »Am gleichen Abend nahm ich es noch mit zu Judy und Martina. Als ich mich wieder aufmachen wollte, baten sie mich, es für sie aufzusetzen. Alles, an was ich mich erinnern kann, ist, daß da ein runder Tisch in dem kleinen Raum stand, wo sie Fernsehen guckten – gleich neben der Küche. Und auf dem Tisch lag der Umschlag, in dem ich ihnen das Formular gebracht hatte, und sie fragten, ob ich es für sie aufsetzen könnte – sie meinten, sie wollten nicht, daß irgend jemand davon wüßte. Das wäre privat. Und warum kannst du es nicht aufsetzen, als Freundin? Und ich erwiderte: Warum könnt Ihr, als Freunde, euch nicht einen Anwalt nehmen? Ich meine, ich wollte wirklich, daß sie sich einen Anwalt nahmen.«

Manchmal hört sich der Ratschlag, rechtlichen Beistand einzuholen, schon selbst wie rechtlicher Beistand an. In ihrer Einführung klang BeAnn so, als ob sie die beiden über ihre Rechte und Bedenken »beriet«. Orsinger mußte herauskriegen, warum BeAnn die Aktion auf Video aufnehmen ließ. »BeAnn«, fragte Orsinger, »was waren Ihre Beweggründe, als Sie Judy und Martina erklärten, was sie da in dem Video taten.«

BeAnn antwortete: »Sie auf dem Video noch einmal das Abkommen durchlesen zu lassen, um sicherzugehen, daß sie auch alles verstanden hatten, was sie da unterzeichneten. Ich sollte es beglaubigen, also wollte ich sichergehen, daß ihnen klar war, was sie taten.«

Orsinger entmystifizierte die Situation noch weiter, als er BeAnn fragte: »Haben Sie noch andere Dokumente beglaubigt?«

Sie antwortete: »Jawohl, Sir.«

»Wissen Sie, was es bedeutet, ein Dokument zu beglaubigen, das jemand durch Unterschrift vollzieht?« fuhr Orsinger fort.

»Ja«, antwortete BeAnn.

»Glauben Sie«, fragte Orsinger, »Sie haben als Notarin eine Verantwortung, sich zu überzeugen, daß die Person, die das Dokument unterzeichnet, es wirklich wegen der Ziele und Absichten tut, die darin festgeschrieben sind?«

»Jawohl, Sir«, lautete ihre Antwort.

»Taten Sie das an jenem Abend, auf dem Video, mit Martina und Judy?«

»Ja.«

Das Thema, ›unlauteres Motiv‹, war angesprochen und erklärt worden. BeAnn trat nicht als Anwältin auf, sie überzeugte sich vielmehr von den Zielen und Absichten, genau wie es das notarielle Formular ihr vorschrieb. Aber war Martina vorher, während oder nach dem Ereignis der Meinung, daß BeAnn Anwältin war? Orsinger fragte sie: »Haben Sie sich jemals mit Martina Navratilova vor der Unterzeichnung des Abkommens, wie es in diesem Video festgehalten ist, darüber unterhalten, ob Sie Anwältin sind oder nicht?«

»Ja«, antwortete BeAnn.

»Würden Sie ein paar dieser Gespräche hier für das Gericht wiedergeben?« spornte Orsinger sie an.

BeAnns Aussagen bestätigten die Angaben, die Eddie zuvor gemacht hatte, als ihm eine ähnliche Frage gestellt worden war. »Martina hat mich oft damit aufgezogen; ich sollte doch Jura studieren und warum ich mich mit weniger zufrieden geben würde, warum ich nicht mehr dafür tun würde.«

Orsinger brauchte noch eine Richtigstellung bei diesem Thema: »Haben Sie jemals gehört, daß Martina in Ihrer Gegenwart jemand anderem gesagt hat, Sie wären Anwältin?«

BeAnn antwortete mit einem einfachen »Nein.«

BeAnn war nicht einfach nur eine Freundin, sondern sie fühlte sich verpflichtet, alles für sie zu tun, was in ihrer Macht stand. Sie hatten sie zu üppigen Parties in London mitgenommen, in deutsche Städte, nach Aspen. Sie waren einnehmend, überlebensgroß manchmal, und BeAnn merkte, wie sie in eine Situation geriet, in der ihr Chef, Jerry Loftin, so aussehen mußte, als hätte er seine Angestellten nicht unter Kontrolle. Sie half außerhalb des Büros und in ihrer Freizeit bei dem Abkommen, aber Judy und Martina waren seine Klientinnen.

War BeAnn ein Sündenbock, und war Jerry wirklich eingeweiht? Diese Frage drängte sich auf. Es war keine schlechte Idee, doch BeAnn schaffte es nicht. Sie arbeitete seit siebzehn Jahren für ihn und war eine loyale Angestellte, aber dafür verfügte sie nicht über genügend schauspielerisches Talent. Sie hatte einen kleinen Sohn und paßte nicht in die Rolle des Opfers. Sie hatte zuviel zu verlieren. Wie dem auch sei, Martinas Anwälte stellten diese Beobachtung in Frage.

McCurly war nicht überzeugt. Er gab sich nicht mit BeAnns Antworten auf Orsingers Fragen zufrieden und machte sich daran, sie einem Gegenverhör zu unterziehen. Er stellte sich in seinem Kreuzverhör als der Rechtsbewahrer dar. Er hatte zwei Ziele vor Augen: Erstens mußte er Loftin auf irgendeine Art mit dem Dokument in Verbindung bringen. Entweder hatte Jerry es aufgesetzt, oder er hatte ihr gesagt, wo sie es bekommen konnte und was sie dann damit machen sollte. Er mußte irgendwie beweisen, daß Jerry in die Sache verwickelt war, am besten durch BeAnn. Zweitens machte er sich darüber Sorgen, daß Martina gesagt hatte, ihr wäre das Abkommen im Vergleich zu dem, was sie ursprünglich wollten, viel zu kompliziert vorgekommen. BeAnn wußte die Antwort auf die Frage nach dem Zustandekommen des Abkommens, das 1984 erdacht und später dann irgendwann fertiggestellt wurde – wenn sie sich denn erinnern konnte.

BeAnn hatte in einer früheren Aussage zu Protokoll gegeben, daß sie zur Bibliothek ging und das außereheliche Gemeinschaftsabkommen aus einem braunen Buch kopiert hatte. BeAnns einzige Zeugin, die Bibliothekarin, war einige

Monate, nachdem sie BeAnn mit dem Dokument behilflich gewesen war, gestorben.

»Sie gingen also in die Bibliothek und nahmen sich ein Buch mit Formularen?« fragte McCurly BeAnn.

»Die Bibliothekarin suchte es mir heraus«, antwortete Be-Ann.

»Sicherlich. Okay. Und Sie meinten, es war ein braunes Buch mit Formularen?«

»Ein braunes Buch mit Formularen«, erwiderte BeAnn.

»Und das war das Gesetzbuch, Familienrecht, ein Nach-schlagewerk, das jeder kennt, der Scheidungsrecht macht?« fragte McCurly, der auf etwas hinauswollte, das noch nicht klar zu erkennen war.

»Genau«, sagte BeAnn.

Danach ließ sich McCurly darüber aus, daß das Buch ei-gentlich blau sei und nicht braun, und das auch schon seit einigen Jahren. Das war BeAnn offensichtlich entgangen. Die meisten Jurabücher sind entweder blau oder braun, und das Versehen hätte eigentlich nichts ausmachen dürfen, doch McCurly hatte etwas zu fassen bekommen, mit dem er ihre Geschichte mit einem ersten Fragezeichen versehen konnte. Wenn das Buch rosa oder irgendwie hellfarbig gewesen wäre, dann wäre das beachtenswert gewesen, aber eine andere dunkle Farbe schien McCurly schon zu reichen. Es öffnete ihm die Tür weit genug, daß er seinen Fuß in den Spalt be-kam.

»Gut, lassen Sie mich Ihnen zunächst folgende Frage stellen: Wußten Sie schon, gnädige Frau, daß in dem braunen Buch der texanischen Rechtsprechung kein außereheliches Ge-meinschaftsabkommen drin ist?« fragte er.

»Das braune, das ich gesehen habe, hatte eines«, antwortete sie.

»Ach so. Warum gehen Sie dann in der ersten Pause nicht einfach in die Rechtsbibliothek und schauen nach? Ich denke,

Sie werden merken, daß es nicht drin ist. Würden Sie das für uns tun?« Nachdem er die Frage gestellt hatte, holte er eine Ausgabe des Jurabuches von 1982 hervor. Nach einigem Hin und Her wurde es als Beweisstück Nummer 12 aufgenommen. Orsinger und Loftin argumentierten mit Recht, daß es nicht erwiesen sei, ob BeAnn 1984 genau dieses Buch benutzt habe. Wie dem auch sei, Richter Hopkins wollte McCurly ausreden lassen und sagte, er sei der Meinung, daß der Ursprung des Dokuments relevant sei – entweder brachte es Jerry mit der Entstehung in Zusammenhang, oder es zeigte BeAnns eigenständige Beurteilung und Handlung in bezug auf das Abkommen zwischen Judy und Martina.

»Ich schätze, es ist legal«, sagte sie, als sie anfing, dem Druck nachzugeben und ihm die Antwort zu geben, auf die er gewartet hatte.

»Das ist doch nicht wortwörtlich Ihr Entwurf, oder?«

»Es kann schon sein, daß ich ihre Formulierung korrigiert habe. Ich weiß es nicht. Ich habe das Stück Papier (mit Judy und Martinas Notizen) nicht mehr. Wir setzten uns hin und sprachen darüber. Die beiden machten darauf Notizen. Irgend jemand hat es.«

Jetzt, da er BeAnn völlig verwirrt hatte, ließ er seine Bombe hochgehen: »Ms. Sisemore, es ist doch einfach so, daß es Jerry Loftins Worte sind, oder?«

Schnell, und ohne zu zögern, antwortete BeAnn auf McCurlys Verdacht: »Nein, Sir. Sie sind es nicht. Jerry Loftin hatte nichts damit zu tun.«

BeAnn wurde gezwungen, seitenweise aus dem Dokument vorzulesen. Natürlich waren die Notizen bearbeitet worden, um sie mit der Sprache des Formulars in Einklang zu bringen, doch das hieß noch lange nicht, daß Jerry hinzugezogen worden war. Es gab Martinas Aussage mehr Gewicht, daß »das Abkommen viel komplizierter war als das, was Judy und ich abgesprochen hatten.«

Der nächste Schritt in McCurlys Plan war, einen Keil zwischen Jerry und BeAnn zu treiben. Er wurde jetzt freundlicher zu BeAnn. »Okay. Haben Sie das Gefühl, ein schlechtes Los in der ganzen Sache gezogen zu haben, Ms. Sisemore? Werden Sie nicht durch das alles zum Opfer gemacht?«

»Tut mir leid, aber ich finde nicht, daß ich zum Opfer gemacht werde«, antwortete BeAnn.

Wie eine Schlange, die sich durch das Gras bewegt, pirschte McCurly sich an sein Opfer heran. »Sie sind doch nicht wirklich diejenige, die das hier alles gemacht hat, oder? Wenn wir ehrlich sind, dann gab es doch da ein Treffen in Ihrem Büro, in Jerry Loftins Büro, wo Sie alle, Sie beide, sich, darüber unterhalten haben, ob sie nun die Unterzeichnung auf Video aufnehmen sollten oder nicht. So war es doch?«

»Mit dem Video hatte ich nichts zu tun.«

»Sie hatten nichts damit zu tun? Na ja, das wissen wir wohl etwas besser. Wir haben Sie doch darin gesehen.«

»Es war nicht meine Idee, das Video zu machen«, antwortete BeAnn, und ihre Stimme fing an zu versagen.

McCurly hatte sie dort, wo er sie haben wollte. Sie war erschöpft. Jetzt wurde Honig um den Bart geschmiert. »Ich weiß, die Idee stammte nicht von Ihnen. Das sage ich doch. Es ist nicht wirklich ihr Fehler, oder?

BeAnn fing an zu weinen. »Ich wünschte, ich hätte es Jerry Loftin gesagt, aber ich habe es nicht getan. Niemand wünscht sich das jetzt mehr als ich. Ich habe zwei gute Freundinnen verloren. Ich schätze, ich habe meinen Chef hintergangen. Mir war nicht klar – ich habe versucht, jemanden zu helfen. Jerry Loftin hat nie etwas davon gewußt. Ich schätze, ich hab's vermasselt. Ja. Nein. Ich fühle mich nicht als Opfer. Ich fühle mich wie der Bösewicht.«

Herablassend meinte McCurly zu BeAnn: »Gott segne Sie, gnädige Frau, aber lassen sie mich doch noch einmal auf etwas zurückkommen: Haben Sie das Dokument Ihrem Chef vorenthalten, um die Privatsphäre Ihrer beiden Freundinnen zu schützen?«

»Genau«, antwortete BeAnn.

»Sie erzählten ihm nicht davon, weil die beiden Sie darum baten, oder so ähnlich, weil sie wollten, das Sie es für sich behielten. Richtig?«

»Sie meinten: ›Wir wollen, daß es eine Privatangelegenheit bleibt, und wir vertrauen dir, daß auch du es für dich behältst‹.«

»Und daraus schlossen Sie, daß Sie es auch nicht Ihrem Chef sagen durften. Meinen Sie das?«

»Ich schloß daraus, daß ich es keinem erzählen sollte. Ich durfte es nicht. Wenn mir eine Freundin etwas erzählt, dann geht das meinen Chef nichts an, nichts, was ich mit meinen Freunden tue . . .«

McCurly fiel ihr ins Wort. Sie war dabei, zu erklären, daß sie dies in ihrer Freizeit getan hatte, daß sie sich nicht verpflichtet gefühlt hatte, ihrem Arbeitgeber Rechenschaft über ihre persönlichen Aktivitäten abzulegen. Statt dessen kam McCurly wieder zurück auf die Frage nach der Privatsphäre. Als ob die Geheimhaltung Teil der Verschwörung gewesen wäre, Martina ohne Hilfe durch einen Rechtsanwalt in die Falle zu locken. »Was sagten sie Ihnen genau, bezüglich der Geheimhaltung?«

Sie beantwortete die Frage erneut: »Daß es ein persönliches Abkommen sei und daß sie nicht wollten, daß irgend jemand davon erfuhr, und deshalb wollte ich nicht – – – «

»Tja«, unterbrach McCurly, »es war ein persönliches Abkommen, und sie wollten nicht, daß jemand davon erfuhr. Aber irgendein Kerl nimmt es auf Video auf. Wie heißt er gleich?«

»Jemand aus Judys Familie, Sarge Hill jr.«, antwortete BeAnn. Jetzt, genau hier, brachte McCurly Judys Bruder ins Spiel. Als nächstes zeigte er ihr Photos, die an jenem Abend gemacht worden waren und bat BeAnn, auf Judys Eltern zu zeigen. »Tja«, sagte er, »jetzt war es auf einmal gar nicht mehr so privat, oder?« Er beließ es nicht dabei und hatte bald herausgefunden, daß Jerry und Martina sich kannten und daß Jerry Judy bei ihrer Scheidung vertreten hatte, und dar- über hinaus Martina bei ihrem Testament und einem Straf- zettel geholfen hatte.

»Das ist also der Anwalt, der beide vertritt, und Sie wollen dies hier von ihm fernhalten, um ihre Privatsphäre aufrecht- zuerhalten, während Sie gleichzeitig Photos von anderen Leuten bei dieser Zeremonie machen. Sollen wir das etwa glauben?« kläffte McCurly.

BeAnn riß sich zusammen, und in wirklich glaubhafter Ma- nier antwortete sie: »Ich habe es niemandem erzählt.«

McCurly verstand die freundschaftliche Loyalität einer Frau aus den Südstaaten nicht.

Vierter Tag

Heute sagten »Fachleute« als Zeugen aus. Sie werden dafür bezahlt, der Jury zu imponieren, also lassen wir sie ganz weg. Sie tun ihren Job und streichen dann großzügige Honorare für wohl gewählte Worte ein. Als einer von ihnen gerade aussagte, gab es allerdings einige Aufregung auf dem Flur. Eddie flüsterte irgend etwas in Sandras Ohr, und sie ging hinaus auf den Flur, wo die Presse sich um die Damentoilette versammelt hatte. Einer der Wächter ließ sie durch. Als sie die Tür öffnete, sah sie, daß BeAnn auf dem Boden lag – die Notärzte standen mit einer Bahre gleich hinter ihr. Sie trat wieder in den Flur, um ihnen ein bißchen Platz zu machen, und in dem Moment kam Martina durch die Tür zum Ge- richtssaal und ging auf die Toiletten zu. Der Wächter führte sie schnell nach oben. »Gut«, dachte Sandra. »Die Presse geht immer hinter Martina her, dann können wir BeAnn schnell hier rausbekommen.«

Diesmal folgten sie ihr jedoch nicht. Sie standen da mit ihren Kameras, die auf die Tür der Damentoilette gerichtet waren. Ein paar Minuten später kam Judy herein. Jetzt waren Be-Ann, der Notarzt, Roland (BeAnns Freund), Judy und Sandra, zusammen mit einer Bahre, alle in diesen kleinen gekachelten Raum gezwängt. BeAnn hatte seit einiger Zeit schon nichts mehr gegessen und getrunken, und sie war überarbeitet.

»BeAnn, es tut mir leid. Wir müssen auf uns aufpassen – erinnerst du dich, du hast es versprochen. Als wir beschlossen, dieses Ding hier durchzuziehen, haben wir uns gegenseitig versprochen, auf uns aufzupassen. Du mußt dich ausruhen und etwas essen.« Judy wußte nicht, was sie sonst sagen sollte. Inzwischen hatte sie entsetzliche Schuldgefühle, weil sie BeAnn gebeten hatte, ihr bei dem Abkommen zu helfen.

Frances kam als nächste herein, blieb für einen Moment stehen und beobachtete, wie die Flüssigkeit in BeAnns Arm tropfte. Jetzt trat allmählich auch wieder ein bißchen Farbe in BeAnns Gesicht. »Oh, BeAnn, du mußt dich ein bißchen ausruhen«, riet auch sie ihr. Dann hastete sie hinaus, um Sarge alles zu erzählen. BeAnn fühlte sich wieder stabil genug, um selbst hinauszugehen. Der Notarzt warnte sie noch, daß er keine Verantwortung übernehmen könnte, wenn sie nicht auf der Bahre hier herausgetragen werden würde.

Die Presse wartete noch immer vor der Tür. Judy hatte eine ganz gute Idee. Es gab einen Flur, der rechts herum und einen, der links herum führte. Man befand sich im fünften Stock, BeAnn mußte also zum Fahrstuhl, doch es gab zwei Wege dorthin. »Okay, hier ist der Plan. BeAnn und Roland gehen nach rechts, aber laßt uns zuerst unsere Taschen auf die Bahre legen und sie mit einer Decke zudecken. Wir werden zuerst rausgehen und mit der Bahre zum Aufzug gehen, und die werden uns dann schon folgen.«

Judy und Sandra stießen die Tür auf und gingen auf die Blitzlichter zu, während die Reporter ihnen Fragen zuriefen. Das funktionierte ungefähr zehn Sekunden. BeAnn und Roland kamen raus und wurden entdeckt, noch bevor sie den Fahrstuhl erreicht hatten. Alle steuerten auf einen Lift zu, als Roland auf einen Kameramann losging. Judy und Sandra huschten in einen anderen Fahrstuhl und fuhren ins Erdgeschoß. »Reicht euch die Aufregung?« fragte Judy.

Philip Finn berichtete im »Daily Express« folgendermaßen darüber:

>»Die sitzengelassene Judy Nelson kam am Rande der Anhörung vor Gericht über ihre 6 Millionen Unterhaltsklage gegen Martina Navratilova gestern abend in ein Handgemenge.
>Roland Arthur, Freund der Starzeugin BeAnn Sisemore, zeterte herum und trat nach einem Kameramann.
>Bewaffnete Texas-Hilfssheriffs griffen ein, während die weinende Judy, 45, und ihre neue Freundin Sandra Faulkner versuchten, BeAnn zu beschützen.«

(Nun gut, es war schon aufregend, aber so dramatisch, wie es sich hier liest, war es dann auch wieder nicht. Und irgendwie klang »neue Freundin« Sandra viel zu übertrieben.)

Richter Harry Hopkins verstand sich immer noch blendend mit den Reportern. Am Mittwoch wandte er sich vor Beginn der Verhandlung im Gerichtssaal sogar direkt an sie. »Ich wollte Ihnen nur meinen Dank für die Rücksicht und die Kooperationsbereitschaft aussprechen, die Sie dem Gericht gegenüber bewiesen haben. Sie haben ihren Job unter Bedingungen ausüben müssen, die alles andere als gut waren, und dafür habe ich Verständnis; und ich wollte Ihnen danken für ihre Zusammenarbeit mit dem Gericht, den Prozeßgegnern und allen anderen, die damit zu tun haben. Und dieses Kontingent, Sie, die Medien aus Übersee – Sie sind wirklich die Krönung. Sie sind vor jedem Gericht willkommen, in dem dieser Richter den Vorsitz hat. Wir mögen Sie.«

Damit nahmen einige Journalisten ihre Füße vom Geländer der Jurytribüne, holten ihre Stifte hinterm Ohr hervor und warteten auf die nächste Gelegenheit, die Gerüchte des Tages an ihre Redaktionen weiterzugeben. Es gab immer noch einige Reporter von Tageszeitungen, die über das Verfahren berichteten, doch mehrheitlich blieb es der Boulevardpresse überlassen, die Geschehnisse in Wort und Bild zu verbreiten. Auf der Titelseite der Zeitung in Dallas/Fort Worth war am nächsten Morgen ein Photo abgebildet, auf dem Richter Hopkins von der britischen Presse umringt mit ausgebreiteten Armen in seinem Gerichtssaal sitzt. Es sah eher so aus, als ob hier der Richter im Rampenlicht stand, anstatt den Eindruck zu vermitteln, bei einem Verfahren den Vorsitz zu führen. Er schien von der Aufmerksamkeit der Presse hocherfreut zu sein und amüsierte sich über ihre Arbeitsweise und Anwesenheit. Sandra konnte sich nicht erinnern, jemals einen Richter gesehen zu haben, der auf eigenen Wunsch so für sechs Boulevardreporter aus London posierte.

Inzwischen hatte die amerikanische Presse ihr Interesse an dem Verfahren verloren, doch die britische Presse blieb und wollte die Show zu Ende genießen. Charles Bremmer von der Londoner »Times« brachte die überzeugendste Erklärung, warum Amerika von dem Prozeß gelangweilt war, als er am 12. September in seiner Kolumne folgendes schrieb: »Die Amerikaner versichern oft, daß sie sich über die, wie sie meinen, britische Besessenheit von anzüglichen Geschichten amüsieren, aber der Unterschied hat wenig mit der Zimperlichkeit in Sachen Sex zu tun. Der Grund für das amerikanische Desinteresse liegt einfach darin, daß in einem Land, in dem ein Prozeß irgendwo zwischen Sport und Psychotherapie angesiedelt wird, eine sogenannte Unterhaltsklage –

sogar eine, an der Homosexuelle beteiligt sind –, ziemlich gewöhnlich geworden ist.«

Weil dem so war, konzentrierte sich die Presse auf Geschichten über die in den Prozeß verwickelten Personen und weniger auf die eigentliche Sache, die vor Gericht verhandelt wurde. Diese Geschichtchen dienten als Vorwand, so daß die eigentlichen Themen niemals zum Vorschein kamen. Wenn sie es schafften, die Aufmerksamkeit auf Geld und Raffgier zu belassen, dann würden die rechtlichen Fakten, die diesem Prozeß zugrunde lagen, im besten Falle vage bleiben. Die Aufmerksamkeit von Martina und dem Vertrag ablenken, und die Presse mit Vorwürfen gegen Judy und ihre Familie füttern. Tim Miles schrieb am 14. September in der Zeitung »The Sun«: »Tennis-Ass Martina Navratilova brandmarkte Ex-Lesbische-Liebhaberin Judy Nelson gestern als Goldgräberin, die alles einsteckte, was ihr in die Hände gelangte.« Es wird berichtet, daß Martina gesagt habe, »mein Verbrechen ist Dummheit, Naivität, und daß ich Judy nicht mehr liebe – dafür muß ich jetzt bezahlen. Ich habe wirklich geglaubt, Judy hätte mich geliebt. Aber ich frage mich, ob sie mich genauso geliebt hätte, wenn ich keine berühmte Tennisspielerin gewesen wäre?« Martina lenkte die Aufmerksamkeit auf Judys Charakter.

Die Fakten, die in diesem Fall wichtig gewesen sind, machten für die Medien kaum einen Unterschied; das Abkommen wurde innerhalb und außerhalb des Gerichtssaals diskutiert. Beide Parteien schafften es, die Debatte so zu manipulieren, daß die Themen des eigentlichen Falls nicht mit den Themen vermischt wurden, die für diese Anhörung wichtig waren.

Fünfter Tag

Judy stand bis jetzt noch nicht im Zeugenstand, obgleich sie jeden Tag darauf vorbereitet worden war. Es wurde diskutiert, sie überhaupt nicht als Zeugin aufzurufen. Frustriert und wütend saß sie Tag für Tag neben Jerry Loftin, hörte zu, wie Martinas Mannschaft einen Fall gegen sie und ihre Familie aufbaute, doch Loftin riet ihr, sich ruhig zu verhalten. Sie gab nur einige Erklärungen vor der Presse ab. Eines abends erzählte sie Sandra: »Wenn ich dasitze und all dem zuhöre, was da im Gericht gesagt wird, fühle ich mich, als würde ich im Kino sitzen. Ich fühle mich distanziert, so, als würde ich einfach treiben. Ich schätze, ich entziehe mich einfach. Wie konnte Martina ihre Freunde dermaßen verfolgen? Jerry hat ihr nie etwas getan, und BeAnn war eine unserer besten Freundinnen.«

Am letzten Tag entschlossen sich Loftin und Richard Orsinger doch noch, Judy in den Zeugenstand zu rufen. Jerry war an diesem Tag zusammen mit Martina und BeAnn selbst die meiste Zeit im Zeugenstand gewesen. Nachdem sie fünf Tage nur den verschiedenen Versionen der einzelnen Leute zugehört hatte, war Judy jetzt bereit und entschlossen, in den Zeugenstand zu treten. Leider saß sie nur für eine Stunde dort und erfuhr am eigenen Leib, was für viele Frauen in »Scheidungsprozessen« normale Prozedur ist. Zum Beispiel wurde sie gefragt, ob sie arbeitete. Wie lange? Was sie jetzt machen würde? Hatte sie vor zu arbeiten?

Einmal beschrieb Judy, wie sie und Martina die Idee entwickelten, daß ein außereheliches Gemeinschaftsabkommen etwas für sie sein könnte. »Martina und ich waren bei den »U. S.-Open« und guckten Fernsehen. Es war schon spät in der Nacht, und manchmal haben die doch diese kleinen Dinger im Kabelfernsehen und berichten über Dinge, die man so tun kann und, wissen Sie, die man dann im Geschäft an der Ecke auch bekommen kann. Es wurde berichtet – ich schätze, es war eine Werbung für rechtliche Angelegenheiten –, daß es Formulare für verschiedene Arten von Vereinbarungen gäbe, so daß man keine, wissen Sie, immensen Gebühren aufbringen müßte, um ein Abkommen zu schließen. Also haben wir BeAnn danach gefragt.«

Als Judy den Zeugenstand verließ, wurde die Presse aufgefordert, den Saal zu verlassen. Martina nahm Frances in den Arm und verabschiedete sich dann von Judy, den Blick auf den Boden gerichtet. Sie nahm ihr tragbares Telephon und bestätigte ihre letzten Reisepläne. Sie war spät dran für den Safaritrip. Sunner und Nancy wurden mit Martina losgeschickt, um die Verspätung aufzuholen. Martina verließ den Gerichtssaal als erste. Draußen im Flur sprach McCurly mit der Presse, bevor auch er im Fahrstuhl verschwand und das Gerichtsgebäude verließ.

Judy trug neuen Lippenstift auf und stellte sich dann der gewohnten Menschenmenge im Flur. »Stimmt es, daß sie ein Buch schreiben wollen und daß dieses Vorhaben allem im Weg steht?« fragte ein Reporter.

»Nein«, antwortete Judy, »es ist noch komplizierter, aber ich kann wirklich keinen Kommentar in bezug auf die Bedingungen abgeben. Ich kann Ihnen versichern, daß das Recht der freien Meinungsäußerung jedem Menschen in diesem Land garantiert ist, und ich habe nicht vor, mir von irgend jemand dieses Recht streitig machen zu lassen.«

Im Mai 1992 ging Martina vor die Anwaltskammer und bewies erfolgreich, daß Jerry Loftin sich in einem Interessenkonflikt befand. Das Gericht schlug eine Aussetzung des Verfahrens vor, was Jerry allerdings nicht akzeptierte. Sein Fall wird in Tarrant Countys 141stem Justiz Distrikt Gericht gehört, mit dem ehrenwerten Harry Hopkins als Vorsitzendem.

Einigen wir uns

Obwohl sie ein Haus hatte, das wunderschön mit Weih-
nachtsbaum, Weihnachtsstern und den verschiedensten Ge-
schenken geschmückt war, waren diese Weihnachten für
Judy Nelson alles andere als fröhlich. Familie und Freunde
waren aus New York, Californien und Texas eingeflogen und
kamen mit fröhlich verpackten Paketen unter den Armen. Es
war der Höhepunkt der Saison in Aspen, und alle waren
entzückt, hier zu sein; die Pisten waren mit weichem, wei-
ßem Pulverschnee bedeckt, die Geschäfte und Restaurants
waren voll mit Menschen, die in letzter Minute noch ein-
kauften, und die Stadt strahlte im Licht der Weihnachts-
beleuchtung. Hier wollte man sein – hier wollte man gesehen
werden.
Leider traf Judy dieser Trubel des überschwenglichen Ver-
brauchs und der hohen Ausgaben zu einer Zeit, als sie Angst
hatte, daß sie finanziell nicht mehr lange über die Runden
kommen könnte. Der Rechtsstreit mit Martina hatte ihre finanziellen Reserven aufgezehrt, und sie war immer noch finanziell für ihre Söhne verantwortlich. Bales war in einer
Privatschule in Country Day in Fort Worth, Eddie studierte
an der »Texas Christian University«, und ihre Studienkosten
wurden nicht einfach gesenkt, weil ihre Mutter mitten in einem Prozeß steckte. Ed zahlte weiter seinen Teil der Aus-
bildungskosten. Sie mußte ihnen weiterhin Anziehsachen
kaufen und ihre Flüge nach Aspen bezahlen, während sie
selbst mehrmals im Monat nach Dallas flog, um ihre Anwälte zu treffen.
Abgesehen von den normalen Lebenshaltungskosten, war
Judy an einen privilegierten Lebensstandard gewöhnt. Ihre
Pferde waren in einem Stall untergebracht, sie nahm Ten-
nisstunden, und sie ging einmal in der Woche zu Annie

Denver, der Therapeutin. Judy versuchte mit den Freunden in Aspen ein gutes Verhältnis zu bewahren, es war wichtig, den Gegner nicht sehen zu lassen, wie sehr sie schwitzte, aber sie gab zu, daß »Martina und IMG wissen, daß ich fast pleite bin: sie kennen meine Verpflichtungen und die Reserven, auf die ich zurückgreifen kann. Sie haben mich genau da, wo sie mich haben wollten.«

Diese Weihnachten war das Schenken also nicht so fröhlich und freizügig wie in den Jahren zuvor. Es kam nicht wie früher eine Einladung von Don Johnson und Melanie Griffith. Martina war über die Feiertage in Aspen, und die beiden wurden nicht auf dieselbe Gästeliste gesetzt. Sie versuchten, sich nicht in der Öffentlichkeit, im »Caribou Club« oder in Restaurants, über den Weg zu laufen. Das Leben in Aspen hatte sich für Judy verändert – alles war ein paar Nummern kleiner geworden, dieses Jahr mußte sie sich mit kleinen privaten Feiern mit der Familie und Freunden zufriedengeben.

Überraschenderweise rief Martina am Weihnachtsmorgen in »Haus Starwood« an, um zu sagen, daß sie die Familie mehr vermißte, als sie gedacht hatte und fragte, ob sie nicht vorbeikommen könnte, um ein paar Geschenke vorbeizubringen. Judy lud sie ein, herüberzukommen. Eine Stunde später, die Mitglieder der Familie und die Freunde sangen die Weihnachtslieder auf den CDs mit, füllten sich ihre Teller in der Küche und wollten sich gerade zu Tisch setzen, klingelte es plötzlich. Judy ging hinter den großen Kamin, der das Wohnzimmer vom Eingang trennte und die Sicht auf die gläserne Verandatür versperrte, hinter der Martina stand. Als sie um die Ecke bog, sah sie Martina, alleine auf der Veranda, mitten zwischen den Schneebergen, die zu beiden Seiten aufgeschichtet worden waren. In ihren Armen hatte sie Geschenke für Judys Eltern und die Jungs (allerdings keine für Judy).

»Es war ein bißchen beunruhigend und völlig unerwartet«, bemerkte Chantal Westerman, eine enge Freundin von beiden Frauen, die über Weihnachten zu Besuch war. Martina war ein wenig erstaunt über die Gäste, die Judy über die Feiertage um sich versammelt hatte. Außer ihren Söhnen und ihren Eltern, hatte Judy mehrere Freunde eingeladen, die auch mit Martina befreundet waren. Anstatt mit offenem Mund herumzustehen, fuhren alle mit dem Abendessen fort. Judy lud Martina netterweise ein, sich zum Essen dazuzusetzen. Sie nahm die Einladung an, und alle saßen gemeinsam am Tisch. Natürlich stellte sich ein leichtes Gefühl der Beklommenheit ein, denn Martinas früherer Trainer Joe Breedlove mit seiner Freundin waren ebenso anwesend, wie Michael Iott (Martinas und Judys Zahnarzt) und Chantal, die Reporterin von »Good Morning America«, die eine enge Freundin der Familie Hill war. Chantal kannte Judy und die Familie aus der Zeit, als sie in Dallas gelebt hatte, bevor sie nach Los Angeles zur ABC gegangen war. Martina und Judy hatten Chantal oft besucht, wenn sie in Los Angeles waren; sie bewegten sich in denselben Kreisen und hatten mehrere gemeinsame enge Freunde. In Aspen verbrachte Chantal einfach nur ihre Ferien, aber jeder Reporter war in Aspen verdächtig, und ihre Anwesenheit brachte Martina deutlich aus dem Konzept.

Nach dem Essen gingen Judy und Martina hinüber zur Treppe, setzten sich und sprachen ungefähr dreißig Minuten miteinander. Alle bewegten sich normal weiter, versuchten aber, die beiden nicht zu stören. Chantal meinte, sie fühlte sich zwischen dem Gedanken, sie einfach alleine zu lassen und dem Wunsch, mit ihnen zu reden, um die Spannung etwas zu lösen, hin- und hergerissen. »Es machte mich so traurig, sie anzuschauen, wie sie da auf der Treppe saßen, sich leise unterhielten und versuchten, mit sich ins reine zu kommen. Ich hatte enormes Mitgefühl für die beiden.«

Als sie auf den Stufen saßen, sagt Judy, hätte sie Martina gefragt, ob sie glücklich wäre, und Martina antwortete: »Ich bin glücklich mit meinem Tennis, doch mein Leben ist nicht gerade großartig im Moment.« Dann fragte Martina: »Und wie geht's dir?«

Judy wartete einen Moment, bis sie die Frage beantwortete und sagte dann mit Überzeugung: »Jeden Tag ein bißchen besser. Ich weiß nie so recht, was der morgige Tag bringen wird, aber ich entwickle mich weiter – meine Sitzungen mit Annie Denver helfen mir sehr. Es ist ein mühsamer Prozeß, aber ich komme voran.«

Es schien, als ob Martina von der Weihnachtsstimmung ergriffen worden wäre; sie war zurück in ihrem Zuhause in Aspen, wo sie die Jahre zuvor Weihnachten gefeiert hatte, und die juristischen Probleme waren für einen Moment vergessen. Bei diesem Besuch gingen sie und Judy viel offener miteinander um, als sie es im ganzen vergangenen Jahr getan hatten und gestanden sich, wie nah sie sich in den ganzen Jahren gewesen waren. Martina gab sogar zu, daß sie die Familie an Weihnachten vermißte.

In den kommenden Monaten sollte Judy Martinas Motive in Frage stellen. Sie hatte das Gefühl, als ob Martinas Besuch eher manipulativ als ehrlich gewesen war – und fragte sich, ob nicht vielleicht sogar Peter Johnson sie angestachelt hatte, an Judys Gefühle zu appellieren, sie ein bißchen weich zu kriegen, bevor die Einigungsgespräche fortgesetzt würden. Wie dem auch sei, es war fast ein Jahr vergangen, seit Martina mit ihren Skiern auf den Schultern »Haus Starwood« verlassen hatte, die Beziehung mit Judy plötzlich beendet war und das erste Mal, daß sie wieder alle zusammen im Haus waren. Das Haus hatte sich nicht großartig verändert – alle aßen immer noch an demselben großen, runden Glastisch zu Abend –, doch Judys Verhältnisse hatten sich geändert, und sie schwelgte nicht annähernd so in Erinnerungen. Sie hatte

sehr wenig Geld zum Leben, und sie begann, die Auswirkungen jeden Tag mehr zu spüren.

Tatsächlich wußte Martina schnell, wie sie Judys Position
ausnutzen konnte und informierte sie ein paar Tage vor
Weihnachten, daß sie nicht mehr bereit war, die Gas- und
Elektrizitätsrechnungen zu begleichen, die sie während den
Verhandlungen immer noch bezahlt hatte. Was auch immer
der Grund dafür gewesen sein mag, Martina muß sich un-
wohl gefühlt haben, wie ein Mensch, der einen Wasser-
schlauch in das Eingangsloch eines Ziesels hält und wartet,
bis er am anderen Ende seinem Häscher in die Hände fällt.
Sie muß gewußt haben, daß die Weigerung, die Gas- und
Stromrechnung zu zahlen, in den Rocky Mountains im
Winter – wo sie sich in »Haus Starwood« auf über 1 000
Dollar belief – keine geringe Geste der Macht war. Der
Rechtsstreit ging nun schon ein Jahr und hatte jetzt einen
Punkt erreicht, wo ein Wassertropfen das Faß zum Über-
laufen bringen konnte.

Das Bestreben, zu einer Einigung zu kommen, war zu einem
Alptraum geworden, den keine sich vorher hatte träumen
lassen. Sie waren gezwungen, öffentlich gegeneinander an-
zutreten und zerstörten dabei vielleicht jede Möglichkeit,
sich in Freundschaft zu trennen. Sie hatten sich als ebenbür-
tige Gegnerinnen in einer schmutzigen Medienkampagne
erwiesen, der Kampagne eines Systems, das hart und unbarmherzig war, sie auf ihre Plätze verwies und dort hielt,
eines Systems, in dem berühmte Persönlichkeiten nur dann
privat bleiben können, wenn sie nicht in Konflikte oder
Kontroversen verstrickt sind.

Obwohl es schien, daß Martina jetzt die finanziellen Argumente auf ihrer Seite hatte, hatte sich das Kräfteverhältnis in
Wirklichkeit verschoben. Inzwischen wußte jeder, daß Richard »Racehorse« Haynes Jerry Loftin als Judys Anwalt
ersetzt hatte. Racehorse Haynes ist ein Staranwalt in Texas,

der besser für seine Liste von Verteidigungen Krimineller als für seine Zivilprozesse bekannt war. Er wurde auf Judys Lage aufmerksam und war sich sicher, daß er mit diesem Einigungsverfahren auf eine Goldgrube gestoßen war. Und als ob das nicht genug gewesen wäre, hatte er sich mit Steve Susman und seiner Firma zusammengetan, während Gloria Allred aus Los Angeles im Abseits wartete und vorhatte, als feministische Anwältin aufzutreten und für Judy zu arbeiten. Ohne jeden Zweifel war dies eine stärkere Mannschaft als zuvor, die Martina mit Sicherheit dazu veranlassen würde, sich außergerichtlich zu einigen. Besonders unter dem Gesichtspunkt, daß sie Mike McCurly gefeuert hatte, nachdem er ihr 700 000 Dollar für seine Dienste in Rechnung gestellt hatte. Es gab Gerüchte, daß Martina 200 000 Dollar von dieser Rechnung nicht bezahlt hatte – die unter anderem mehrere hundert Dollar für den Betrieb der Air Condition in seinen Büros am Wochenende aufwies. Dies war nur die Rechnung, für die Zeit *vor* dem Prozeß – und bei diesen Beträgen waren die geschätzten Kosten der Verhandlung atemberaubend.

Jetzt, da McCurly und Loftin in den Hintergrund getreten waren, hatte sich der Kampf verändert. Judy und Martina wußten beide, daß sie in der Zeit, in der die Schlüsselfiguren ausgewechselt werden mußten, die Gelegenheit zu einer Einigung hatten. Martina hatte vor, die ersten beiden Januarwochen in Aspen zu sein. Sie und Judy kamen die ganze Zeit einer Übereinkunft näher.

Leider hatten Judys Anwälte, Susman und Haynes, Judy gebeten abzuwarten, bis sie ein Vertraulichkeitsabkommen aufgesetzt hatten, das alle Gespräche, die in der folgenden Woche stattfinden sollten, von der Öffentlichkeit und der Presse abschirmen sollte. Martina war bereit, sich auf den Wunsch nach Geheimhaltung einzulassen, denn sie wollte zu einer Einigung kommen. Doch der Brief, den die Anwälte beider Seiten dafür brauchten und der den beteiligten Parteien die Möglichkeit gab, ungestört und offen miteinander zu verhandeln, solange das Stillschweigen eingehalten wurde, kam nie an. Judy wartete zehn Tage darauf, daß ein Fax kam, das beiden die Möglichkeit bot, sich zusammenzusetzen und zu verhandeln. Jeden Tag dachte sie, das Fax würde ankommen und sie könnten sich nicht nur zusammensetzen, sondern zu einer Einigung kommen. Sandra war sogar eingeflogen, weil sie der naiven Auffassung war, daß der Brief ankommen würde und die Dinge endlich zu einem Abschluß gebracht werden könnten.

Es stellte sich schließlich heraus, daß Judys Anwälte einen Antrag aufsetzten, um die »International Management Group« zu verklagen, weil sie ihr (unter anderem) vorwarfen, sich hinterrücks in den Navratilova Vertrag einzumischen und ihre treuhänderischen Pflichten Judy gegenüber zu verletzen. Judy war sich dieser juristischen Angelegenheiten bewußt, dachte jedoch, sie könnte sich mit Martina absprechen, bevor die Papiere aufgesetzt waren. Was letztendlich durch Judys Fax kam, war der Antrag und nicht der erwartete Brief. Eine Klage gegen »IMG« einzureichen, mag ein kluger Schachzug gewesen sein, um Judys Position zu verbessern, aber er torpedierte den Verhandlungsprozeß.

Martina war wütend. Sie hatte in vielen Punkten des Einigungsprozesses Zugeständnisse gemacht und wollte weitere Anwaltskosten vermeiden. Die freundschaftliche Atmosphäre der Weihnachtstage verschwand allmählich und wurde durch Anklänge von Verzweiflung und steigende Wut ersetzt. Sandra erinnert sich, nach »Haus Starwood« gekommen zu sein, wo sie eine Nachricht von Martina auf dem Anrufbeantworter hörte: »Judy, hier ist Martina. Hast du von deinem Rechtsanwalt gehört? Ich finde, wir sollten uns zusammensetzen und es jetzt machen. Ich hoffe, es bringt dir etwas, auf diesen Brief zu warten.« Ihre Stimme war kalt, und ihre Frustration über den Ablauf und Judy war unüberhörbar. Die Auseinandersetzung erschien beiden endlos.

Sobald Susman und Haynes die Papiere gegen »International Management Group« eingereicht hatten, rief Martina wieder an. Sie war so sauer, daß die Hörmuschel beinah zersprang. Judy wurde durch ihre Wut der Atem verschlagen.

»Wie konntest du diese Klage einreichen und gleichzeitig versuchen, mit mir zu verhandeln?«, wollte Martina wissen. »Weißt du, wessen du mich bezichtigst ... Betrug?! Weißt du, was das heißt?«

Bevor die Klage in Fort Worth eingereicht worden war, hatte Judy Martina ein anderes Angebot durchgefaxt. Leider war Martina früher als erwartet weggefahren und hatte dadurch den letzten Vorschlag verpaßt. Sie bat Judy, ihr nur zu sagen, »was drinsteht«, was Judy auch tat, aber dies war offensichtlich nicht der Moment, um die Einigung zu besprechen, und sie legten nach einem nutzlosen, zwanzigminütigem Gespräch auf.

Sichtlich mitgenommen, bürstete Judy ihr Haar zu Ende, drehte sich dann zu Sandra um und sagte ihr: »Dafür, daß sie nicht in der Lage war, sich auf mich einzulassen, als wir zusammen waren, hat sie jetzt erstaunlich wenig Schwierigkeiten, sich auszudrücken.« Judy war über Martinas Äußerungen beunruhigt, hatte aber das Gefühl, sich auf ihre Anwälte verlassen zu müssen, zumal sie ahnte, daß Martina mehr und mehr bereit war, sich zu einigen.

Auf jeden Fall erschien es ihr so, bis Martina dann Judys Angebot für eine Einigung gelesen hatte. Sie faxte daraufhin Judy eine kurze Nachricht: »Ich sehe dich vor Gericht.« Judy faxte zurück: »Ich werde da sein.«

Wie zwei Hunde, die ihre Zähne fletschten und sich anknurrten, sie wollten nicht miteinander kämpfen, waren aber dazu bereit und gewappnet, wenn es darauf ankommen sollte. Ihre Anwälte warnten beide, davon Abstand zu nehmen und die gut vorbereiteten Schritte abzuwarten, die ausgearbeitet worden waren, um ihrer Sache zum Erfolg zu verhelfen. Die beiden Feindinnen mochten das nicht hören, doch sie sahen von ihrem begonnenen Kampf ab und überließen es schließlich doch den »Profis«.

Martina fuhr nach Japan, wo sie zum zweiten Mal hintereinander beim Turnier im Finale unterlag. Aber sie fuhr weiter nach Chicago, wo sie das »Virginia Slims«-Turnier in drei Sätzen gegen Jana Novotna gewann und damit den bestehenden Rekord im Einzel von Chris Evert brach. Trotz des Drunters und Drübers in ihrem Gefühlsleben, spielte Martina konzentriertes Tennis.

Eine Sache, die Judy nicht einkalkuliert hatte, als sie die Länge des Rechtsstreits bedachte, war Martinas wahrscheinlicher Einspruch, wenn Judy gewinnen sollte und Martina gezwungen war, das Abkommen anzuerkennen. Selbst wenn Judy überzeugend gewann, konnte Martina immer noch gegen das Urteil Einspruch erheben und das Geld des Abkommens für die Zeit, in der der Einspruch bearbeitet wurde, zurückbehalten. Judy müßte also ein weiteres Jahr ohne zusätzliches Einkommen leben. Es war reine Glückssache, daß Judy diese Lage nicht schon früher ganz begriffen hatte, weil sie immer das Gefühl hatte, die Verhandlungen zu kontrollieren und nicht die erste war, die nachgab. Jetzt wurde ihr, aus ihrer eigenen Lage heraus, die Wichtigkeit einer Einigung bewußt. »Mein Gott«, sagte sie, »ich hatte keine Ahnung, daß Martina das Geld behalten könnte, sogar wenn ich gewinnen sollte. Ich dachte, ich würde das Abkommen durchsetzen, und dann wäre es an ihr, die Sachen zurückzubekommen. Ich kann mir diese Auseinandersetzung nicht leisten – sie haben völlig recht –, ich kann nicht gegen sie kämpfen. Es ist egal, was auf dem Tisch liegt, ich muß es einfach nehmen.«

Martina war sich dieser Einsicht nicht bewußt, die Judys Anwälten letztlich erlaubte, den Bluff ihres Lebens durchzuziehen. Judy hatte nichts in der Hand, mußte aber so tun, als hätte sie einen Royal Flush gezogen. Sie hielt ihre Karten verdeckt und schaute keinmal auf.

Zu diesem Zeitpunkt entschloß sich Sandra, ihre gemeinsame Freundin Rita Mae Brown anzurufen, und für Judy um Hilfe zu bitten. »Paß auf, Rita Mae, du bist die einzige Person, die ich kenne, die mit beiden reden kann. Ich weiß, daß du mit Martina in Kontakt geblieben bist. Kannst du nicht versuchen, mit den beiden zu reden? Eh du dich versiehst, ist es April geworden, und wir können einfach nicht vor Gericht gehen.«

Rita Mae sagte, sie sei ohnehin schon in den Streit verwickelt. Sie und Martina hatten während des Turniers in Chicago telephoniert, und Martina ließ ihren Ärger bei Rita Mae ab, die versuchte, die beiden an einen Tisch zu bekommen. Sie war dabei, ein Buch fertigzustellen, aber sie versprach, sie würde zum Turnier gehen und mit Martina reden, wenn sie ihren Abgabetermin einhalten könnte.

Martina zog sich nach den Spielen in Chicago eine Grippe zu, die sie zwang, vorzeitig bei den »Virginia Slims« in Palm Springs auszuscheiden. Sie konnte deshalb nach Aspen fliegen, wo sie und Judy die Verhandlungen wieder aufnahmen. Es dauerte zehn Tage, bis beide Seiten sich auf ein zufriedenstellendes Abkommen einigten, natürlich nicht ohne Schwierigkeiten, die in letzter Minute drohten, doch noch zu einem Prozeß zu führen.

Am 12. März 1992, dem Tag, an dem angeblich das Abkommen gefeiert werden sollte, kam Sandra in Fort Worth an, wo Judy und ihre Eltern sie abholten. Auf dem Weg aus dem Flughafen wurden sie von Reportern gestellt, die sie nach dem Buch befragten, das sie angeblich schreiben wollten. Die Frage überraschte Sandra, da sie dachte, das Buch wäre Teil des Abkommens, dessen Inhalt immer noch zurückgehalten würde und noch nicht öffentlich war. Tatsächlich waren die Gespräche im geheimen geführt worden, und Sandra war der Meinung, die Presse wartete auf den Prozeß am 6. April.

Hatte jemand den Medien einen Tip über das Abkommen gegeben? Obwohl die Reporter meinten, sie wären wegen des Buchs zum Flughafen gekommen, war Sandra sich aufgrund ihrer Fragen sicher, daß sie etwas wußten, was sie noch nicht wußte. Sie war erstaunt, als sie fragten, wer gewonnen hätte. Weil sie nichts Genaues wußte, gab Sandra ihnen eine allgemein gehaltene Antwort, von der sie dachte, sie würde stimmen, egal wie die endgültigen Bedingungen aussähen, auf die Judy und Martina sich geeinigt hatten: »Ich schätze, die Anwälte.«

Nachdem sie Sandra befragt hatten, machten sie ein Einzelinterview mit Judy. Sandra hatte damit zu tun, ihre Taschen zum Auto zu tragen und achtete nicht auf die Fragen, die sie ihr stellten. Später am Abend wurde klar, daß sie gezielte Fragen zum Abkommen gestellt hatten und annahmen, das Abkommen wäre schon unterzeichnet worden.

Es stellte sich heraus, daß Judy zum Flughafen gekommen war, um Sandra auf dem Weg zum Anwaltsbüro abzuholen, wo sie das Abkommen unterzeichnen sollte. Sandra dachte, daß das Abkommen schon in Aspen unterzeichnet worden wäre, aber das waren die Bedingungen, unter denen sie mit Judy während der Belastungen der Verhandlungen mit Martina arbeiten mußte. Sie mußte ständig die Umstände interpretieren, sich etwas zusammenreimen, aus Judys Gefühlslagen oder Stimmungen Teile des Puzzles herauslesen und aus ihren Handlungen und Plänen Schlußfolgerungen ziehen – nie durfte sie aber nach bestimmten Details fragen. Obwohl sie jeden Tag miteinander sprachen, konnte sie nicht jeden Aspekt dessen, was passierte, verstehen und mußte zwischen den Zeilen lesen. Sie wußte auf jeden Fall, daß es dem Ende zuging, denn keiner war mehr daran interessiert, über die Auswahl der Jury zu sprechen, und sie wurde gebeten, in aller Stille die erste Fassung des Manuskripts zu schreiben. Alles hörte plötzlich auf. Das mußte einfach heißen, daß eine Einigung erzielt – vielleicht schon unterschrieben –, aber noch nicht veröffentlicht worden war.

Als sie in Susmans Anwaltskanzlei in Dallas ankamen, ging die Familie in den Konferenzraum, der von der Empfangshalle durch eine große Glaswand getrennt war. Es war nicht zu verstehen, was drinnen gesagt wurde, doch Sandra sah, wie die Familie eine Menge Papier hin- und herschob. Gegen 16:45 Uhr ging das Telephon, und Judy sprach für zwei Minuten mit jemandem. Dann kam sie heraus in die Lobby und informierte alle, daß das Interview mit ihr erst nach der Unterzeichnung gemacht werden würde. »Wie sollen sie wissen, ob es noch nicht unterzeichnet ist?« fragte Sandra.

»Gute Frage, ich bin mir nicht sicher«, antwortete sie.

Auf einmal war alles wieder vorbei. Das Tempo im Konferenzraum wurde schneller; die Leute fingen an, hektisch von Büro zu Büro zu laufen. Judy wurde aus dem Konferenzraum in ein Büroraum geschickt, abgeschirmt von ihren Eltern.

Die einzigen, die nun noch mit Sicherheit sagen konnten, daß die Einigung immer noch nicht unterschrieben war, waren Martina und ihre Anwälte. Gute Journalisten mußten sich natürlich auf Martinas Seite vergewissern und Kommentare einholen. Als sie das taten, war Martina aufgebracht. Und wieder schloß Sandra daraus, daß sie sich darauf geeinigt haben mußten, erst *nach* der Einigung mit Reportern zu sprechen. Es schien so, als hätte Judy ungefähr eine Stunde zu früh gehandelt, weil sie dachte, sie würde die Papiere vor den 17:00 Uhr Nachrichten unterzeichnen.

Judy wäre am liebsten im Boden versunken. Eine sichere Sache war unsicher geworden, und jetzt hatte Martina die

Oberhand. Durch die Scheibe konnte Sandra Judy auf dem Boden zusammengerollt neben dem Telephon liegen sehen. Es verstrich eine halbe Stunde, bis Judy sich wieder einigermaßen im Griff hatte.

Als sie gegen 21:00 endlich Susmans Büro verließen, sagte Judy ihren Eltern, daß sie am nächsten Tag zurückkommen mußte und alle im Auto bissen sich auf die Lippen. Gerade als sie dachten, sie könnten feiern, zog eine dunkle Sorgenwolke auf. Der Handel war in den wenigen Minuten, die die Fahrt vom Flughafen zu Steve Susmans Büro in Dallas dauerte, geplatzt. Es mußte etwas mit dem Interview zu tun haben, und das würde auch erklären, warum Judys Eltern sich so aufgeregt hatten, als Judy anhielt, um mit einem Journalisten von der NBC zu sprechen. Sarge regte sich auf, als wir darauf warteten, bis Judy die Fragen beantwortet hatte. Jetzt war er wütend über die Verzögerung. »Ich hab' es immer gesagt, kein Handel ist perfekt, bis die Unterschrift auf dem Papier steht«, sagte er. »Solche Abkommen platzen immer in letzter Minute. Bis die Tinte nicht auf dem Papier ist, ist der Handel nicht perfekt.« Er muß gedacht haben, daß das hier ewig so weitergeht. »Ich will doch nur meine Familie wieder beisammen haben«, meinte er. Dazu kam, daß die Beziehung zwischen Judy und ihrem Bruder angespannt war. Er hatte anscheinend Informationen und Photos an die ausländische Presse verkauft. Zu seiner Verteidigung meinte er: »Ich habe niemals etwas verkauft, von dem ich nicht dachte, es sei meins.«

Der nächste Morgen war Freitag, der 13. März, und Judy fuhr wieder zu ihrem Anwalt ins Büro. Es hatte schon eine Verzögerung gegeben. Martina, die sich in Aspen aufhielt, war an diesem Morgen Ski laufen und nicht vor dem späten Nachmittag im Büro ihres Anwalts zu erwarten, also mußte Judy weiter warten. Würde diese Abmachung unterzeichnet werden oder nicht? Judy wußte es nicht. Trotzdem waren

Sarge, Frances, Eddie und Sandra guter Hoffnung, Judy am Abend bei Bales Baseballspiel zu treffen und danach auszugehen, um zu feiern. Später, auf dem Weg zum Spiel, rief Sandra Judy aus dem Auto an, doch sie meinte: »Ich kann euch noch nicht treffen. Ich bin immer noch hier; bleib' in Verbindung.«

»Mach ich«, versprach Sandra. »Glaubst du, du schaffst es noch, zum Spiel zu kommen?«

»Ich hoffe. Ich weiß, ich habe es Bales versprochen, und ich würde ihn wirklich gerne spielen sehen.«

Das nächste Mal sprach Sandra mitten in Bales Spiel mit Judy, als er gerade einen »Home Run« geschlagen hatte. Sie war immer noch in Susmans Büro.

Mehrere Stunden verstrichen, und die Familie war mit Eddie und Bales beim Essen, aber Judy war immer noch nicht in Sicht. Sandra versuchte noch einen Anruf. Judy nahm den Hörer ab und sagte: »Es ist alles vorbei!« Eine Pressemitteilung war gerade herausgegangen, und sie war jetzt auf dem Weg zum See, um die Familie zu treffen.

(LINDA DOZORETZ COMMUNICATIONS) ZUR UNMITTELBAREN VERBREITUNG

13. März 1992

NAVRATILOVA UND NELSON GEBEN DIE BEENDIGUNG IHRES STREITS BEKANNT

FORT WORTH,
Texas – Martina Navratilova und Judy Nelson gaben heute bekannt, daß der Streitfall, der Gegenstand des Rechtsstreits vor dem Bezirksgericht von Tarrant County war, in beiderseitigem Einvernehmen beigelegt worden ist.

In einem Interview, daß die NBC heute aufgenommen hat, sagte Navratilova: »Ich bin einfach glücklich, daß ich es hinter mir habe.« Judy Nelson sagte der NBC gestern: »Ich fühle mich wirklich erleichtert. Ich bin wirklich froh.«

Nelson fügte hinzu: »Es ist besser für uns beide.« Sie beschrieb ihr Verhältnis zu Navratilova als »gut« und meinte: »Wir wollen befreundet sein.«

Als sie gefragt wurde, was sie aus allem gelernt hätte, antwortete Navratilova: »Einen Vertrag zu lesen, bevor ich ihn unterschreibe ... Ich werde trotzdem Leuten weiter vertrauen ... Ich werde nicht verbittern ... und nicht bei jedem, der nett zu mir ist, das Schlimmste vermuten.«

Nelson sagte, sie wäre immer sicher gewesen, daß sie eine Lösung finden könnten, wenn Navratilova und sie sich unter vier Augen treffen würden.

Immer noch ungeklärt ist die Klage wegen des Vergehens gegen das Berufsethos, die Martina in Fort Worth gegen Jerry Loftin eingereicht hat und die später in diesem Jahr verhandelt werden könnte.

Sowohl Navratilova als auch Nelson geben sich die besten Wünsche mit auf den Weg und haben nicht vor, weitere Einzelheiten des Abkommens bekanntzugeben.

Zusatzerklärung in bezug auf
Navratilova/Nelson Einigungsstreit

Als Reaktion auf einen Bericht von KXAS-TV heute abend in Fort Worth, geben die Anwälte von Martina Navratilova und Judy Nelson gemeinsam bekannt, daß ein Haus in Aspen auf Judy Nelson übertragen wird, daß aber die Gewichtung des Berichts in bezug auf die Eigentumsübertragung nicht korrekt ist. Die Parteien beabsichtigen, sich an die Geheimhaltung dieses Abkommens zu halten und werden nicht auf weitere Details eingehen.

Judy war völlig erschöpft. Trotz allen Schmerzes, hatte der Prozeß einen für sie zufriedenstellenden finanziellen Ausgang genommen. Sie würde keine Zweifel darüber haben müssen, was gewesen wäre, wenn, oder in der Zukunft hätte geschehen können, wenn sie nur...

Nachdem sie zu Hause angekommen waren, schalteten sie die Nachrichten an. CNN brachte wie gewohnt die Neuigkeiten als erste:

»Die beiden sind in freundschaftlichen Einvernehmen auseinandergegangen.« Bei der NBC bestätigte der Reporter noch einmal: »Judy schreibt ein Buch und ist sich sicher, daß Martina es mögen wird.« Judy wartete einige Minuten und sagte dann seufzend: »Ich bin ein wenig traurig, aber ich fühle mich befreit und habe mein Leben wieder unter Kontrolle.«

Alle waren von starken Gefühlen erfaßt, doch keiner wußte im Moment, wie man sie zum Ausdruck bringen konnte. Dies war kein Sieg, es war ein Verlust – ein Schlußpunkt.

Als das lang erwartete Ende endlich erreicht war, war es eine Enttäuschung. Einerseits war es Mitternacht, bis alle zu Hause ankamen und 2:00 Uhr morgens, bis die Eltern zu Bett gingen. Sandra mußte ein Taxi zum Flughafen nehmen, um am frühen Morgen den Flug zu kriegen. Das Taxi war für 4:40 Uhr bestellt, und Judy mußte um 6:00 Uhr gehen.

»Na ja«, sagte Judy, »es wird nur noch schlimmer, wenn wir schlafen gehen. Wir müssen wach bleiben.« Judy war erstaunlich munter dafür, daß sie sichtbar erschöpft war und mit dem Kopf nickte, um wach zu bleiben. Beide saßen aufrecht in ihren Stühlen und guckten »The Love Connection« und »Nick at Nite«. Judy sah erleichtert aus, und es war sicher, daß sie nach vorne schaute – sie würde nicht mehr zurückblicken.

Judy spricht sich aus

Nachdem das Einigungsabkommen unterzeichnet war und vom Büro meines Anwalts in Dallas zum Büro von Martinas Anwalt in Aspen gefaxt wurde, fuhr ich am 13. März 1992 alleine zum Haus am See in Fort Worth. Ich wußte, daß es in mancher Hinsicht zu Ende war: mein Leben mit Martina. Es war mein letzter Verbindungsfaden zu ihr gewesen. Auf der anderen Seite war es einfach nur ein Neuanfang – ein neues Leben mit meinem wirklichen Ich. Ich wußte, ich hatte lange gebraucht. Ich wußte, der Weg würde jetzt anders sein, weil das Bild durch diese Entwicklung, durch diesen Verlust einfach klarer geworden war.

Ich fuhr nach Hause. In meiner Einsamkeit wurde mir schlagartig bewußt, daß ich allein sein, ein paar ruhige Spaziergänge an der frischen Luft in den Bergen machen mußte. Ich war körperlich, geistig und emotional erschöpft. Ich fühlte mich zwischen Schmerz und Freude hin- und hergerissen. Ich wußte, es gab vielleicht einen Menschen, der meinen Zustand verstehen könnte und keine Fragen stellen würde.

Am nächsten Morgen flog ich nach Virginia, um meine Freundin Rita Mae Brown zu besuchen, die ich seit sieben Jahren kannte. Sie verstand meine Gefühle besser als jede andere. Sie war seit über vierzehn Jahren eng mit Martina befreundet. Rita Mae lebt auf einer großen Farm, die in die »Blue Ridge Mountains« eingebettet ist. Ich blieb fünf Tage dort, ritt die meiste Zeit, ging spazieren und ließ mich auf lange, ungestörte Gespräche ein, wenn ich mich danach fühlte. Es war genau das, was ich brauchte: ich war mit Pferden zusammen, die ich mochte, allein in den Bergen und in der Natur und bei einem Menschen, der mich so gut kannte (weil wir wegen unserer Beziehung zu Martina gezwungen worden waren, eine Menge ähnlicher Gefühle durchzumachen). Ein gewisser Heilungsprozeß hatte eingesetzt und mit ihm kam die Hoffnung, daß es ein Leben nach Martina geben würde. Vielleicht würde ich hier in den Bergen von Virginia, fern des Rummels in Aspen, die Ruhe finden, nach der ich suchte.

Nach meinem Besuch bei Rita Mae kehrte ich nach Aspen zurück. Auf praktischer Ebene war da das Haus in Starwood, das verkauft werden mußte und auf emotionaler Ebene mußte ich immer noch an *mir* arbeiten. Ich war fest entschlossen, diesmal in dieser Entwicklung nicht zu kurz zu kommen. Ich war bereit und willens, soviel Zeit und Anstrengung wie nötig zu investieren, damit ich mein wirkliches Selbst entdeckte. Außerdem mußte ich über Pläne für die Zukunft nachdenken und Zeit finden für gemeinsame Stunden, die ich mit den Freunden verbringen wollte, die mir durch diese traurige Zeit, durch diese Katastrophe geholfen hatten.

Doch es gab immer noch Nachwirkungen. Ich mußte einen Monat später zurück nach Fort Worth, um für Jerry vor einem Gremium der texanischen Anwaltskammer auszusagen. Martina hatte sich zwar mit mir geeinigt, doch jetzt stand sie kurz davor, mich auf einem anderen Schlachtfeld zu stellen. Sie hatte gegen Jerry Loftin Anklage erhoben, weil sie der Meinung war, daß seine Entscheidung, mich zu vertreten, ihn vor einen Interessenkonflikt stellte und somit gegen das Berufsethos der Anwaltschaft verstöße. Sie forderte, daß ihre Vorwürfe vor der texanischen Anwaltskammer geprüft würden. Es war ein schlauer juristischer Schachzug. Die Klage galt zum einen Martinas Versuch, die Anwaltskosten, die sie bis jetzt hatte aufbringen müssen, zurückzugewinnen und war andererseits ein Versuch, ihre Verluste mir gegenüber wieder hereinzubekommen. Wenn es funktionierte, hätte sie die Nase wieder vorn.

Wenn ich mich recht erinnere, war es ein grauer, verregneter Tag, Mittwoch, der 13. Mai 1992. Genau zwei Monate zuvor hatten Martina und ich unser Abkommen unterzeichnet. Ich war am Abend zuvor in aller Stille und unangemeldet nach Fort Worth geflogen. Wie schön. Ich traf mich um 8 Uhr morgens mit Jerry, BeAnn und Jerrys Anwälten in Jerrys Büro. Ich wußte nicht, was ich zu erwarten hatte, weil es sich hier nicht um ein formales Gerichtsverfahren handelte. Statt dessen war es eine eher informelle Befragung durch ein Gremium texanischer Anwälte, die ausgewählt wurden, um die gesamte texanische Anwaltskammer in Fragen rechtlicher Ethik zu vertreten – eine Gruppe, die sich formiert hatte, um sich selbst zu regulieren.

Martina hatte einen Brief an sie geschrieben, in dem sie um diese Anhörung bat, und wir hatten uns deshalb alle hier eingefunden, ganz ähnlich wie im August 1991. Die Hauptfiguren waren dieselben, nur um ein Jahr älter und hoffentlich auch klüger. Der größte Unterschied war die Abwesenheit jeglichen Trubels. Das gefiel mir. Jerry schien müde und erschöpft. Er war nur noch ein Schatten des fröhlichen, wundervollen, witzigen und sensiblen Mannes, den ich seit der Grundschule gekannt hatte. Natürlich war auch BeAnn dort. Sie war wie immer wunderbar, doch es umgab sie eine Art Leere – hinter dem mutigen Lächeln war niemand mehr. Sie war dünn. Viel zu dünn. Ihre Augen konnten die Sorgen und die Angst nicht verbergen. Ich bin niemals auf eine mutigere, ehrlichere und treuere Seele als sie getroffen.

Martina erschien mitten in der Gruppe ihrer Anwälte, die sich angeregt unterhielten. Ich wußte, sie würde sich heute von ihrer charmantesten Seite zeigen. Ihr Haar war dunkler und kürzer, und ihre Hose und ihre Bluse waren ein bißchen zerknittert, was immer ein Problem darstellt, wenn man aus dem Koffer lebt. Sie sprach nicht. Sie schaute mich nicht einmal an. Vielleicht war es einfacher so. Vielleicht tat sie mir einen Gefallen.

Die Anhörung begann hinter verschlossenen Türen. Alles, was an diesem Tag gesagt wurde, war vertraulich. Wir wurden alle einzeln in den Raum gebeten. Ich sollte als letzte aussagen. Es wurde 8 Uhr abends, bevor wir wieder gehen konnten. Martina hatte um Erlaubnis gebeten, früh fahren zu können, weil sie nach New York zu einem Treffen oder einem Abendessen mußte – ich kann mich nicht mehr erinnern, was es genau war. Sie ging irgendwann mitten in meinem Verhör. Sie nahm meine Anwesenheit sogar dann nicht wahr. Ich habe sie seitdem nicht mehr gesehen. Sie hat mich am späten Nachmittag, während einer kleinen Sitzungspause, allerdings nach einem Gartenmöbel gefragt, das zwar ihr gehörte, aber noch bei mir war. Ich versprach, es ihr zu schicken. Ich erinnere mich nur noch daran, wie erstaunt ich war, daß jemand sich angesichts so gravierender Umstände, in denen es doch um das Leben von Menschen ging, sich mit so unwichtigen Dingen beschäftigen konnte. Wie dem auch sei – es gibt immer zwei Seiten einer Medaille, und vielleicht war sie der Meinung, daß ich diejenige war, die den Streit angefangen und die Wunden zugefügt hatte.

Ich hatte mich entschlossen, einen Teil meines Sommers damit zu verbringen, das Polospiel zu erlernen. Ich mußte mich um 1 Million Geschäftsangelegenheiten kümmern, doch ich wollte auch die schwer erlernten Vorsätze nicht wieder vergessen; ich wollte darauf aufpassen, daß ich mich um *mich* kümmerte. Ich machte mir mit den Polostunden selbst ein Geschenk. Wenn ich überhaupt gut darin sein könnte, würde es viel Zeit und Energie in meinem Leben einnehmen. Ein *Spiel* auf dem Rücken von *Pferden* – was könnte mehr Spaß machen? Ich hatte mich zu einem Polokurs bei einem Profi namens Rege Ludwig aus Palm Springs angemeldet, der auch an der University of Virginia Kurse gab. Es war das beste, was ich jemals für mich getan habe. Ich habe mich im Handumdrehen in den Sport verliebt. Ich stehe für immer in Rita Mae Browns Schuld, die mir vorschlug, es auszuprobieren. Ich dachte immer, Polo wäre ein Sport für Aristokraten und für die Elite. Ich habe es anders kennengelernt. Es ist ein Spiel, daß sich jeder leisten kann, der Pferde liebt und sich leisten kann, ein gutes, wendiges Pferd (nach Möglichkeit einen Vollblüter) zu leihen oder zu kaufen, das schnell und (wie in meinem Fall) sehr nachsichtig ist. Ich lieh mir letztlich den ganzen Sommer über Pferde von Freunden und versuche erst jetzt, wo ich weiß, welches Polopony zu mir paßt, meine eigenen Pferde zu finden. Als sie merkte, wie enthusiastisch ich auf den Sport reagierte, bot Rita Mae mir über den Sommer einen Platz zum Wohnen und ein Pferd zum Reiten an, wenn ich denn in der Gegend bleiben und mit ein paar Teams Polo spielen wollte. Ich nahm dankbar an.

Ich gab mir Mühe, mir sowohl emotional als auch finanziell neue Ziele zu stecken. Ich mußte arbeiten. Ich hatte zwei Söhne, die zu gleichen Teilen von mir und ihrem Vater unterstützt wurden. Ich hatte damit zu tun, meine eigene Investmentgesellschaft aufzubauen und mein Buch mit Sandra Faulkner zu schreiben. Gefühlsmäßig behielt ich die Lage im Griff, indem ich mich um meine geliebten Pferde und um einige neue Freunde kümmerte. Ich liebte die Farm. Ich nahm sogar mit Rita Mae noch zusätzliche Polostunden bei Robert Lyn Kee Chow, einem wunderbaren Profi aus Alabama. Polo ist meine Therapie. Es macht mir den Kopf frei, weil ich in diesen wertvollen Momenten beim Schwingen des Poloschlägers vom Pferd aus an nichts anderes mehr denken kann – an absolut gar nichts –, weil ich sonst vielleicht getötet worden wäre oder jemand getötet hätte! Polo ist mein Refugium, mein Himmel.

So wie jeder Weg in einen neuen mündet, führt ein Geschäft zum nächsten, und ich mußte mich wieder den finanziellen Problemen zu Hause in Aspen zuwenden. Während ich mich entschieden hatte, wenigstens den Sommer über in Virginia zu bleiben und die geschäftlichen Angelegenheiten von dort aus regelte, veranlaßte ich, daß Philippe Jacquot, ein guter Freund und Grundstücksmakler, in meinem Haus in Starwood wohnte und von dort versuchen sollte, es zu verkaufen. Es war die perfekte Lösung. Philippe ist ein dreiunddreißigjähriger Franzose, der in den letzten zwei Jahren seit meiner Trennung einer meiner besten Freunde geworden ist. Philippe ist ein charismatischer Mensch und äußerst charmant. Er ist ein hübscher Kerl, und den Reportern der Boulevardpresse entging die Beziehung nicht. Sofort rührte die Zeitschrift »People« in der Gerüchteküche bezüglich meiner sexuellen Vorlieben. Es versetzt mich immer noch in Erstaunen, daß sexuelle Vorlieben zum Thema oder gar zu Kategorien werden können. Man selbst zu sein, froh zu sein und einen anderen Menschen zu lieben – was kann es Besseres geben?

Philippe arbeitete genauso gut wie er aussah, und das Haus hat er verkauft. Das enthob mich einer enormen finanziellen Belastung. Ich mußte immer noch hohe Anwaltsrechnungen begleichen und Steuernachzahlungen leisten, weil ich mir in der Zeit, als ich versuchte, mit Martina zu einer Einigung zu kommen, Geld geliehen hatte.

Als Philippe mich anrief, um mir zu sagen, daß das Haus verkauft worden war, rief ich meine Eltern an und verabredete mich mit ihnen in Aspen, um meine restlichen Sachen zusammenzupacken. Da waren noch einmal emotionale Hindernisse zu überwinden, um endlich einen Punkt zu erreichen, wo die Beziehung mit Martina abgeschlossen war. Immer wenn ich meinte, ich hätte das letzte Hindernis überwunden, stand da schon das nächste – Reifung und

Wissen sind da ganz ähnlich –, immer wenn man denkt, man hätte alles schon gesagt, gehört, gesehen und erfahren, dann merkt man, daß es nicht stimmt. Immer stellt sich ein neues Hindernis in den Weg. Aber eigentlich bin ich ganz froh, daß ich mir dessen bewußt bin.

Jetzt stand der Auszug aus »Haus Starwood« bevor. Sandra Faulkner kam nach Aspen, um sich mit mir die Photos anzuschauen. Zusammen mit meinen Eltern, Philippe und einigen sehr guten Nachbarn packten wir die Kisten und schafften die restlichen Möbel und Bilder in einen gemieteten Umzugswagen, den meine Eltern zurück nach Fort Worth fuhren.

Beim Packen gingen Sandra und ich die Photos durch, die vorher schon von den Wänden genommen und im Keller verstaut worden waren. Vor Monaten waren sie in verschiedene Packen aufgeteilt worden. Martina nahm ihre Photos im April mit, als sie kam, um ihre Trophäen abzuholen. Trotzdem gab es noch Hunderte Photos, die ich einpacken mußte. Sandra und ich blieben die ganze Nacht auf und unterhielten uns über die Zeit der Turniere, und ich bemerkte nur, wie schnell sich die Dinge geändert hätten. Als ich die Photos in die Hand nahm, erinnerte ich mich an eine Geschichte nach der anderen. Jetzt sagte ich gerade noch »Dies hier ist '84 in Brisbane ... und '90 Prag ... und '86 bei den ›U. S. Open‹ ... und das sind Chris und Martina hier in den Bergen von Aspen ... und die Aufnahme wurde nur drei Wochen, bevor sie mich verließ, gemacht.« Die Nostalgie war mit einem Gefühl von Bitterkeit darüber gemischt, wie sich alles entwickelt hatte. Auch jetzt noch kamen fast täglich Anrufe von Martinas Anwälten, die immer noch versuchten, ungeklärte Fragen bezüglich der Aufteilung des Besitzes zu klären. Martina und ich sind nicht, wie wir es uns früher gewünscht hatten, als Freundinnen auseinandergegangen. Statt dessen stritten wir uns über irgendwelche

Gartenmöbel. Es war fast nichts mehr im Haus. Das große Schlafzimmer oben war leer. Die Bücher aus dem Büro, wo Martina im Winter 1991 das Fax verbrannt hatte, waren alle in Kisten verpackt und warteten auf die Umzugsleute. Es gab keine Spuren unseres gemeinsamen Lebens. Übrig waren nur noch die Geister und die Erinnerungen an ein Haus, das von einer Familie bewohnt wurde, die hier einmal ein wunderbares Leben zusammen geführt hatte.

Vor dem großen Schlafzimmer fand ich die goldenen Plastikstühle, auf denen Martina und ich gesessen hatten, als wir das Abkommen vor laufender Videokamera unterzeichneten.

»Willst du die haben?« fragte ich Sandra.

»Nein«, gab sie zurück. »Ich will sie nie mehr wiedersehen.« Sie lachte. Doch als wir sie durch den Hof vor das Garagentor trugen, hatten wir beide das Gefühl, es seien großen Ikonen. Wir gingen wieder in den Keller, und ich holte das gerahmte Badehandtuch hervor, auf dem »Martina und Judy 17.11.84« stand. Ich hielt inne. Ich wollte es selbst in den Umzugswagen tragen. »Weißt Du, ich werde sie immer lieben«, sagte ich zu Sandra. »Ich bin ganz sicher nicht mehr in sie *verliebt*, aber ich werde sie immer lieben.«

Sobald der Wagen beladen und das Garagentor heruntergelassen und verschlossen war, stieg Mutter auf der Beifahrerseite des Lastwagens ein und sagte: »Das ist großartig, es ist so geräumig.« Daddy setzte sich hinter das Steuer, ließ den Motor an und fuhr dann die lange Auffahrt hinunter, wobei er ein paar Äste von den Bäumen abbrach.

Die endgültige Schließung des Hauses sollte am nächsten Morgen stattfinden, denn ich mußte um 10 Uhr morgens aus dem Haus sein. Aber zunächst stand eine letzte Nacht mit Freunden in Aspen an. Alle versammelten sich in einem Billardzimmer etwas weiter unten im Tal, wir aßen zusammen und nahmen ein paar Drinks zu uns, doch man wollte eigentlich früh schlafen gehen.

Um 6 Uhr morgens fing Philippe an, in den Räumen wohlriechende Duftstoffe zu versprühen und die Gardinen aufzuziehen, um die Vorbereitung für die Begehung, die jetzt für 11 Uhr angesetzt war, abzuschließen. Er murmelte irgend etwas wie: »Bind' mich los, und ich bin sofort durch die Tür.« Das brachte es für uns noch einmal auf einen Nenner. Nach einem Frühstück bei »Poppycock's« (meinem Lieblingsort zum Frühstücken) gingen Philippe und ich zu dem Büro, wo wir Verkaufspapiere für das Haus zu unterzeichnen hatten, das ich einmal mit Martina geteilt hatte. An diesem Nachmittag hatte ich meinen letzten Termin bei Annie Denver. Annie teilte mir mit, daß sie mir keinen neuen Termin mehr geben würde. Ich bat sie, es nicht zu tun, weil ich doch zurückkommen würde. Ich mußte immer noch an mir arbeiten, und ich konnte mich mit dieser Endgültigkeit nicht anfreunden. Aber es war ein Ende – ein Neuanfang. Und Rita Mae hatte mir immer gesagt, daß sich, wenn sich eine Tür schließt, immer eine andere öffnet.
Ich sollte vielleicht auf die Dinge zu sprechen kommen, die an meiner Person mehr als verbesserungswürdig sind. Das sind die schmerzhaftesten Themen – und für mich am schwersten zu erkennen. Manchmal kann ich mit meinem Verhalten den Leuten auf die Nerven gehen und sie zur Raserei bringen. Die hübsche, charmante Frau aus den Südstaaten kann manchmal zu einer beherrschenden, ja sogar übermächtigen Frau werden. Wenn ich unzufrieden damit bin, wie die Dinge sich entwickeln, dann werde ich ärgerlich und fange an, in meiner ach-so-damenhaften Manier (und manchmal nicht einmal damit) die Person oder die Situation solange zu manipulieren, bis es mir paßt. Das Traurige daran ist, daß ich damit meistens sehr erfolgreich bin. Ich bin es gewohnt, daß die Dinge sich so entwickeln, wie ich es will. So wird eine schlechte Charaktereigenschaft bestätigt, und ich folge dem Muster.

Ich war mir nie bewußt, daß dieses Beherrschen ein Problem darstellte, bis Annie Denver mir geholfen hat, es zu erkennen. Natürlich haben mir Leute das schon früher gesagt, doch ich habe es nicht wahrhaben wollen, weil es nie meine Absicht gewesen ist. Ich habe immer geglaubt, daß ich das Steuer »übernommen« habe, weil ich den Job besser erledigen konnte. Für mich war das gleichbedeutend damit, sich um die Situation oder die Person »zu kümmern« und nicht sie »zu beherrschen.« Ich dachte, daß Hegen und Pflegen mein Job war und daß darin etwas Gutes lag – es war das, was von einer guten Frau *erwartet* wurde. Ich war besser als alle anderen, die ich kannte. Einmal sagte Annie mir in der Therapie etwas über dieses Beherrschen. In dem Moment ging mir ein Licht auf – es war völlig klar. *Endlich* hatte ich es verstanden, ich sollte es nie mehr vergessen. Wir sprachen darüber, daß Martina mir vorhielt, ich hätte die Kontrolle über ihr Leben übernommen. Ich hatte es nicht bemerkt.

»Judy, du bist jemand, die sich um einen Menschen kümmert. Du hast dadurch einfach mehr Kontrolle über eine Situation als jemand anders. Im Klartext beherrschst du damit die Situation und somit auch dein Gegenüber.« Ich hatte verstanden. Es leuchtete mir ein, denn ich wußte, daß ich mich um andere kümmerte. Das war schon immer so gewesen. Annie erklärte, daß dies *keine* schlechte Eigenart sei, wenn ich dabei versuchte, nur meine *eigene* Umgebung zu kontrollieren und nicht die eines andern.

Es gibt zwei Arten, wie ich mit diesem Mangel umgehen kann. Die eine ist, daß mir jemand genau dann gegenübertreten kann, und die zweite Art ist, daß ich mir darüber *bewußt* werden kann, wann ich es mache, innehalte und der anderen Person erst einmal zuhöre, ihr mehr Respekt für ihre Ideen und Meinungen entgegenbringe. Der Grund, warum ich damit Schwierigkeiten habe, liegt darin, daß mir von klein auf zu viel Macht zugestanden wurde. Meine Eltern benutzten mich, um bei bestimmten Problemen zu vermitteln. Zurückblickend kann man sagen, daß sie nicht von mir hätten erwarten dürfen, mich so mit Angelegenheiten von Erwachsenen zu befassen. Doch ich habe diese Rolle angenommen, und mein Leben innerhalb der Familie verlief dadurch für immer auf anderen Bahnen. Seit damals habe ich diese Position dazu benutzt, meinen Willen durchzusetzen. Es hat immer funktioniert – es sei denn, jemand hatte die Kraft, sich mir zu widersetzen.

Martina hat das niemals getan. Statt dessen entschied sie sich, unser gemeinsames Leben aufzugeben und mich zu verlassen. Ich stand da und mußte mich gegen die Person behaupten, die ich am meisten liebte. Aber indem sie mich verließ, zwang sie mich auch, meine eigene Identität zu finden. Damit fing ich durch den *Nelson/Navratilova* Prozeß an. Wir waren beide dazu bestimmt, uns vor Gericht wiederzusehen. Wenn wir uns nicht so geeinigt hätten, wäre es das Match unseres Lebens geworden. Ein Match, bei dem nur Rechtsanwälte gewonnen hätten. So wichtig sie auch waren, die materiellen Dinge waren nicht das zentrale Thema der Auseinandersetzung.

Das zentrale Thema ist, ob eine Frau in einer romantischen Beziehung mit einer Partnerin fürs Leben Verantwortung tragen muß. Ich denke, wir wissen, welche Verantwortungen das in einer Mann-Frau Beziehung sind, und auch wenn sich diese Rollenverteilung ändert, basieren unsere Gesetze immer noch auf dem Grundsatz: »*love 'em or leave 'em*«. Und wenn es nun eine Beziehung zwischen zwei Frauen ist? Sind wir in sozialer und juristischer Hinsicht so unwichtig, daß unser Lebensbund unserem Land egal ist? Ist eine Frau nur dann juristisch ernst zu nehmen, wenn sie eine Beziehung mit einem Mann hat? Hat dieses Gefühl, Bürgerin zweiter Klasse zu sein, Auswirkungen auf unser Engagement miteinander, untergräbt es dieses vielleicht? Wenn ich nur

»zweite Wahl« bin und meine Partnerin auch nur »zweite Wahl« ist, muß ich dann immer noch mein Bestes geben? Schulde ich ihr überhaupt irgend etwas, oder sie mir?
Natürlich sind dies Fragen, die neu für unsere Gesellschaft sind. Solange eine Frau kein unabhängiges Leben führen konnte, konnten diese Fragen nicht gestellt werden.

Das Ende – ein neuer Anfang: Bales, Judy, Eddy.

Was diese Tortur mir gezeigt hat, ist, daß wir uns entwickeln. Es gibt einige Heterosexuelle, die mit aller Macht gegen gleichgeschlechtliche Beziehungen sind. Es gibt eine Menge anderer, die nicht so sehr gegen Verbindungen zwischen Frauen sind, aber glauben, daß eine Liebesbeziehung zwischen zwei Frauen nicht so viel wert ist, wie eine zwischen

Mann und Frau. Leider gibt es viele Lesben und Homosexuelle, die diese negativen Ansichten verinnerlicht haben. Solche Beziehungen werden auch von ihnen nicht akzeptiert und unterstützt. Wie Sie vielleicht erwartet haben, waren es genau diese Leute, die meine Entscheidung, für meine Rechte zu kämpfen, am meisten bekämpft haben.

Ich habe auch gelernt, wie viele liebenswerte, offene und verständnisvolle Menschen es in diesem Land gibt. Für jeden mit Vorurteilen gibt es einen anderen mit offenem Herzen. Es ist so schön, so viele wunderbare Menschen zu treffen! Wer hat im Match *Nelson/Navratilova* gewonnen, fragen Sie mich? Ich habe Martina verloren und mich dafür gefunden. Ich hoffe, ich habe anderen Menschen dabei geholfen, die Stellung der Beziehung zwischen Frauen zu überprüfen. Wenn ich das geschafft habe, dann war es ein Sieg für uns alle. Die veraltete Art des Hasses und des Versteckens müssen Teil der Vergangenheit werden.

Ich bin der Meinung, daß selbst Martina jetzt weiß, daß es sich lohnt, für das Recht der Frau, eine andere Frau zu lieben, zu kämpfen. Sie hat jetzt genug Geld, um Risiken einzugehen. Ich bin sehr stolz, daß sie als Nebenklägerin in einem Prozeß auftrat, den die »Amerikanische Vereinigung für bürgerliche Freiheiten« in Colorado angestrengt hat, wo im November 1992 die Abschaffung der diskriminierenden Rechtsprechung durchgesetzt wurde. In der »New York Times« sagte sie, daß sie keine Steuern in einem Bundesstaat zahlen würde, der sie nicht als Mensch anerkennen würde. Die Antwort, wer den Streit unserer Liebe gewonnen hat, lautet vielleicht, daß wir beide auf unterschiedliche Weise als Siegerinnen daraus hervorgegangen sind, auch wenn wir uns in unterschiedliche Richtungen davonbewegt haben.

Es gibt noch viel zu tun für die Angelegenheiten, an die ich glaube, und ich muß noch viel an mir arbeiten. Aber ich habe einen friedlichen Zustand erreicht – einen Zustand, den ich nicht ohne Martina hätte erreichen können. Unsere Liebe und unser Streit werden immer ein Teil meiner Selbst sein.

RENATE FEYL
DER LAUTLOSE AUFBRUCH
Frauen in der Wissenschaft

KiWi 359

Renate Feyl erzählt von Frauen, die nicht gewillt waren, ihr Leben in der ihnen zugedachten Rolle, in Einfalt und Unterordnung zu verbringen. Allen, von Maria Sibylla Merian bis Lise Meitner, ist gemeinsam, daß sie sich durch wissenschaftliche Leistungen einen Platz in der Geschichte sicherten. Welchen Anfeindungen sie ausgesetzt waren und wie sie sich trotz alledem mit Geduld und Leidenschaft den Weg in die Wissenschaft bahnten, das wird in den hier versammelten elf literarischen Porträts eindrucksvoll gezeigt.

Maria Sibylla Merian · Dorothea Christiana Erxleben · Caroline Herschel · Dorothea Schlözer · Betty Gleim · Amalie Dietrich · Henriette Hirschfeld-Tiburtius · Ricarda Huch · Margarethe von Wrangell · Lise Meitner · Emmy Noether

KiWi Paperbackreihe bei Kiepenheuer & Witsch

JOAN HASLIP
SISSI

Kaiserin von Österreich

Titel der Originalausgabe: *The Lonely Empress*
Aus dem Englischen von Alfred P. Zeller
KiWi 358

Um kaum eine Figur der Geschichte rankt sich so viel Romantik und Tragik wie um »Sissi«, Kaiserin Elisabeth von Österreich und Königin von Ungarn. Ihre Liebesheirat mit Franz Joseph I. im Alter von siebzehn, ihre zunehmende Exzentrik und Vereinsamung, ihre Ermordung 1898 durch einen italienischen Anarchisten in Genf sind der Stoff für Joan Haslip, die hervorragende englische Autorin historischer Biographien.

KIEPENHEUER & WITSCH

VICKI BAUM
DIE KARRIERE DER DORIS HART
Roman

KiWi 330
Originalausgabe

Doris Hart, eine junge Emigrantin in New York, arbeitet als
Kellnerin und Modell, bis ein Eifersuchtsanfall ihres Geliebten, der sie fast das Leben kostet, die Wende bringt. Bewußt
plant sie ihre Karriere als Opernstar, indem sie nicht nur
Talent und Fleiß, sondern auch die Beziehungen zu einfluß-
reichen Männern, die sie lieben, einsetzt. Sie ist erfolgreich,
aber der Preis für ihren Aufstieg ist groß.

KiWi Paperbackreihe bei Kiepenheuer & Witsch

CHERYL BENARD / EDIT SCHLAFFER
GRENZENLOS WEIBLICH
Europas schwaches Geschlecht: stark im Kommen

KiWi 293

In diesem Buch stellen sich Frauen vor, die es, wie man so
sagt, »geschafft«, Karriere gemacht haben. Von jeder läßt sich
etwas lernen. Ihre Wege zum Erfolg sind oft Umwege, die sie
aber trotzdem zum Ziel führen.

KiWi Paperbackreihe bei Kiepenheuer & Witsch

RENATE DAIMLER
VERSCHWIEGENE LUST
Frauen über 60 erzählen von Liebe und Sexualität

KiWi 304

Verschwiegene Lust zeigt, wie wenig wir darüber wissen, was ältere Frauen fühlen; wie arrogant wir annehmen, daß Sehnsucht und Lust ein Privileg der Jugend ist. Es ist aber auch ein Buch, das Frauen Mut machen will und sie auffordert, zu ihrer Lebendigkeit zu stehen.

KiWi Paperbackreihe bei Kiepenheuer & Witsch